はじめに

　世の中には数多くの賃金制度、人事評価制度の解説書が発行されていますが、多くの本は、職能給、職務給、年齢給、コンピテンシー給など個別の従業員に対する賃金原資の分配の問題に焦点を当てています。また、これらの本は、総じて見れば1つの賃金制度の視点から制度を解説しています。

　これに対して、この本は、以下の2点に特徴があります。

　1つ目は、企業が適正に支払うことができる総額人件費の把握から解説を始め、組織と職場を活性化させるための賃金制度の構築を目指しています。

　2つ目は、全ての企業に適する賃金制度はなく、企業の戦略により賃金制度は異なったものとなることです。

　日本の経済は、いまだ力強い本格的な景気回復といった状況にはなく、各企業とも懸命の経営努力が続けられています。

　そのような中にあって、この本が、新たな視点で人件費・賃金（給与、手当、賞与）を構築し、見直そうとしている企業の方々や、この問題に興味のある方などの関係者の一助となれば幸いです。

　なお、この本は当連合会の中に設置した事業部長をキャップとする賃金制度プロジェクトにおいて内容の検討を行い、それをとりまとめたものです。

平成22年4月

　　　　　　　　　　　　　　　　社団法人　全国労働基準関係団体連合会

【目次】

序章　　　この本の構成と読み方 ……………………………………………… 1
第1章　日本的経営と賃金の実態 ……………………………………………… 5
　　1　日本的経営 ………………………………………………………………… 5
　　2　常識を疑ってみる ………………………………………………………… 8
　　3　崩れ始めた勤続年数との相関関係 …………………………………… 11
第2章　日本の企業における賃金の決め方 …………………………………… 13
　　1　諸外国からみた日本の賃金の決め方の特徴 ………………………… 13
　　2　統計でみる日本の賃金制度 …………………………………………… 13
　　3　日本の基本給は昔も今も「総合決定給」が主流である …………… 15
第3章　揺らぐ賃金の（下方）硬直性 ………………………………………… 17
　　1　賃金の（下方）硬直性 ………………………………………………… 17
　　2　急激な成長率の低下 …………………………………………………… 18
　　3　長引くデフレ …………………………………………………………… 19
　　4　再び悪化した雇用情勢 ………………………………………………… 19
　　5　その他の要因 …………………………………………………………… 20
第4章　難しくなってきた定期昇給とベースアップ ………………………… 21
　　1　衝撃的な統計調査の結果 ……………………………………………… 21
　　2　衝撃的な統計調査の結果　その2 …………………………………… 27
第5章　企業の収益から人件費を考える ……………………………………… 33
　　1　付加価値を把握する …………………………………………………… 33
　　2　付加価値比率を把握する ……………………………………………… 37
　　3　労働分配率を把握する ………………………………………………… 44
　　4　1人当たり付加価値率、1人当たり人件費 ………………………… 48
　　5　労働費用を把握する …………………………………………………… 49
第6章　損益計算書から支払い可能な人件費を計算する …………………… 53
第7章　現実の人件費と比較し、世間相場と比較する ……………………… 59
　　1　支払い可能な人件費と現実に支給している人件費を比較する …… 59
　　2　現実に支給している人件費と世間相場を比較する ………………… 61
第8章　人件費の支出が可能となる経営戦略を検討する …………………… 63
　　1　営業外費用を削減する ………………………………………………… 63
　　2　人件費以外の経費を削減する ………………………………………… 65
　　3　時間外労働、休日労働を減らす ……………………………………… 69
　　4　時限を限って人件費を削減する ……………………………………… 79

第 9 章　報酬と賃金 …………………………………… 83
　1　従業員の職場の満足度と自己退職する理由 …………… 83
　2　賃金より広い報酬の概念 ……………………………… 86
　3　報酬の内容を考える …………………………………… 87
　4　動機付け・衛生理論 …………………………………… 92
第 10 章　賃金は経営戦略に従う ………………………… 93
　1　経営戦略で従業員の位置付けが決まる ………………… 93
　2　経営戦略で阻止区のあり方も決まる …………………… 95
　3　組織の中での役割により報酬は異なる ………………… 96
第 11 章　個別賃金の決め方 ……………………………… 99
　1　日本における金銭的な報酬（賃金）の支払われ方 …… 99
　2　個別賃金決定の3基準 ………………………………… 99
　3　歴史の中に埋もれた基本給の項目 …………………… 102
　4　基本給に属人給の項目が多い理由 …………………… 103
　5　電産型賃金体系 ………………………………………… 103
第 12 章　基本給の決め方「年齢給」 …………………… 107
　1　年齢給の歴史 …………………………………………… 107
　2　企業における導入状況とタイプ ……………………… 108
　3　年齢給を設計する ……………………………………… 109
　4　年齢給導入のメリット・デメリット ………………… 112
第 13 章　基本給の決め方「勤続給」 …………………… 115
　1　勤続給の歴史 …………………………………………… 115
　2　企業における導入状況、支給理由、タイプ ………… 116
　3　勤続給を設計する ……………………………………… 117
　4　勤続給導入のメリット・デメリット ………………… 118
第 14 章　基本給の決め方「職能給」 …………………… 119
　1　職能給の歴史 …………………………………………… 119
　2　企業における導入状況 ………………………………… 119
　3　職能設計する―職能給の特徴― ……………………… 120
　4　職能設計する―職務調査― …………………………… 121
　5　職能設計する―職能調査― …………………………… 122
　6　職能給表を設計する …………………………………… 125
　7　人事考課（評価） ……………………………………… 128
　8　職能給と経営戦略との結びつき ……………………… 129
　9　職能給導入のメリット・デメリット ………………… 130

第15章　基本給の決め方「職務給」……………………………………131
　1　職務給の歴史 ……………………………………………………131
　2　企業における導入状況 …………………………………………132
　3　職務設計する―職務分析― ……………………………………132
　4　職能設計する―職務評価― ……………………………………141
　5　ヘイ　コンサルティング　グループの手法 …………………144
　6　職務給表を設計する ……………………………………………148
　7　職務給導入のメリット・デメリット …………………………150
第16章　基本給の決め方「役割給（職位給・職階給）」…………………151
　1　役割給の歴史と導入の容易さ …………………………………151
　2　組織の実態にマッチした役割給の設定 ………………………151
　3　企業における導入状況 …………………………………………152
　4　職位・職階等級を設計する ……………………………………153
　5　役割等級を設計する ……………………………………………154
　6　職位給表、役割給表を設計する ………………………………154
　7　役割給導入のメリット・デメリット …………………………156
第17章　基本給の決め方「コンピテンシー給等」…………………………157
　1　コンピテンシー給 ………………………………………………157
　2　ブロードバーンディング ………………………………………158
　3　総報酬（Total Rewards）の重視 ………………………………159
第18章　諸手当の決め方 ………………………………………………………161
　1　諸手当の歴史 ……………………………………………………161
　2　企業における導入状況 …………………………………………162
　3　諸手当の役割 ……………………………………………………165
　4　職務関連手当 ……………………………………………………167
　5　生活関連手当 ……………………………………………………168
　6　割増賃金の算定基礎額との関係 ………………………………171
　7　諸手当のメリット・デメリット ………………………………172
第19章　賞与の決め方 …………………………………………………………173
　1　賞与の歴史 ………………………………………………………173
　2　賞与に対する労使の考え方 ……………………………………173
　3　企業における賞与の支給状況 …………………………………174
　4　支給方法 …………………………………………………………175
　5　企業業績と賞与 …………………………………………………176
　6　賞与導入のメリット・デメリット ……………………………178

第 20 章　評価 …………………………………………… １７９
　　１　評価の目的 ………………………………………… １７９
　　２　評価の基準 ………………………………………… １８０
　　３　評価の基準と目的との関係 ……………………… １８３
　　４　評価者 ……………………………………………… １９０
　　５　目標管理 …………………………………………… １９１
　　６　評価基準の公開 …………………………………… １９３
　　７　評価結果のフィードバック ……………………… １９３
　　８　評価の歪み ………………………………………… １９３

```
ミニ知識１　「賃金の引上げ等の実態に関する調査」の用語解説 …………… ２２
ミニ知識２　「賃金構造基本統計調査」の用語解説 …………………………… ２８
ミニ知識３　「経営分析」……………………………………………………………… ４８
ミニ知識４　「就業形態の多様化に関する総合実態調査」の用語解説 ……… ８４
ミニ知識５　「ストックオプション制度」………………………………………… ８８
ミニ知識６　生計費 ………………………………………………………………… １０６
ミニ知識７　人事いかが公表している標準生計費（平成 21 年 4 月）……… １１３
ミニ知識８　並数 …………………………………………………………………… １１４
ミニ知識９　「タスクフォース」…………………………………………………… １３０
```

序章　この本の構成と読み方

　この本は、大きく2つのパーツに分かれて構成されています。
　2つのパーツの1つは「人件費の総額を管理することを検討する」部分です。
　この第一のパーツについて検討する際、理解しておかなければならない人件費に関連する用語については各章で解説しますが、ここでは最低限理解しておく必要のある用語を次頁で解説しておきます。
　2つのパーツのうち、もう1つのパーツは「個別の従業員に対する報酬、賃金の分配について検討する」部分です。
　「人件費の総額を管理することを検討する」部分は、第1章から第8章まで構成されています。
　まず、第1章と第2章では、日本の賃金の特徴について検討しています。
　このうち、第1章では「きまって支給する現金給与額」と「現金給与総額」を使用して、諸外国と比較して日本の賃金が年功的なのか否かを検討します。
　第2章では、日本の企業の賃金が現実にはどのように決まっているのかについて検討します。
　第3章では、これまで賃金改定といえば賃金の引上げを意味していましたが、この常識を打ち破るような状況が生じているのか否かを検討します。
　第4章では、定期昇給とベースアップの実施状況を検証します。
　第5章からは、人件費の源泉となる付加価値、付加価値額、付加価値比率、労働分配率、1人当たり付加価値額、1人当たり人件費及び労働費用の実態を解明します。
　第6章では、具体的な2つの企業モデルを使って企業にとって支払いが可能である人件費を検討します。
　第7章では、第6章で検討した支払い可能な人件費と実際に支出されている人件費を比較検討し、人件費の高さについて、世間相場と比較します。
　そして、第8章では、人件費の支出が可能となる経営戦略を検討します。

【人件費の理解に必要な用語の解説】

- 労働費用：使用者が労働者を雇用することによって生じる一切の費用（企業負担分）
  - 人件費：従業者の賃金（基本給、諸手当、割増賃金）、給与、雑給、賞与、退職金などの総額
  企業会計の「労務費」と「人件費」
    - きまって支給する現金給与額：労働契約等であらかじめ定められている支給条件、算定方法により月々支給される給与
      - 所定内給与：きまって支給する給与のうち所定外給与以外のもの
        - 基本給：すべての従業員に支給される給与
        - 諸手当：一定の支給要件を満たした従業員のみに支給される給与
      - 所定外給与：所定の労働時間を超える労働に対して支給される給与、休日労働、深夜労働に対して支給される給与
    - 特別給与額：賞与、期末手当、3カ月を超えて算定される手当等
    - 退職金：退職を理由として支給される給与

- 現金給与総額：「きまって支給する現金給与額」＋「特別給与額」

「個別の従業員に対する報酬、賃金の分配について検討する」部分は、第9章以下です。

まず、第9章では、従業員に仕事への動機付けを与えるものは、金銭的な報酬（賃金）のみではなく、雇用の保障など非金銭的な報酬も含まれることと、この本ではこれらの全体を「報酬」と考えることを明らかとしています。

次に、第10章では、賃金の決定の仕方に全企業で通用する1つのパターンはなく、賃金のあり方は経営戦略で決まることを述べています。

第11章からは、個別の従業員の賃金の決め方を検討していますが、その最初の章である第11章では、基本給の決定基準としては、「能力」、「仕事」、「仕事の成果」が考えられることに触れています。

第12章からは、基本給の項目の検討に入ります。従って、読者の皆さんにとって興味のない基本給の項目は除いて読むことも可能です。

第12章は「年齢給」です。年齢給は日本の基本給体系に大きな影響を与え、今も存続している基本給の項目です。

第13章は「勤続給」です。過去、勤続給も日本の基本給体系に大きな影響を与えましたが、現在ではその影響力は小さくなっています。

第14章は日本の基本給体系に最も大きな影響を与え、今も与え続けている「職能給」を取り上げています。

この章では、職能給の設計の方法について、

① その特徴
② 職務調査
③ 職能調査
④ 職能給表

に分けて検討しています。

なお、各章にまたがる評価については、この本の終章である第20章で触れています。

第15章では、アメリカを中心とする欧米諸国の基本給の基本となっている「職務給」を取り上げています。

そして、この章では、職務給の設計の方法として、

① 職務分析
② 職務評価
③ ヘイ　コンサルティング　グループの手法
④ 職務給表

に分けて検討しています。

第16章では、職位・職階給と、これらから発展した役割給について検討しています。

第17章では、比較的新しい賃金を巡る動きとして、職能給のコンピテンシー給への組み替え、ブロードバーンディング、総報酬の重視を取り上げています。

第18章では、日本における賃金制度の特徴の1つである数多ある諸手当について、その役割等について触れています。

第19章では、これも日本における賃金制度の特徴の1つであるしょう賞与の実態を検討しています。

第20章（終章）では、制度全般にかかわる評価について、その目的と評価の基準等について検討しています。

読者の皆さんは、総額人件費管理から通読することも、ご自分の興味のある分野から読み進めることもできます。

第1章　日本的経営と賃金の実態

1　日本的経営

　近年、歴史に興味を抱く人々が増えているといわれています。

　自分のルーツを探り、そのことを踏まえ、今後の生き方の参考にするとの考え方はとてもすばらしいことだと思います。

　そこで、どこまでの歴史（残念ながら、事実ではなく、伝承されたものや記述されたものであることが多いのですが）を、どの資料や経験を基に考えるかが重要になってくるのではないかと思われます。

　この本では、賃金、賃金制度や報酬について考えてみたいと思いますが、その前提として労働者にとっては働き方、事業主にとっては働かせ方について、第二次世界大戦以降の、そして、**高度成長期**（※）以降の、日本の経営の常識とされている考え方をみておきたいと思います。

　日本の経営の強みとして、一般的に認められていることは、①労使関係が良好なこと、②チームワークによる柔軟に仕事が実施されていること、③長期勤続を前提とした企業内に独自の知識形成が行われていること、以上を前提とした**年功序列制**（※）が発達していることだとされています。

　年功序列制とは、賃金と昇進の決定に当たって年功が決定的な要因になる制度ですが、この年功序列制は、現在の企業でも有効に機能しているかということについて、日本の実態と諸外国とを統計資料を基に比較して検討します。

　次頁の図表1-1は独立行政法人「労働政策研究・研修機構（JILPT）」の「データブック国際労働比較2010」から、製造業の男性の年齢階級別賃金格差をみています。

　年功序列賃金（※）が年齢の上昇と**相関関係**（※）にあるとすれば、図表1-1のグラフは右上がりとなります。

　各国の賃金を見ると、ドイツの統計が50歳以上のみで、日本との比較は困難ですが、他のヨーロッパ諸国の統計でも40歳代までは年齢の上昇とともに賃金も右上がりとなっており、その意味からは賃金は年功的に上昇しているのは、日本のみの特徴ではありません。

　しかし、日本では50歳代まで年齢とともに賃金が上昇しており、また、その上昇率も高

「高度成長期」

　経済が飛躍的に向上する時期を意味し、日本では昭和30年（1955年）から昭和48年（1973年）までとされており、この間の国民総生産（GNP）の成長率は年平均10％を超えていました。

「年功序列制」

　勤続年数の長さや年齢の上昇に応じて役職や賃金を上昇させる人事制度

いことからヨーロッパ諸国との比較では、日本は年齢と賃金との相関関係は強いといえます。なお、日本の60歳以上の賃金が大きく下降していることは、定年制の影響と考えられます。

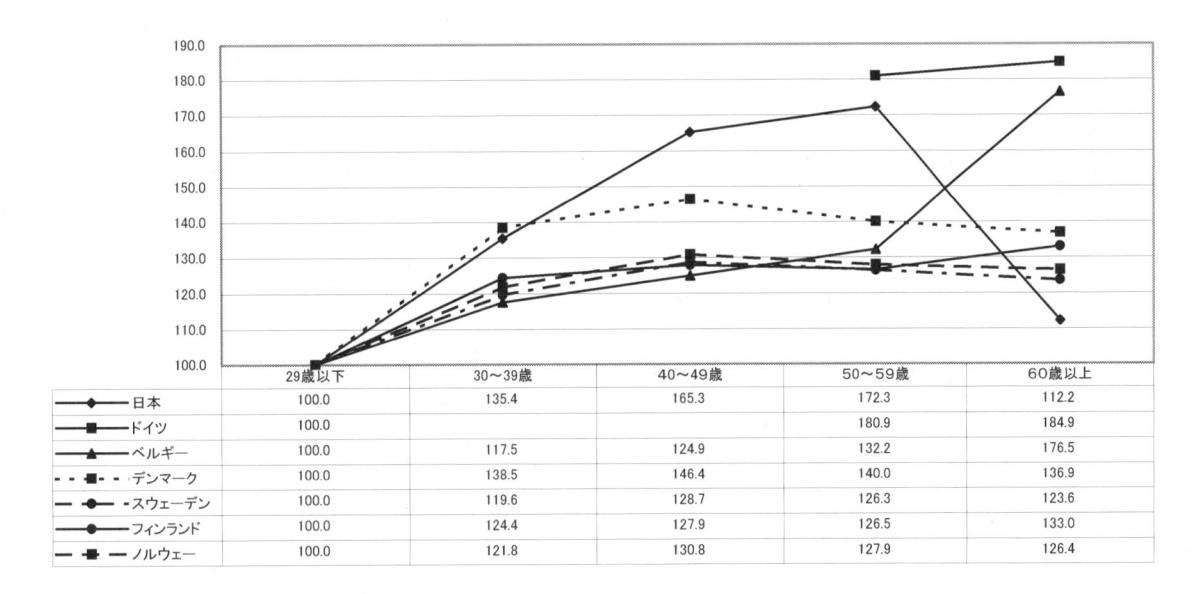

図表1－1　年齢階級別賃金格差（男性・製造業）の国際比較

	29歳以下	30～39歳	40～49歳	50～59歳	60歳以上
日本	100.0	135.4	165.3	172.3	112.2
ドイツ	100.0			180.9	184.9
ベルギー	100.0	117.5	124.9	132.2	176.5
デンマーク	100.0	138.5	146.4	140.0	136.9
スウェーデン	100.0	119.6	128.7	126.3	123.6
フィンランド	100.0	124.4	127.9	126.5	133.0
ノルウェー	100.0	121.8	130.8	127.9	126.4

資料出所　日本：厚生労働省「平成18年賃金構造基本統計調査」、EU「Structure of Earnings Survey 2006」
（注）日本の賃金は「きまって支給する現金給与額」、EU各国は月間平均収入額（＝monthly earnings）

次頁の図表1－2は独立行政法人「労働政策研究・研修機構（JILPT）」の「データブック国際労働比較2010」から、製造業の女性の年齢階層間賃金格差をみています。

女性についても、ドイツの統計が50歳以上のみで、日本との比較は困難ですが、他のヨーロッパ諸国の統計でも30歳代までは年齢の上昇とともに賃金も右上がりとなっており、その間の賃金は年功的に上昇していますが、40歳代以降の数値には大きな差があり、日本の減少幅が最も大きくなっています。

また、デンマークの年齢階級別賃金格差のカーブは男性のそれとほぼ同じ動きとなっています。

なお、データブックにはイギリスの統計もありますが、男性のデータがないので載せませんでした。

> 「年功序列賃金」
> 勤続年数の長さや年齢の高さに応じ賃金の高さが決まる賃金（基本給）制度

> 「相関関係」
> 2つのもの（数字）が密接にかかわりあっていて、一方が変化すれば他方も変化するような関係を意味します。一方が増加すると他方も増加する関係を「正の相関関係」、一方が増加すると他方が減少する関係を「負の相関関係」といいます。なお、一方が他方の原因となる「因果関係」が含まれますが、相関関係＝因果関係ではありません。

図表1-2　年齢階級別賃金格差（女性・製造業）の国際比較

	29歳以下	30～39歳	40～49歳	50～59歳	60歳以上
日本	100.0	115.4	107.9	101.7	81.4
ドイツ	100.0			139.0	123.2
ベルギー	100.0	118.0	117.0	115.5	135.6
デンマーク	100.0	141.2	143.0	136.0	133.9
スウェーデン	100.0	115.6	114.8	110.4	102.7
フィンランド	100.0	118.6	115.0	107.8	107.3
ノルウェー	100.0	120.1	122.0	113.9	108.5

資料出所　図表1-1と同じ

　ここからは、独立行政法人「労働政策研究・研修機構（JILPT）」の「データブック国際労働比較2010」から、製造業の男性と女性の勤続年数別賃金格差をみてみます。

　図表1-3からは、日本の男性の賃金が他の国に比べ勤続年数との相関関係が強く、その意味からは年功的色彩が強いことがわかります。

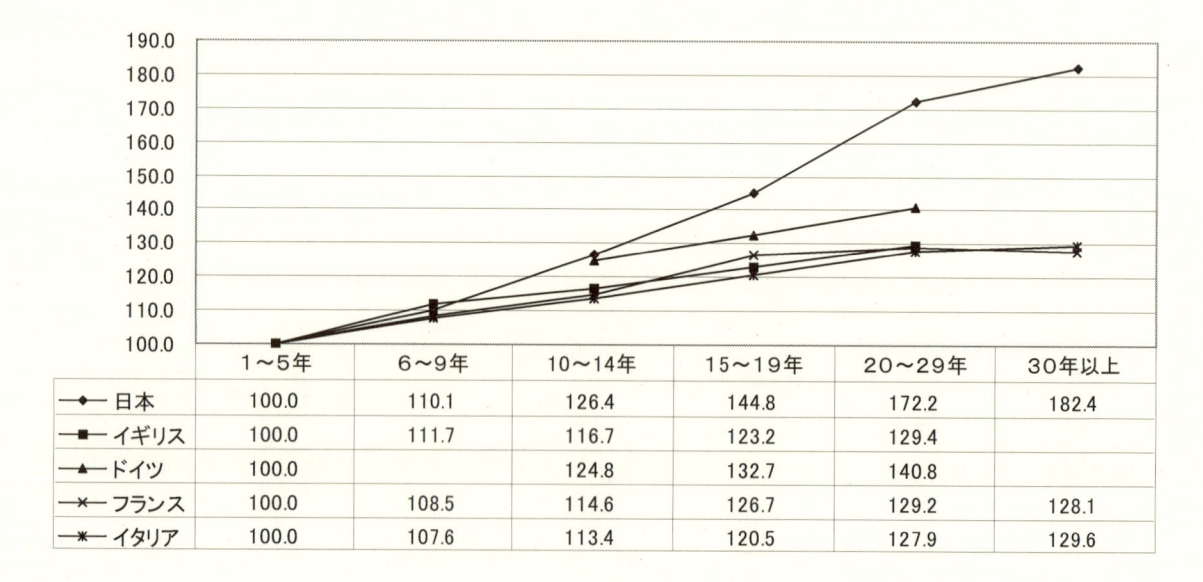

図表1-3　勤続年数別賃金格差（男性）の国際比較

	1～5年	6～9年	10～14年	15～19年	20～29年	30年以上
日本	100.0	110.1	126.4	144.8	172.2	182.4
イギリス	100.0	111.7	116.7	123.2	129.4	
ドイツ	100.0		124.8	132.7	140.8	
フランス	100.0	108.5	114.6	126.7	129.2	128.1
イタリア	100.0	107.6	113.4	120.5	127.9	129.6

資料出所　図表1-1と同じ、ただし、日本の1～5年は1～4年、6～9年は5～9年
　　　　（注）日本は月間所定内給与額、EU各国は月間総収入についての数値

図表1-4からは、女性についてもドイツ（一部のデータはありませんが）に次いで年功的色彩が強いことがわかります。

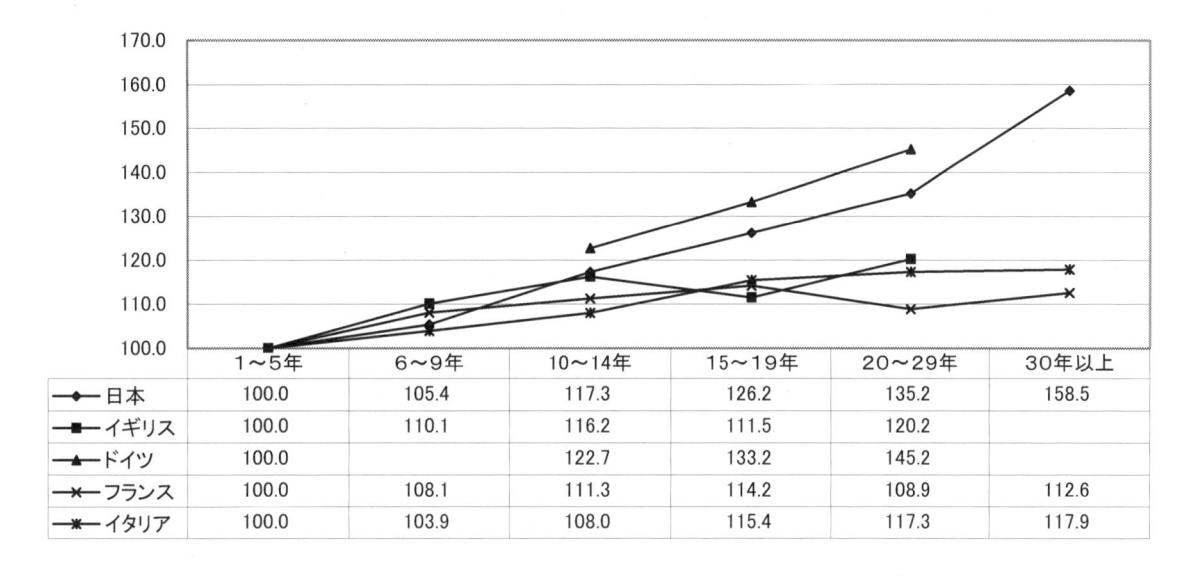

図表1-4 勤続年数別賃金格差（女性）の国際比較

	1～5年	6～9年	10～14年	15～19年	20～29年	30年以上
日本	100.0	105.4	117.3	126.2	135.2	158.5
イギリス	100.0	110.1	116.2	111.5	120.2	
ドイツ	100.0		122.7	133.2	145.2	
フランス	100.0	108.1	111.3	114.2	108.9	112.6
イタリア	100.0	103.9	108.0	115.4	117.3	117.9

資料出所　図表1-1と同じ、ただし、日本の1～5年は1～4年、6～9年は5～9年

（注）日本は月間所定内給与額、EU各国は月間総収入についての数値

2　常識を疑ってみる

　以上から、日本の企業全体でみると正社員の賃金は年功的に上昇し、勤続年数との相関が深いことがわかりますが、果たして企業規模の如何を問わず正社員の賃金が年功的に上昇しているのでしょうか。
　ここからは、企業規模別に賃金格差をみていきます。
　次頁の図表1-5は、独立行政法人「労働政策研究・研修機構（JILPT）」の「データブック国際労働比較2010」から、全産業（日本とアメリカは製造業）の企業の従業員規模別賃金格差の国際比較をみています。
　なお、この図表では、各国とも従業員規模1,000人以上の企業の賃金を100として比較しています。
　この図表からは非常に興味深い現象がみられます。
　日本においては、賃金水準に企業規模間格差はあることは当然であると考えられてきましたが、ヨーロッパでは国により大きな違いがあるようです。
　まず、スウェーデンでは企業規模による賃金格差は全くありません。
　次に、イギリスでも規模間格差はほとんどありません。
　次に、フランス、イタリア、ドイツの順で規模間格差が大きくなっています。

図表1-5 企業の従業員規模別賃金格差の国際比較

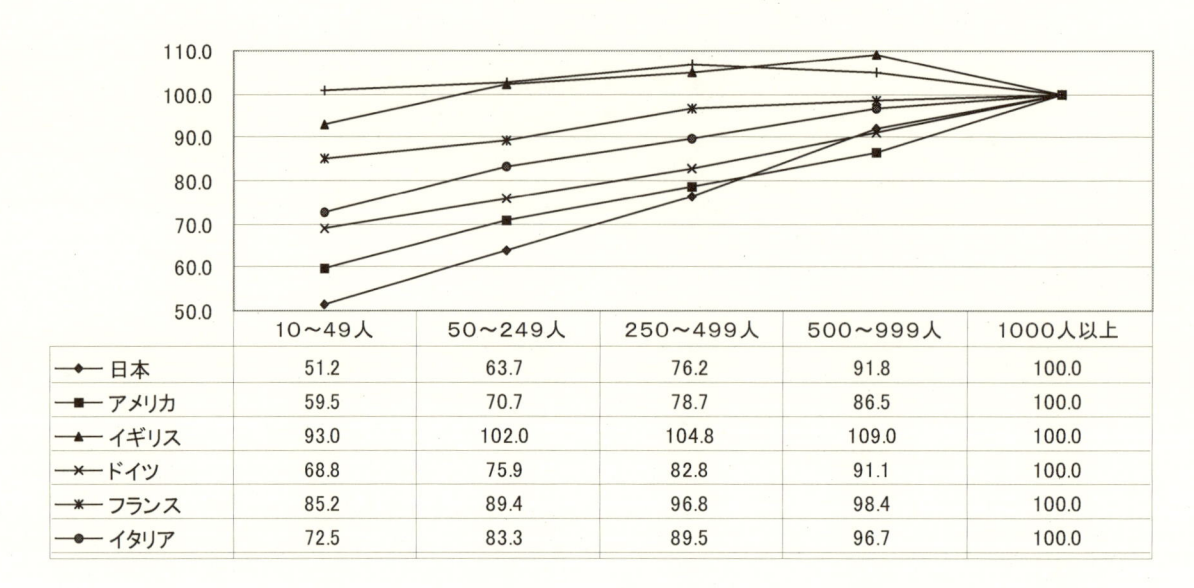

	10～49人	50～249人	250～499人	500～999人	1000人以上
日本	51.2	63.7	76.2	91.8	100.0
アメリカ	59.5	70.7	78.7	86.5	100.0
イギリス	93.0	102.0	104.8	109.0	100.0
ドイツ	68.8	75.9	82.8	91.1	100.0
フランス	85.2	89.4	96.8	98.4	100.0
イタリア	72.5	83.3	89.5	96.7	100.0

資料出所　日本：厚生労働省「平成18年毎月勤労統計調査」、アメリカ：U.S. Census Bureau (2005) 2002 Economic Census、EU諸国は図表1－1と同じ

(注)
1) 規模区分は日本とアメリカは事業所規模で、EUは企業規模
2) 日本の常用労働者は現金給与総額、EUは月間平均賃金総額、アメリカは年間給与総額（annual payroll）を雇用者数で除したものからJILPTがそれぞれ指数を作成
3) 日本の全産業は、調査産業計の値、アメリカの全産業の値は、入手可能な産業の数値をJILPTが集計して作成、日本、アメリカともに農林水産業は含まない
4) 日本の規模10～49人は5～29人、50～249人は30～99人、250～499人は100～499人

　図表では、これまでの統計になかったアメリカと日本で、企業規模間の賃金格差が大きくなっています。

　日本では、大企業を中心に正社員の採用は、原則として新規学卒者の採用となっています。

　このことが大企業と中小企業の賃金制度に与える影響は大きく、新規学卒者を採用する際には企業は同じ労働市場で争うこととなるため大企業と中小企業との賃金格差は小さくなります。

　このため、賃金格差の拡大は、在職者の賃金水準の高さに影響を与え、年齢が上昇すれば上昇するほど大企業と中小企業の賃金格差は大きなものとなってくることを意味すると考えられます。

　次頁の図表1－6と図表1－7は、これまでの図表と同じ製造業の平成20年賃金構造基本統計調査の結果から、全産業の男性について従業員規模別の年齢階級別の賃金水準と賃金格差をみています。

図表1-6　年齢階級別決まって支給する現金給与額（製造業・男性・平成20年）

	19歳以下	20～24歳	25～29歳	30～34歳	40～44歳	35～40歳	45～49歳	50～54歳	55～59歳	60～64歳	65～69歳
規模計	207.2	242.4	283.6	328.3	373.1	412.7	445.0	450.9	435.3	294.4	247.7
1000人以上	217.9	261.9	314.6	376.1	431.4	486.6	529.6	541.4	508.9	307.7	245.6
100～999人	204.9	237.8	272.9	311.2	348.8	383.5	415.4	432.6	427.1	287.0	258.3
10～99人	186.0	219.4	252.4	290.6	320.4	334.5	353.0	356.0	362.9	294.1	245.0

　図表1-6からは、大企業と中小企業の賃金格差が54歳までは年齢の上昇とともに拡大することが分かります。

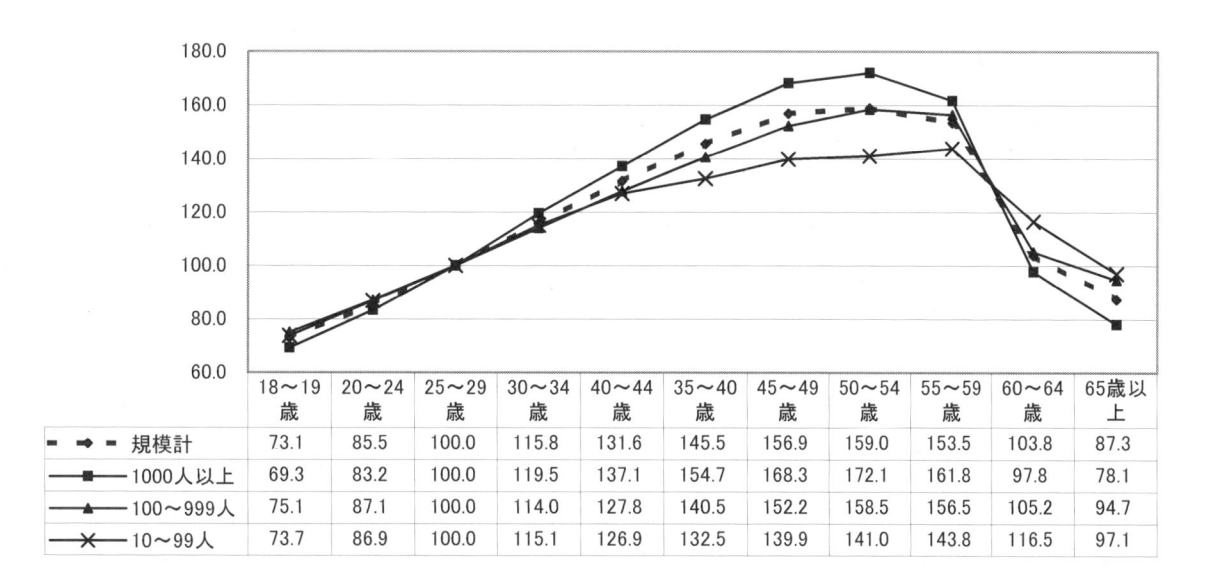

図表1-7　企業の従業員規模別・年齢階級別賃金格差（製造業・男性・平成20年）

	18～19歳	20～24歳	25～29歳	30～34歳	40～44歳	35～40歳	45～49歳	50～54歳	55～59歳	60～64歳	65歳以上
規模計	73.1	85.5	100.0	115.8	131.6	145.5	156.9	159.0	153.5	103.8	87.3
1000人以上	69.3	83.2	100.0	119.5	137.1	154.7	168.3	172.1	161.8	97.8	78.1
100～999人	75.1	87.1	100.0	114.0	127.8	140.5	152.2	158.5	156.5	105.2	94.7
10～99人	73.7	86.9	100.0	115.1	126.9	132.5	139.9	141.0	143.8	116.5	97.1

　図表1-7と図表1-1（6頁）とを比較してみると中小企業（従業員規模10～99人）の賃金の年齢との相関関係はデンマークとほぼ同じであることが分かります。
　つまり、年齢と賃金との相関関係をみると日本が際立って年功的であるとはいえないことが分かります。

3 崩れ始めた勤続年数との相関関係

2では、日本の年齢階級別の賃金格差は、中小企業の男性に限ってみれば以前からヨーロッパ諸国並であることに触れました。

ここからは、より年功的色彩が強い勤続年数との関係をみたいと思います。勤続年数との相関関係は、日本では全産業より製造業の方が強いので、製造業について平成14年と平成20年とを比較して企業規模別、勤続年数別の賃金水準と賃金格差をみると、平成14年の数値は図表1－8と図表1－9のとおりとなっています。

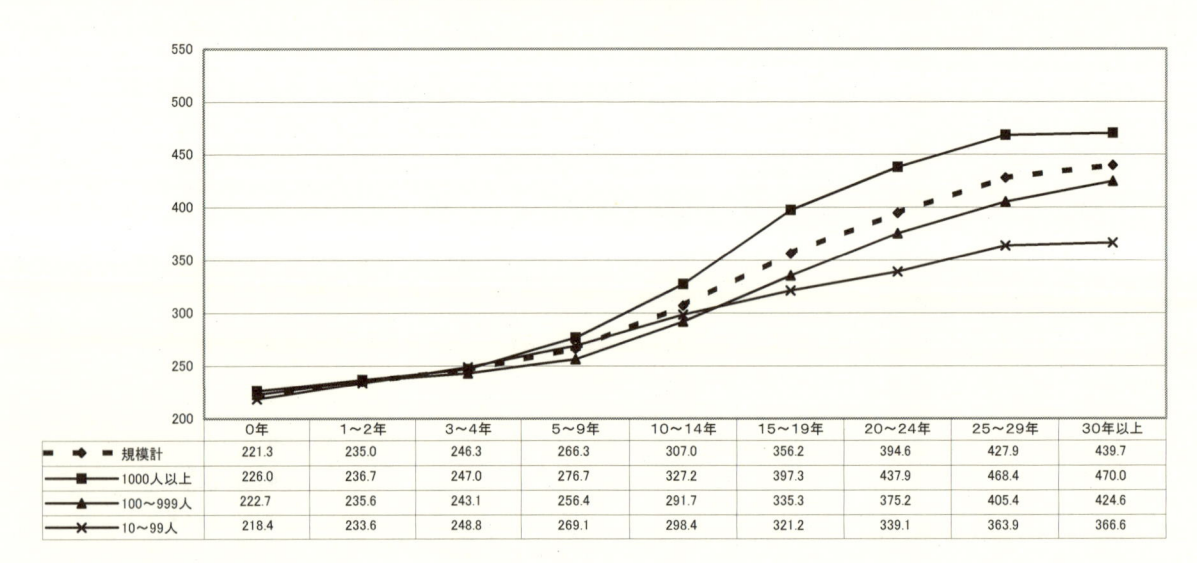

図表1－8　勤続年数別所定内給与額（製造業・男性・平成14年）

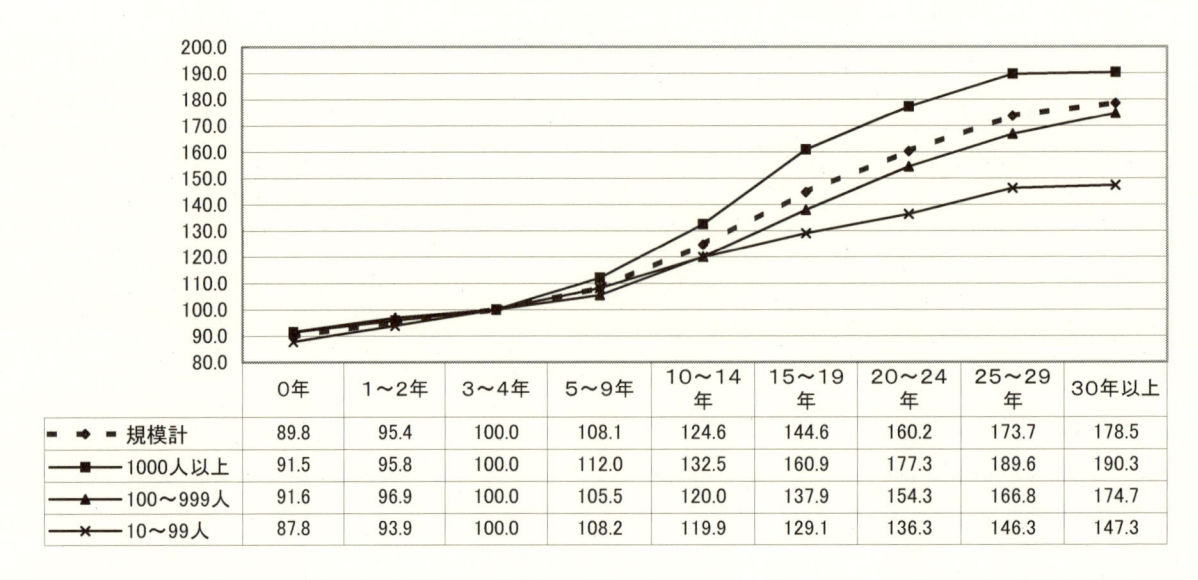

	0年	1～2年	3～4年	5～9年	10～14年	15～19年	20～24年	25～29年	30年以上
規模計	221.3	235.0	246.3	266.3	307.0	356.2	394.6	427.9	439.7
1000人以上	226.0	236.7	247.0	276.7	327.2	397.3	437.9	468.4	470.0
100～999人	222.7	235.6	243.1	256.4	291.7	335.3	375.2	405.4	424.6
10～99人	218.4	233.6	248.8	269.1	298.4	321.2	339.1	363.9	366.6

図表1－9　勤続年数別賃金格差（製造業・男性・平成14年）

	0年	1～2年	3～4年	5～9年	10～14年	15～19年	20～24年	25～29年	30年以上
規模計	89.8	95.4	100.0	108.1	124.6	144.6	160.2	173.7	178.5
1000人以上	91.5	95.8	100.0	112.0	132.5	160.9	177.3	189.6	190.3
100～999人	91.6	96.9	100.0	105.5	120.0	137.9	154.3	166.8	174.7
10～99人	87.8	93.9	100.0	108.2	119.9	129.1	136.3	146.3	147.3

次に、平成20年の数値をみると以下の図表1−10と図表1−11のとおりとなっています。

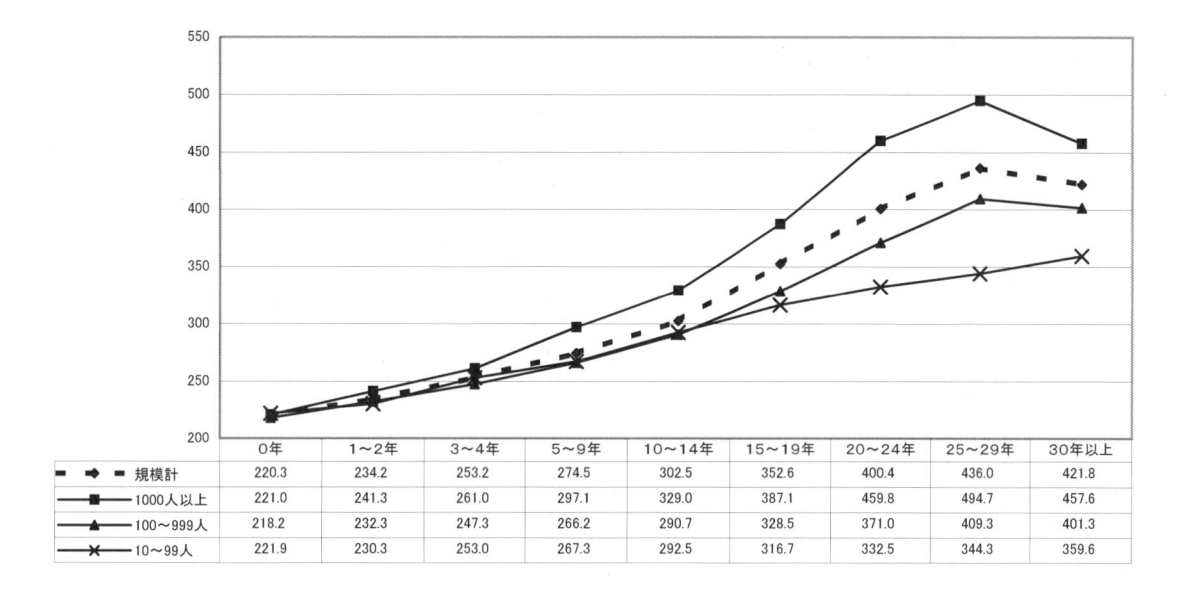

図表1−10　勤続年数別所定内給与額（製造業・男性・平成20年）

	0年	1〜2年	3〜4年	5〜9年	10〜14年	15〜19年	20〜24年	25〜29年	30年以上
規模計	220.3	234.2	253.2	274.5	302.5	352.6	400.4	436.0	421.8
1000人以上	221.0	241.3	261.0	297.1	329.0	387.1	459.8	494.7	457.6
100〜999人	218.2	232.3	247.3	266.2	290.7	328.5	371.0	409.3	401.3
10〜99人	221.9	230.3	253.0	267.3	292.5	316.7	332.5	344.3	359.6

図表1−11　勤続年数別賃金格差（製造業・男性・平成20年）

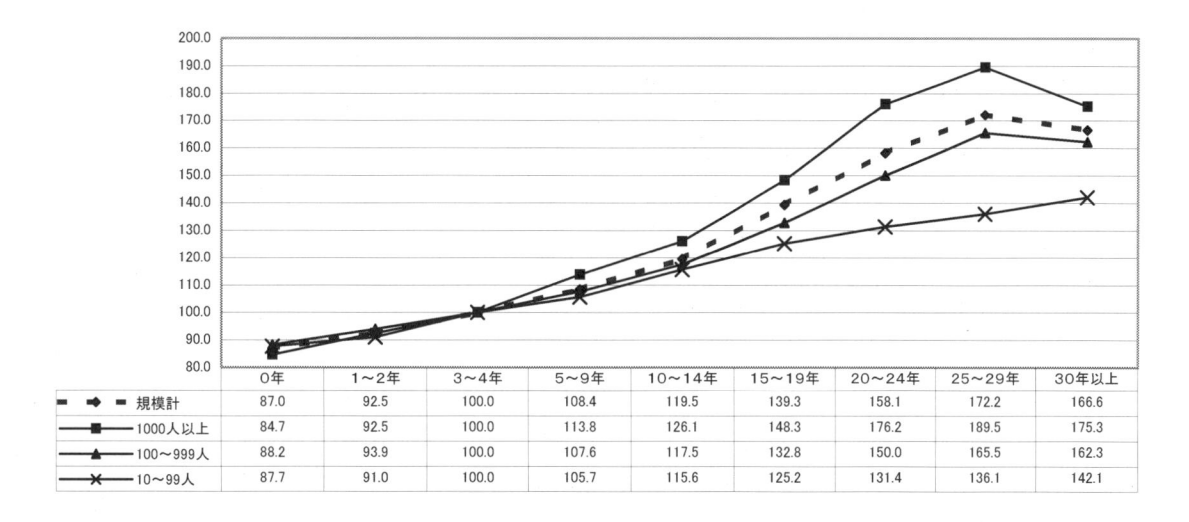

	0年	1〜2年	3〜4年	5〜9年	10〜14年	15〜19年	20〜24年	25〜29年	30年以上
規模計	87.0	92.5	100.0	108.4	119.5	139.3	158.1	172.2	166.6
1000人以上	84.7	92.5	100.0	113.8	126.1	148.3	176.2	189.5	175.3
100〜999人	88.2	93.9	100.0	107.6	117.5	132.8	150.0	165.5	162.3
10〜99人	87.7	91.0	100.0	105.7	115.6	125.2	131.4	136.1	142.1

　図表1−8と図表1−10を比較してみると、企業規模10〜99人の中小企業での勤続5年目以降の賃金が平成14年より平成20年の方が低くなっていることがわかります。

　また、図表1−9と図表1−11を比較してみると、企業規模を問わず勤続年数の伸びに対する賃金の伸びは弱くなっており、特に、企業規模10〜99人の中小企業で顕著となっています。

　日本でも徐々にではありますが、勤続年数の伸びと賃金との相関関係は弱まりつつあるようです。

第2章　日本の企業における賃金の決め方

1　諸外国からみた日本の賃金の決め方の特徴

　諸外国、特に、職務給が基本給そのものであるアメリカからみると、日本の賃金は非常に風変わりなものとみられていますが、日本の風変わりな賃金制度の特徴として特記されている事項は以下3つです。
　①基本給が職務（仕事）で決まっていないこと
　②手当に多くの種類があり、特に属人的な要素で決まる項目が多いこと、更に、月額給与に占める割合が大きいこと
　③基本給の外に多額の賞与が支払われること
　このうち、②については、日本の基本給と諸手当の割合を調査した直近の結果である厚生労働省の平成17年就労条件総合調査によると図表2－1のとおりで所定内賃金の15%を諸手当が占めています。
　なお、この点の特徴については第18章で触れることとします。

図表2－1　所定内賃金に占める諸手当の割合

企業規模	所定内賃金（支給額）			所定内賃金（支給割合）		
	計	基本給	諸手当	計	基本給	諸手当
計	314,577円	267,497円	47,079円	100.0%	85.0%	15.0%
1,000人以上	356,096円	306,981円	49,115円	100.0%	86.2%	13.8%
300〜999人	314,683円	267,282円	47,400円	100.0%	84.9%	15.1%
100〜299人	283,074円	238,328円	44,746円	100.0%	84.2%	15.8%
30〜99人	272,736円	227,280円	45,456円	100.0%	83.3%	16.7%

　次に、③については第19章で触れることとして、この章では「①基本給が職務（仕事）で決まっていないこと」について考察することとします。

2　統計でみる日本の賃金制度

　日本の賃金制度に関する統計としては、昭和41年以降に限定して考えますと、昭和41年から始まった厚生労働省の「賃金労働時間制度総合調査」と、平成13年からこの調査を引き継いだ「就労条件総合調査」があります。
　これらの調査は、日本の基本給の決定の仕方に対応したものとなっています。
　ここでは、調査結果から昭和41年、昭和49年、昭和59年、平成元年、平成8年、平成13年及び平成21年のものを紹介しますが、調査項目は昭和41年と昭和49年がほぼ同じ、昭和59年、平成元年、平成8年及び平成13年がほぼ同じとなっていますので、平成元年

の調査の概要から、用語の解説をしておきます。

「基本給」とは、「賃金の基本的部分を占め、職務給・年齢給などのように適用労働者全員を対象として支給されるものをいう。」

「基本給の要素」には、「仕事給」、「属人給」及び「総合給」がある。

「仕事給」とは、「基本給部分が職務内容や職務遂行能力など仕事的要素のみに対応して決定されている基本給をいい、職務給、職能給、職種給などがこれに含まれる。」

「職務給」とは、「各職務ごとにその重要度、困難度、責任度などによる職務の価値を評価し、その価値に応じて決めるものをいう。」

「職能給」とは、「労働者の職務を遂行する能力を基準にして決めるものをいう。」

「職務・職能給」とは、「1つの基本給項目の中で、職務給の要素に職務遂行能力を加味して決めるものをいう。」

「属人給」とは、「基本給部分が年齢、勤続年数、学歴など属人的要素のみに対応して決定されている基本給をいい、年齢給、勤続給などがこれに含まれる。」

「総合給」とは、「1つの基本給項目のなかで、仕事的要素及び属人的要素を総合勘案して決定されている基本給をいう。」

以上のように同じ基本給でもその性質は微妙に異なり、かつ、重なり合っています。

そして、更に日本の賃金を複雑にしていることは、基本給を構成する賃金が1つでない場合があることです。

「賃金体系」とは、「基本給を構成する各種賃金の組合せをいう。」

「単一型体系」とは、「基本給の項目が1つのもの又は基本給の項目が2つ以上あるもののうち、それぞれの項目が同一の型（仕事給型、属人給型、総合給型）で構成されているものをいう。」

「仕事給型」とは、「基本給項目の組み合わせが仕事給のみのものをいう。」

「属人給型」とは、「基本給項目の組み合わせが属人給のみのものをいう。」

「総合給型」とは、「基本給項目の組み合わせが総合給のみのものをいう。」

「並存型体系」とは、「基本給の項目が2つ以上あるもののうち、異なった（仕事給・属人給型、仕事給・総合給型、属人給・総合給型、仕事給・属人給・総合給型）の項目で構成されるものをいう。」

とされています。

なお、平成21年の調査では、仕事給に業績給が加わっていますが、「業績給」とは、「一定期間の業績や成果を評価して決められるものをいう。」と定義されています。

以上のとおり、日本の基本給は簡単には説明できない構成となっていることを、まず、理解しておく必要があります。

以上のことを踏まえ、基本給に関する調査結果を「単一型体系」と「並存型体系」に分けて、更に、「仕事給」、「属人給」、「総合給」と分けてみた結果は図表2－2のとおりとなっています。

図表2－2　賃金体系の種類別企業数割合

年	単一型体系				並存型体系				
	小計	仕事給型	属人給型	総合給型	小計	仕事給・属人給型	仕事給・総合給型	属人給・総合給型	仕事給・属人給・総合給型
昭和41年	100.0%	10.7%	4.0%	85.3%					
昭和49年	89.1%	36.9%	11.3%	40.9%	10.9%				
昭和59年	79.9%	13.8%	5.5%	60.6%	20.1%	6.4%	6.7%	5.6%	1.5%
平成元年	85.0%	14.4%	6.1%	64.6%	15.0%	4.5%	4.2%	4.9%	1.3%
平成8年	74.5%	18.7%	3.9%	51.9%	25.5%	13.7%	8.9%	1.8%	1.0%
平成13年									
管理職	70.4%	26.1%	4.3%	40.0%	29.6%	15.5%	10.9%	2.1%	1.1%
管理職以外	68.0%	19.4%	5.1%	43.4%	32.0%	18.2%	9.5%	3.1%	1.2%
平成21年									
管理職	70.5%	40.6%	5.1%	24.8%	27.9%	11.7%	13.2%	2.1%	0.9%
管理職以外	68.1%	32.9%	5.1%	28.6%	30.4%	14.2%	12.3%	3.1%	0.8%

注1)　昭和41年の数値のみ労働者数の割合
注2)　昭和41年には並存型の数値はない
注3)　昭和49年の並存型は仕事給のみ
注4)　平成21年の仕事給には業績給が含まれている

　図表2－2からみられる日本の賃金制度の特徴が以下のとおりです。
　① 単一型体系が多数であること
　② 単一型体系の中では平成21年以前は総合給型が最も多かったこと

3　日本の基本給は昔も今も「総合決定給」が主流である

　図表2－2からは、過去、日本の賃金制度はさまざまな要素を総合勘案して基本給を決定する「総合給」が主流であったことがわかります。

　なお、平成21年の調査結果からは、初めて、「総合給」を「仕事給」が逆転したことが分かります。

　いよいよ、日本の基本給も仕事給が主流になったのかと考えることもできますが、以下に述べる2つの理由で、未だに日本の基本給は、仕事の内容や従業員の能力、そして、従業員の属人的要素を総合勘案して1つの賃金とするか、2つ以上の賃金項目により支給する「総合決定給」が主流であると考えられます。

　その理由の1つは、「仕事給」の中には、仕事の遂行に必要とされる能力に基づき支給される「職能給」が含まれており、この「職能給」とは、厳密に考えると仕事で基本給を決めているのではなく、仕事をする従業員の能力で基本給を決めているのであり、能力とは

「属人的なもの」であり、「職能給」＝「属人給」と考えることが妥当であると考えられることからです。

なお、図表2－2の平成21年の調査結果から、仕事給型の内訳をみると以下のとおりとなっています。

図表2－3　平成21年の仕事給の内訳

	合計	職務給	職能給	業績給	職務・職能給	職務・業績給	職能・業績給	職務・職能・業績給
管理職	40.6%	11.3%	2.4%	2.3%	7.8%	1.8%	2.9%	12.1%
管理職以外	32.9%	9.0%	2.6%	2.2%	6.5%	1.5%	1.8%	9.2%

もう1つの理由は、平成21年の上記の調査結果から、基本給の決定要素をみると、以下の図表2－4に示すとおり、基本給の決定要素は各項目に分散しており、企業が基本給を単一の決定要素で決めていないことが明らかであることからです。

図表2－4　基本給の決定要素別企業数割合

	基本給の決定要素（複数回答）						
	職務・職種など仕事の内容	職務遂行能力	業績・成果	学歴、年齢・勤続年数など	学歴	年齢・勤続年数など	不明
管理職	77.1%	68.5%	45.4%	57.8%	16.5%	56.6%	1.6%
管理職以外	71.8%	67.5%	44.4%	65.5%	20.5%	63.7%	1.5%

第3章　揺らぐ賃金の（下方）硬直性

1　賃金の（下方）硬直性

　賃金が市場原理どおり調整されないことは、ケインズ経済学以降の常識とされています。つまり、労働力の需要減少が生じたとしても、直ぐには賃金は低下しないことを意味しています。

　市場経済の世界では、完全な競争下においては、右上がりの供給曲線と右下がりの需要曲線の交点で取引が成立することが知られています。そして、需要が減少すると右下がりの需要曲線は左下方にずれ、新たな交点（価格も供給量もが減少した点）で取引が成立することになります。

　しかし、労働力市場においては労働力の需要が減少しても、賃金は緩慢にしか低下しないことが常識的に知られています。

　では、なぜこのような現象が生じるのでしょうか。

　この理由としては以下のような幾つかのことが考えられます。

①　労働組合が組織している労働者については、労働組合が労働条件の引下げである賃金の引下げに同意しないと考えられること。

②　長期的な雇用慣行を重んじる日本においては、労使の信頼関係を揺るがす賃金の引下げは回避する傾向が強いこと。

③　従業員のモチベーションやモラールの低下を招く賃金の引下げよりも、経営者は他の経費の削減、時間外労働の削減、新規雇入れの停止などを行い、賃金の引下げは最後の手段としていること。

④　賃金については、採用の時点では初任給として、その後は昇給、昇格、ベースアップなどにより、初任給以上の賃金の支払いを保障していること。

⑤　これまでの判例、平成20年3月1日に施行された「労働契約法」の第9条では「使労働者又は使用者は、その合意により、労働契約の内容である労働条件を変更することができる。」とされ、同じく労働契約法の第10条では「使用者は、労働者と合意することなく、就業規則を変更することにより、労働者の不利益に労働契約の内容である労働条件を変更することはできない。」と規定しているが、個別の従業員から同意を取り付けることは困難であること。

⑥　仮に、賃金の引下げに従業員が同意したとしても、賃金の改定は年1回であるとの慣行があり、直ちに引下げができないこと。

⑦　賃金が賃金表等で複雑に管理されており、簡単に修正をすることが困難であること。

⑧　賃金の引下げを行うためには、制度の設計変更、従業員に対する説得など、人事担当者等の管理経費がかさみ、投資効率が悪いと考えられること。

しかし、以下で触れるとおり、賃金の（下方）硬直性を打ち破る事態が、平成20年9月のアメリカのリーマン・ブラザーズ破綻（いわゆるリーマンショック）以降発生しています。

2　急激な成長率の低下

日本の景気は、平成9年10月を景気の山として景気後退局面に入ったとされていますが、その後のリーマンショック以降、更に、大きな景気の後退局面を迎えました。

内閣府が平成21年10月の「月例経済報告」において、「景気は、持ち直してきている」として以降も、回復感のない状況が続き、直近の月例経済報告（平成22年3月）でも、「景気は、持ち直しているが、自立性は弱く、失業率が高水準にあるなど依然として厳しい状況にある。」としています。

このような状況下、経済成長率（国内総生産）は図表3－1のとおり、平成14年2月に始まった景気拡張期にはプラスを記録していた実質成長率は、平成20年には－0.7となり、リーマンショック以降の平成21年には－5.0と、昭和30年以降最大の落ち込みとなっています。

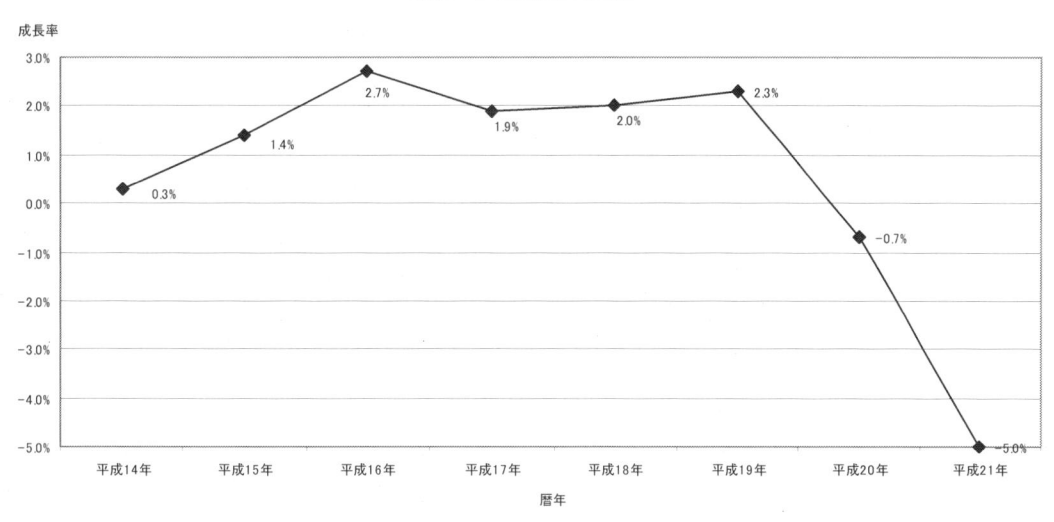

図表3－1　経済成長率の推移

暦年	成長率
平成14年	0.3%
平成15年	1.4%
平成16年	2.7%
平成17年	1.9%
平成18年	2.0%
平成19年	2.3%
平成20年	－0.7%
平成21年	－5.0%

資料出所：平成20年までは内閣府「国民経済計算」、平成21年は内閣府「月例経済報告（平成22年2月）

リーマンショック以降の落ち込みについて、内閣府の「平成21年度経済財政白書」では、「リーマンショック後の景気悪化は歴史的な速さ」（同書9頁）だったとしています。

このような急激な成長率の低下は、企業における収益の悪化によるものであり、企業の業績の低迷は、支出の抑制要因となることから、賃金引下げの圧力を強めることとなります。

3　長引くデフレ

　平成16年以降上昇に転じた国内企業物価指数は、平成20年には大きく上昇した（＋4.0%）ものの、平成21年には逆にこれを上回るマイナスとなりました（－5.2）。
　また、小幅な動きをしていた消費者物価指数も、平成21年には1.4%のマイナスとなりました。
　これらの物価の動きは製品価格の低下に跳ね返り、企業の業績を悪化させる要因となっています。
　平成21年11月20日、菅経済財政担当相は「日本はデフレ状態にある」とのデフレ宣言をしましたが、一部の有識者の間では、日本は十数年来デフレ下にあるとしており、物価の低下も賃金引下げ圧力となっています。

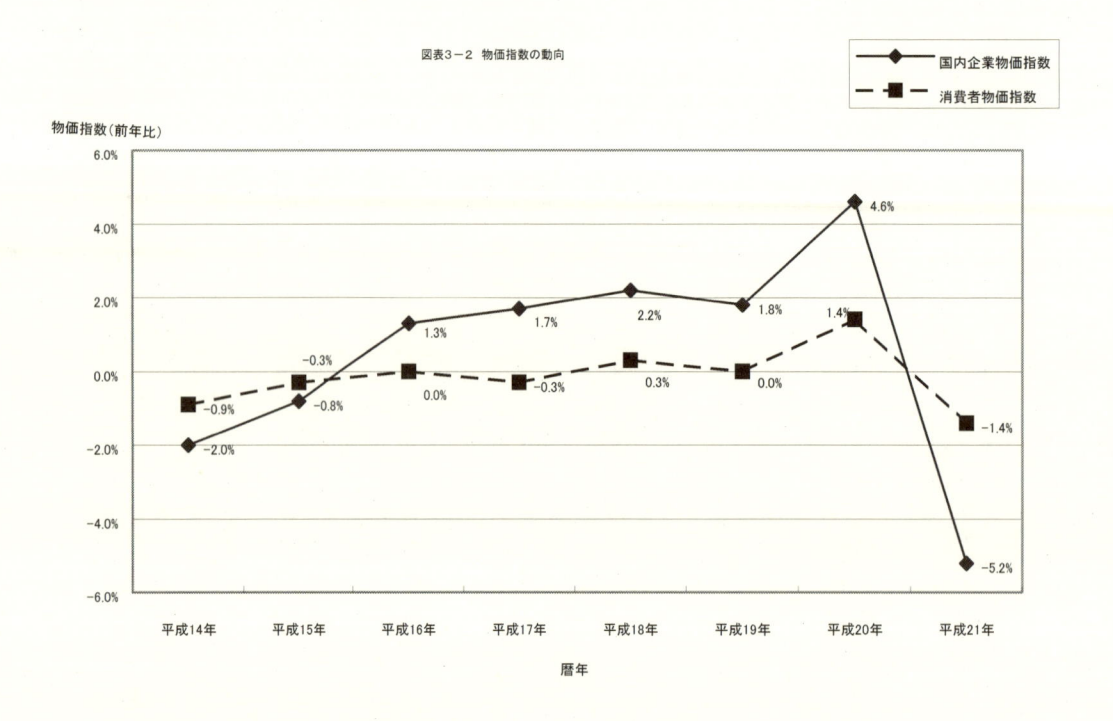

図表3－2　物価指数の動向

国内企業物価指数：平成14年 －2.0%、平成15年 －0.8%、平成16年 1.3%、平成17年 1.7%、平成18年 2.2%、平成19年 1.8%、平成20年 4.6%、平成21年 －5.2%
消費者物価指数：平成14年 －0.9%、平成15年 －0.3%、平成16年 0.0%、平成17年 －0.3%、平成18年 0.3%、平成19年 0.0%、平成20年 1.4%、平成21年 －1.4%

資料出所：「国内企業物価指数」は日本銀行、「消費者物価指数」は総務省

4　再び悪化した雇用情勢

　完全失業率は平成14年に昭和30年以降最悪の5．4％を記録した後、高い水準を維持したままでしたが、一転、平成15年からは低下に転じ、平成19年には3．9％まで低下しましたが、平成20年には上昇に転じ、平成21年には5．1％になりました。
　また、有効求人倍率も平成14年の0.54倍から改善を続け、平成18年には1倍を超えましたが、平成20年以降悪化に転じ、平成21年には昭和38年以降最悪の0.47倍まで低下しています。

このような雇用情勢の悪化は退職しても再就職先の保障がないことを意味しますので、賃金引下げの圧力要因となります。

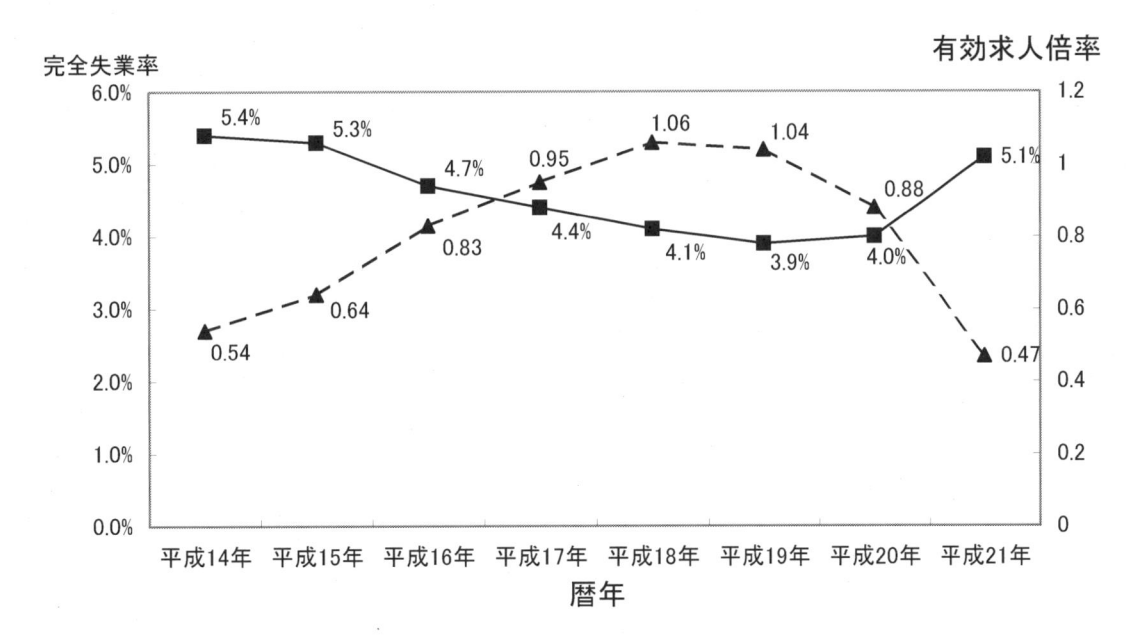

図表3－3　完全失業率と有効求人倍率の推移

資料出所：「完全失業率」は総務省「労働力調査」、「有効求人倍率」は厚生労働省「職業安定業務統計」

5　その他の要因

最後に、賃金水準に影響を与える2つの要因を取り上げます。

1つは、労働分配率です。平成20年以降労働分配率（名目雇用者報酬÷名目国民総生産）も上昇に転じており、このことも企業の収益率を低めており、賃金の引下げ圧力となっています。

もう1つは、人口の減少です。少子高齢化が進行し、平成20年からは人口は減少に転じています。人口の減少は、そのまま国内の購買力の低下に繋がりますから、企業業績に悪影響を与える可能性があり、賃金引下げの圧力要因になる可能性があります。

第4章　難しくなってきた定期昇給とベースアップ

1　衝撃的な統計調査の結果

　昨年（平成21年）12月に公表された厚生労働省の「平成21年賃金引上げ等の実態に関する調査結果の概要」によると、賃金の改定状況は図表4－1のとおりとなっています。
　なお、この調査で用いられている用語の意味等については、次頁の「ミニ知識1」をご覧ください。

図表4－1　賃金の改定の実施状況

年・企業規模	賃金の改定を実施又は予定している 小計	1人平均賃金を引き上げる	1人平均賃金を引き下げる	実施しない	未定
平成21年					
計	74.6%	61.7%	12.9%	21.6%	3.8%
5,000人以上	87.0%	78.0%	9.0%	12.1%	0.9%
1,000～4,999人	85.1%	77.2%	7.9%	13.0%	2.0%
300～999人	81.0%	70.4%	10.6%	15.1%	3.9%
100～299人	71.7%	57.8%	14.0%	24.3%	4.0%
平成20年					
計	77.1%	74.0%	3.1%	17.6%	5.3%
5,000人以上	89.3%	88.4%	0.9%	9.8%	0.9%
1,000～4,999人	86.3%	86.0%	0.3%	10.8%	2.9%
300～999人	85.6%	83.4%	2.3%	10.8%	3.5%
100～299人	73.7%	70.1%	3.6%	20.2%	6.1%

　この調査が、賃金の改定についての調査項目に「賃金の引下げ」を加えたのは平成11年ですが、これだけ多くの企業（**12.9%**）が賃金の引下げを実施したことは初めてです。
　これまでの調査で、賃金の引下げの実施率が最も高かったのは平成15年の**7.2%**でした。また、実施しないとの回答が最も多かったのは、平成14年の**27.1%**でした。
　今回の調査結果からは、賃金の改定を実施した企業の6社に1社が賃金の引下げを実施し、100～299人の企業規模の企業では5社に1社が賃下げを実施していることになります。
　これまで、賃金改定といえば、賃金の引上げを意味していました。また、勤続年数の増加とともに賃金は上昇することが常識とされていました（一定年齢以上の高齢期は除く。）

が、このことは常識ではなくなってきています。
　物価については、近年、デフレ傾向が続いていますが、賃金についてもデフレの時代が近づきつつあることを予感させる調査結果となっています。

ミニ知識1　「賃金引上げ等の実態に関する調査」の用語解説
「賃金の改定」
　すべてもしくは一部の常用労働者を対象とした「定期昇給」、「ベースアップ」、「諸手当の改定」等をいい、「ベースダウン」や「賃金カット」等による賃金の減額も含まれます。
「賃金表」
　学歴、年齢、勤続年数、職務、職能などにより賃金がどのように定まっているかを表にしたもののこと。
「賃金表の改定」
　賃金表の書き換えのことで、賃金水準を引き上げることを「ベースアップ（ベア）」、引き下げることを「ベースダウン」といいます。
「定期昇給（定昇）」
　毎年一定の時期を定めて、その企業の昇給制度に従って行われる昇給。また、毎年時期を定めて行っている場合は、能力、業績評価に基づく査定昇給なども含まれます。
「諸手当の改定」
　時間外・休日、深夜手当等の割増手当と慶弔手当等の特別手当を除いた手当の改定のこと。
「賃金カット」
　賃金表等を変えずに、ある一定の期間につき、一時的に賃金を減額する場合のこと（なお、役員報酬のカットは含まれません。）。

　次に、賃金の改定が未定となっている企業を除いた企業について、定期昇給制度の有無と、定期昇給制度がある企業について、定期昇給の実施の有無等を調査した結果は次頁の図表4-2のとおりとなっています。

図表4－2　定期昇給制度の有無と定期昇給の実施の有無等

年・企業規模	管理職				
	定期昇給制度あり	定期昇給の実施状況			定期昇給制度なし
		行った・行う	行わなかった・行わない	延期した	
平成21年					
計	67.5%	47.3%	18.2%	1.9%	32.5%
5,000人以上	50.8%	42.3%	6.1%	2.4%	49.2%
1,000～4,999人	61.9%	47.3%	13.0%	1.7%	38.1%
300～999人	72.9%	54.5%	17.0%	1.4%	27.1%
100～299人	66.5%	45.3%	19.1%	2.1%	33.5%
平成20年					
計	67.4%	55.7%	10.6%	1.0%	32.6%
5,000人以上	47.9%	43.1%	4.8%	－	52.1%
1,000～4,999人	66.3%	63.3%	3.0%	－	33.7%
300～999人	68.1%	59.8%	7.7%	0.6%	31.9%
100～299人	67.5%	54.1%	12.2%	1.2%	32.5%

年・企業規模	一般職				
	定期昇給制度あり	定期昇給の実施状況			定期昇給制度なし
		行った・行う	行わなかった・行わない	延期した	
平成21年					
計	77.2%	56.7%	17.0%	3.6%	22.8%
5,000人以上	75.6%	68.8%	4.5%	2.3%	24.4%
1,000～4,999人	79.0%	67.3%	9.9%	1.8%	21.0%
300～999人	81.0%	65.2%	14.6%	1.2%	19.0%
100～299人	76.0%	53.2%	18.4%	4.4%	24.0%
平成20年					
計	75.6%	65.8%	9.1%	0.8%	24.4%
5,000人以上	73.2%	68.3%	4.1%	0.8%	26.8%
1,000～4,999人	79.4%	76.9%	2.5%	－	20.6%
300～999人	83.0%	76.0%	6.5%	0.6%	17.0%
100～299人	73.2%	61.8%	10.5%	0.9%	26.8%

図表4－2から、平成21年と平成20年とを比較すると、定期昇給制度なしの割合は管

理職では殆ど変化はなく、一般職でも若干の減少（1.6ポイントの低下）に留まっています。

一方、定期昇給制度があるにもかかわらず、定期昇給を「行わなかった・行わない」企業の割合は、管理職で18.2%と前年を7.6ポイント上回り、一般職では17.0%と前年を7.9ポイントも上回っています。

また、定期昇給を「延期した」企業の割合は、管理職で1.9%と前年から倍増（0.9ポイントの増）し、一般職では3.6%と前年の4倍以上（2.8ポイントの増）に増加しています。

つまり、管理職で約3割（67.5%中の20.1%=18.2%+1.9%）、一般職で3割弱（77.2%中の20.6%=17.0%+3.6%）の企業で定期昇給制度の機能が停止している状況になっています。

図表4－3　定期昇給とベースアップ等の区別の有無とベースアップ等の実施状況

年・企業規模	管理職 定期昇給とベースアップ等の区別あり	ベースアップ等の実施状況 ベースアップを行った・行う	ベースアップ等の実施状況 行わなかった・行わない	ベースアップ等の実施状況 ベースダウンを行った・行う	定期昇給とベースアップ等の区別なし
平成21年					
計	61.7%	12.7%	46.3%	2.7%	38.3%
5,000人以上	73.6%	10.2%	63.5%	－	26.4%
1,000～4,999人	71.3%	5.9%	64.3%	1.1%	28.7%
300～999人	64.4%	7.5%	55.2%	1.7%	35.6%
100～299人	60.0%	14.9%	42.0%	3.1%	40.0%
平成20年					
計	52.4%	19.8%	32.4%	0.2%	47.6%

年・企業規模	一般職 定期昇給とベースアップ等の区別あり	ベースアップ等の実施状況 ベースアップを行った・行う	ベースアップ等の実施状況 行わなかった・行わない	ベースアップ等の実施状況 ベースダウンを行った・行う	定期昇給とベースアップ等の区別なし
平成21年					
計	63.6%	12.6%	48.8%	2.2%	36.4%
5,000人以上	79.8%	17.0%	62.7%	－	20.2%
1,000～4,999人	77.6%	6.4%	70.8%	0.5%	22.4%
300～999人	69.6%	9.1%	59.7%	0.8%	30.4%
100～299人	60.4%	14.1%	43.4%	2.8%	39.6%
平成20年					
計	56.7%	21.4%	35.3%	0.1%	43.3%

前頁の図表4－3は、定期昇給とベースアップ等の区別の有無と区別のある企業についてベースアップの実施状況を尋ねたものとなっています。
　この図表からは、管理職、一般職共に、約6割の企業で定期昇給とベースアップ等の区別があることが分かります。
　そして、この区別のある企業のうち、ベースアップ等を行わなかった企業の割合は、管理職で75%（46.3%÷61.7%）、一般職で77%（48.8÷63.6%）に及んでいます。
　これを平成20年の数値と比較しますと、平成20年の管理職は62%（32.4%÷52.4%）から13ポイント上昇し、一般職では62%（35.3%÷56.7%）から15ポイント上昇しています。
　更に、ベースダウンを行った企業の割合は、管理職で4%（2.7%÷61.7%）、一般職で3%（2.2÷63.6%）となっています。
　このベースダウンの数値は少ないようにみえますが、平成20年の数値と比較するとその数値が10倍以上増加しており、異常な数値となっていることがわかります。
　ちなみに、平成20年の数値は、管理職は0.4%（0.2%÷52.4%）、一般職では0.2%（0.1%÷56.7%）でした。
　次に、「賃金の改定を実施又は予定していて額も決定している企業」について、賃金カット等の実施状況をみたのが図表4－4です。

図表4－4　賃金カット等の実施状況別企業割合（複数回答）

年・企業規模	賃金カット等を実施又は予定している企業	賃金カットを行った・行う	賃金の改定と同時期に決めた	賃金の改定と別時期に決めた	諸手当の減額を行った・行う
平成21年					
計	(30,9%)100.0%	81.6%	48.2%	33.4%	23.2%
5,000人以上	(28.6%)100.0%	88.9%	32.2%	56.7%	14.8%
1,000～4,999人	(31.3%)100.0%	90.4%	39.2%	51.1%	13.6%
300～999人	(31.9%)100.0%	83.5%	37.3%	46.2%	19.4%
100～299人	(30,5%)100.0%	79.9%	53.0%	26.9%	25.5%
平成20年					
計	(9.3%)100.0%	81.8%	69.3%	12.4%	32.6%
5,000人以上	(2.5%)100.0%	100.0%	24.4%	75.6%	75.6%
1,000～4,999人	(4.8%)100.0%	92.4%	39.8%	52.6%	23.0%
300～999人	(8.9%)100.0%	94.4%	83.4%	11.1%	12.1%
100～299人	(10.0%)100.0%	77.4%	66.7%	10.7%	39.0%

注）()内は、賃金カット等を実施又は予定していて額も決定している企業に占める賃金カット等を実施又は予定している企業の割合

この図表からは、賃金カット等を実施又は予定している企業の割合を平成20年と比較すると、以下のことがわかります。
① 約3倍（9.3%→30.9%）になっていること。
② 平成20年には規模の小さな企業での実施率が高かったのが、平成21年には全企業に及んでいること。
③ 賃金カットの時期は中小企業では賃金改定時が多いこと。

次に、賃金カット等の対象者が管理職なのか、一般職なのか、それとも両者に及んでいるのかを調査した結果は、図表4-5のとおりとなっています。

図表4-5　賃金カット等の対象者別企業割合

年・企業規模	賃金カット等を実施又は予定している企業	管理職のみ 計	一部	全員	一般職のみ 計	一部	全員
平成21年							
計	(30.9%)100.0%	43.6%	13.1%	30.6%	4.2%	4.0%	0.1%
5,000人以上	(28.6%)100.0%	58.2%	5.5%	52.6%	1.8%	1.8%	-
1,000～4,999人	(31.3%)100.0%	61.2%	14.4%	46.8%	-	-	-
300～999人	(31.9%)100.0%	48.1%	8.1%	39.9%	3.2%	2.7%	0.6%
100～299人	(30.5%)100.0%	40.1%	14.7%	25.4%	5.0%	5.0%	-
平成20年							
計	(9.3%)100.0%	36.8%	16.9%	19.9%	10.9%	10.9%	-
5,000人以上	(2.5%)100.0%	62.2%	24.4%	37.8%	-	-	-
1,000～4,999人	(4.8%)100.0%	30.3%	3.7%	26.6%	32.8%	32.8%	-
300～999人	(8.9%)100.0%	45.0%	38.5%	6.5%	4.8%	4.8%	-
100～299人	(10.0%)100.0%	34.5%	11.0%	23.5%	11.7%	11.7%	-

年・企業規模	計	管理職と一般職 一般職一部 計	管理職一部	管理職全部	一般職全員 計	管理職一部	管理職全部
平成21年							
計	50.5%	17.8%	12.2%	5.6%	32.7%	-	32.7%
5,000人以上	40.0%	11.1%	1.8%	9.2%	28.9%	-	28.9%
1,000～4,999人	32.7%	15.6%	6.7%	8.8%	17.2%	-	17.2%
300～999人	47.8%	17.7%	7.4%	10.3%	30.1%	-	30.1%
100～299人	53.4%	18.2%	14.6%	3.6%	35.2%	-	35.2%

平成20年							
計	52.3%	36.0%	32.0%	4.1%	16.3%	-	16.3%
5,000人以上	37.8%	-	-	-	37.8%	-	37.8%
1,000～4,999人	37.0%	32.6%	15.4%	17.2%	4.4%	-	4.4%
300～999人	50.2%	45.9%	44.6%	1.4%	4.3%	-	4.3%
100～299人	53.7%	33.4%	29.1%	4.3%	20.4%	-	20.4%

　この図表からは、管理職のみを対象とする賃金カット等は前年と比較すると6.8ポイント増加（36.8%→43.6%）し、管理職と一般職の双方を対象とする割合はほとんど変化がなく（52.3%→50.5%）、一方、一般職のみを対象とする割合は6.7ポイント（10.9%→4/2%）減少しています。

2　衝撃的な統計調査の結果　その2

　本年（平成22年）2月に公表された厚生労働省の「平成21年賃金構造基本統計調査（全国）結果の概要」も、「賃金の引上げ等の実態に関する調査結果」と同様衝撃的な内容となっています。
　この調査による一般労働者の平成元年以降の賃金の増減率の推移は、図表4－6のとおりとなっており、男女計と男性の減少率は平成元年以降最大となっています。
　なお、この調査で用いられる用語については、次頁の「ミニ知識2」をご覧ください。

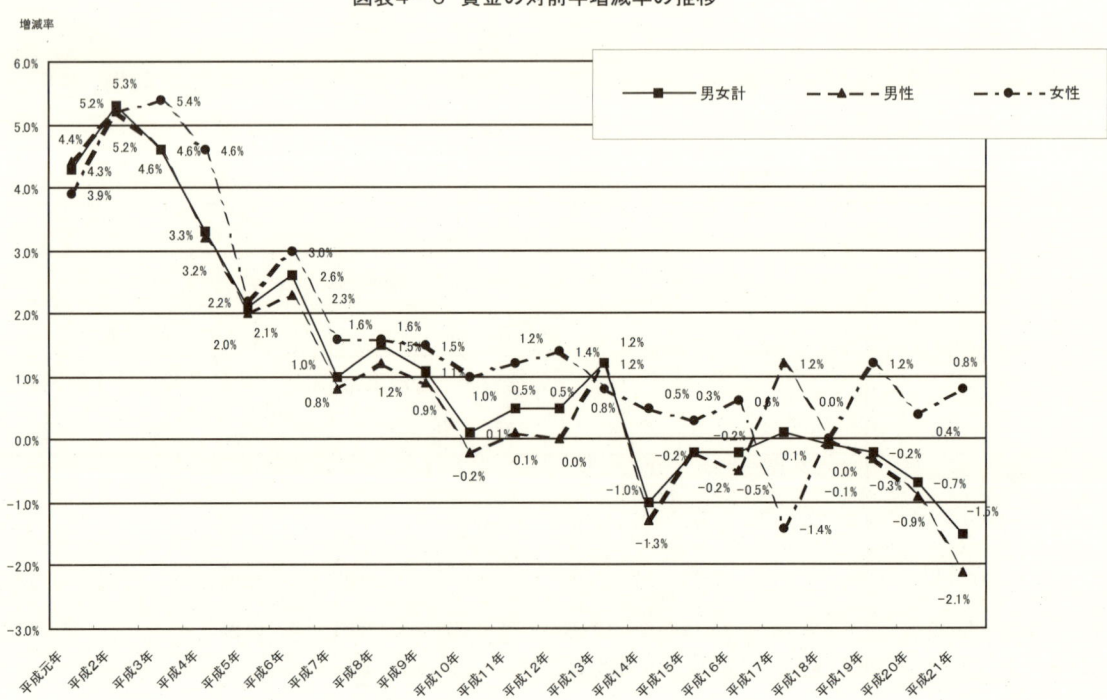

図表4－6　賃金の対前年増減率の推移

第1章、第2章で触れたとおり、年齢の上昇は一般的には賃金の上昇に結びつきます。

逆に、調査の対象となる労働者の平均年齢が低下すると賃金水準も低下する可能性があります。

また、第1章、第2章で触れたとおり、勤続年数が長くなると一般的には賃金の上昇に結びつきます。逆に、調査の対象となる労働者の平均勤続年数が短くなると賃金水準も低下する可能性があります。

そこで、平成20年と平成21年の男女計、男性、女性の平均年齢と平均勤続年数を比較すると以下のとおりとなっており、大きな変化はありません。

		平成20年	平成21年	差
男女計	平均年齢	40.9歳	41.1歳	+0.2歳
	平均勤続年数	11.6年	11.4年	−0.2年
男性	平均年齢	41.7歳	42.0歳	+0.3歳
	平均勤続年数	13.1年	12.8年	−0.3年
女性	平均年齢	39.1歳	39.4歳	+0.3歳
	平均勤続年数	8.6年	8.6年	0.0年

ミニ知識2　「賃金構造基本統計調査」の用語解説

「常用労働者」

以下のいずれかに該当する労働者①期間を定めずに雇われている労働者、②1カ月を超える期間を定めて雇われている労働者、③日々又は1カ月以内の期間を定めて雇われている労働者のうち、4月及び5月にそれぞれ18日以上雇用された労働者

「一般労働者」

常用労働者は「一般労働者」と「短時間労働者」に区分され、「短時間労働者」とは、同一事業所の一般の労働者より1日の所定労働時間が短い又は1日の所定労働時間が同じでも1週間の所定労働時間が少ない労働者をいい、「一般労働者」とは、常用労働者のうち、短時間労働者以外の者

「賃金」

6月分の所定内給与額をいい、「所定内給与額」とは、労働協約等であらかじめ定められている支給条件、算定方法により6月分として支給された現金給与額のうち、超過労働給与額を差し引いた額で、所得税等を控除する前の額

「正社員・正職員」

常用労働者は雇用形態で「正社員・正職員」と「正社員・正職員以外」に区分され、「正社員・正職員」とは、事業所で正社員、正職員とする者

「勤続年数」

労働者がその企業に雇い入れられてから調査対象期日までに勤務した年数

「標準労働者」

学校卒業後直ちに企業に就職し、同一企業に継続勤務しているとみなされる労働者

年齢や勤続年数の変化が、賃金の低下（女性の場合は上昇）に与えた影響が少ないとすると、賃金の低下（上昇）がどの労働者に生じているのかを探る必要がありますが、これを知るための調査結果として年齢階級別賃金の増減率があります（図表4－7）。

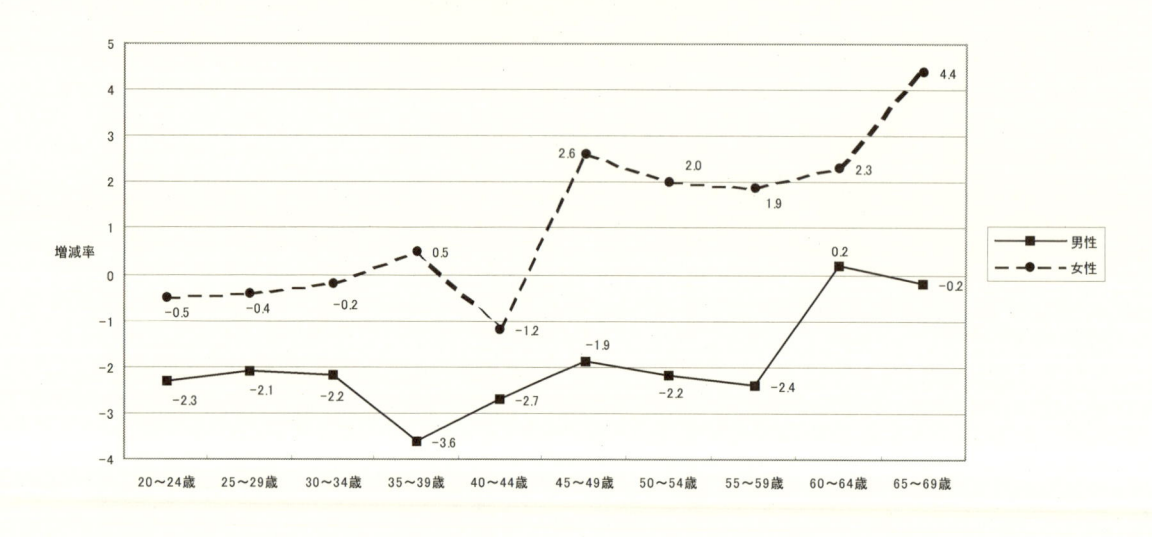

図表4－7　年齢階級別賃金の対前年増減率

年齢階級	男性	女性
20～24歳	-2.3	-0.5
25～29歳	-2.1	-0.4
30～34歳	-2.2	-0.2
35～39歳	-3.6	0.5
40～44歳	-2.7	-1.2
45～49歳	-1.9	2.6
50～54歳	-2.2	2.0
55～59歳	-2.4	1.9
60～64歳	0.2	2.3
65～69歳	-0.2	4.4

　この図からは男性は60～64歳を除き、すべての年齢階級で賃金が下がっていることがわかります。

　また、女性についても若年層と働き盛りの40～44歳での低下が目に付きます。

　図表4－7で、男性ではほぼすべての年齢階級で賃金の低下があったことが分かりましたので、このような現象は、企業規模にかかわらず起こっているのかをみることにします。

図表4－8　男性の企業規模別の年齢階級別賃金と対前年増減率

	1,000人以上		100～999人		10～99人	
	賃金（千円）	対前年増減率	賃金（千円）	対前年増減率	賃金（千円）	対前年増減率
20～24歳	207.5	-1.8	199.3	-2.5	190.9	-2.6
25～29歳	253.7	0.1	232.2	-3.7	226.6	-2.6
30～34歳	307.3	-1.2	271.0	-3.0	263.5	-2.8
35～39歳	362.7	2.9	310.4	-3.6	292.7	-3.6
40～44歳	439.0	-1.0	357.0	-3.4	317.2	-2.9
45～49歳	481.9	-0.5	391.9	-2.2	333.3	-3.7
50～54歳	495.5	-1.2	400.4	-4.5	334.7	-1.4
55～59歳	450.8	-3.1	318.8	-1.6	321.4	-3.7
60～64歳	318.8	0.0	293.0	2.9	270.6	-2.6
65～69歳	345.6	21.5	253.4	-3.0	236.6	-3.3

　上の図表4－8は、企業規模別に年齢階級別の男性の賃金をみています。

この図表から分かることは、1,000人以上規模の25～29歳、35～39歳、60～64歳、100～999人規模の60～64歳を除き、他の全ての年齢階級で賃金の低下がみられることです。

そして、賃金の低下は企業規模に関係なく、生じている現象であることが分かります。

次に、ここまでの数値は一般労働者全般のものとなっていますので、「正社員・正職員」と「正社員・正職員以外」とに分けてみることとします。

図表4－9 「正社員・正職員」と「正社員・正職員以外」に分けた賃金と対前年増減率

	男女計				男性			
	正社員・正職員		正社員・正職員以外		正社員・正職員		正社員・正職員以外	
	賃金（千円）	対前年増減率	賃金（千円）	対前年増減率	賃金（千円）	対前年増減率	賃金（千円）	対前年増減率
20～24歳	199.2	-1.5	170.2	-1.6	203.0	-2.3	175.1	-2.9
25～29歳	234.2	-1.8	188.0	-1.5	242.0	-2.1	198.2	-1.8
30～34歳	271.9	-2.2	200.0	-0.3	284.4	-2.4	220.0	-0.5
35～39歳	310.6	-3.4	199.5	-0.6	326.9	-3.8	229.7	-0.9
40～44歳	353.1	-3.1	194.4	-0.3	381.0	-2.8	238.1	-2.6
45～49歳	379.6	-1.3	190.4	0.3	414.6	-1.9	238.4	-1.7
50～54歳	385.9	-2.0	190.2	-0.6	423.6	-2.2	237.8	-3.4
55～59歳	367.7	-1.7	196.2	1.8	401.0	-2.3	237.3	-0.3
60～64歳	299.7	-1.1	215.2	-0.1	319.5	-1.4	237.3	-0.6
65～69歳	273.6	-0.5	192.8	0.9	288.7	-2.1	206.8	1.0

	女性			
	正社員・正職員		正社員・正職員以外	
	賃金（千円）	対前年増減率	賃金（千円）	対前年増減率
20～24歳	194.7	-0.6	166.3	-0.6
25～29歳	221.7	-0.6	180.3	-0.7
30～34歳	241.4	-0.6	186.4	-1.1
35～39歳	262.3	-0.2	181.5	0.6
40～44歳	271.6	-1.9	174.0	0.4
45～49歳	277.0	2.4	169.5	2.9
50～54歳	274.0	0.8	165.0	1.3
55～59歳	261.7	1.2	161.8	0.5
60～64歳	236.1	-0.3	163.2	2.0
65～69歳	235.1	5.0	161.3	1.6

前頁の図表4-9は「男女計」、「男性」、「女性」について「正社員・正職員」と「正社員・正職員以外」の年齢階級別の賃金と対前年増減率をみています。

この図表からは、男性については、「正社員・正職員以外」の65～69歳以外の年齢階級で賃金の低下がみられることが分かります。

つまり、男性については、賃金の低下が「正社員・正職員」でも、「正社員・正職員以外」でも起きていることがわかります。

また、女性についても「正社員・正職員」の20～44歳で賃金の低下がみられます。

以上のデータは、勤続年数にかかわりなく企業で一般労働者、正社員・正職員、正社員・正職員以外として雇用される従業員についてみた結果となっていますので、各年齢階級とも勤続年数が短くなった結果、賃金水準が低下した可能性があります。

そこで、最後に学校を卒業して直ぐに就職し、そのまま同一企業で働いている「標準労働者」の年齢階級別の賃金と対前年増減率をみてみることとします。

以下の図表4-10は、男女別の大学卒業者、高専・短大卒業者、高校卒業者の賃金と対前年増減率を示しています。

この図表で分かるとおり、男性については、高卒の50～54歳を除き、他の年齢階級で全てマイナスとなっています。

次に、女性についても、高校卒は40～44歳、55～59歳を除き、マイナスとなっており、高専・短大卒では6つの年齢階級でマイナス、大卒では5つの年齢階級でマイナスとなっています。

この標準労働者の賃金の動向をみると、正社員・正職員の中でも最も賃金が安定していると考えられる標準労働者でも賃金の低下が見られることが分かります。

図表4-10 標準労働者の年齢階級別賃金と対前年増減率

男性	大学卒 賃金（千円）	対前年増減率	高専・短大卒 賃金（千円）	対前年増減率	高校卒 賃金（千円）	対前年増減率
20～24歳	216.6	-2.7	193.8	-1.0	194.9	-0.6
25～29歳	257.8	-2.2	232.8	-2.7	236.9	-0.3
30～34歳	323.0	-1.2	274.4	-2.5	279.2	-1.8
35～39歳	395.6	-2.8	336.0	-0.1	319.4	-1.7
40～44歳	478.4	-2.0	396.6	-3.6	367.7	-2.3
45～49歳	535.7	-0.4	450.2	-4.2	414.6	-1.1
50～54歳	562.6	-0.4	492.9	-2.7	455.8	0.3
55～59歳	567.0	-1.0	519.3	-4.6	448.1	-2.9

「適正人件費管理のための賃金制度」（22年4月23日発行）

当方の点検の結果下記のとおり訂正させていただきます。
皆様にご迷惑をおかけしましたことをお詫び申し上げますとともに、ご訂正方よろしくお願い申し上げます。

箇所	誤	正
目次ⅲ　上8行目	経営戦略で阻止区のあり方も決まる	経営戦略で組織のあり方も決まる
目次ⅴ　下3行目	人事いかが公表している	人事院が公表している
4ページ　上6行目	賃金制度の特徴の1つであるしょう賞与の	賃金制度の特徴の1つである賞与の
18ページ　上8行目	持ち直しているが、自立性は弱く、	持ち直しているが、自律性は弱く、
19ページ　上3行目	(-5.2)	(-5.2%)
36ページ　上3行目	「⑥経常利益または計所損失」	「⑥経常利益又は経常損失」
53ページ　上5行目	架空の会社A社、B者を想定します。	架空の会社A社、B社を想定します。
60ページ　上1行目	図表7－1	図表7－2
60ページ　上9行目	図表7－2	図表7－3
85ページ　図表9-3内	珍技が低かったから	賃金が低かったから
89ページ　上1行目	図表9－5のとおりで、のとおり、導入率の	図表9－5のとおりで、導入率の
104ページ　下2行目	・生活保証給は勤続給とは	・生活保証給と勤続給は
142ページ　上19行目	分析法による具体的な	点数法による具体的な
142ページ　下8行目	各職務について職務記述章を作成します。	各職務について職務記述書を作成します。
155ページ　下2行目	この結果を参考に各等級とも8等級の	この結果を参考に各等級とも8号俸の
156ページ　上11行目	4等級・課長・3号俸を	4等級・課長・4号俸を
168ページ　下7行目	育児支援手当」には不要	育児支援手当」には扶養
172ページ　上1行目	逆に、勤続給を導入することの	逆に、諸手当を導入することの

箇所　156ページ　図表16-7　複数賃率表　その2

（誤）

号俸	評価（人事考課）による基本給額の違い				
	S	A	B	C	D
1号俸	300,000円	306,000円	312,000円	318,000円	324,000円
2号俸	324,000円	330,000円	336,000円	342,000円	348,000円
3号俸	348,000円	354,000円	360,000円	366,000円	372,000円

（正）

号俸	評価（人事考課）による基本給額の違い				
	S	A	B	C	D
1号俸	324,000円	318,000円	312,000円	306,000円	300,000円
2号俸	348,000円	342,000円	336,000円	330,000円	324,000円
3号俸	372,000円	366,000円	360,000円	354,000円	348,000円

女性	大学卒 賃金（千円）	大学卒 対前年増減率	高専・短大卒 賃金（千円）	高専・短大卒 対前年増減率	高校卒 賃金（千円）	高校卒 対前年増減率
20～24歳	207.4	-1.8	185.1	0.9	174.9	-0.7
25～29歳	234.1	0.2	210.4	-2.6	201.3	-0.3
30～34歳	270.5	-2.3	236.8	-4.5	224.9	-1.1
35～39歳	324.4	-3.3	285.0	-0.2	250.7	-1.1
40～44歳	409.7	-0.1	320.9	-2.4	281.1	1.0
45～49歳	436.6	-2.9	365.8	1.2	314.0	-1.1
50～54歳	475.5	0.7	392.2	-3.4	336.6	-4.8
55～59歳	510.3	2.5	405.3	-5.7	339.7	2.3

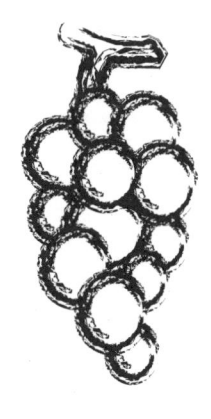

第5章　企業の収益から人件費を考える

1　付加価値を把握する

　企業の経済活動の成果は、会計の計算書類に現れます。この計算書類の中でも、その年度の収益と費用を計算した「損益計算書」に経営者が選択した経営戦略の結果が現れます。
　したがって、「損益計算書」を基に、企業の収益性を分析することが、適正な人件費の把握の第一歩となります。
　「損益計算書」を使った経営分析には様々なものがありますが、ここでは適正な人件費の把握に必要とされる分析手法に限定して検討したいと思います。
　「損益計算書」の「売上高」は、企業が1年間に生み出した売上を示しています。
　この「売上高」から、企業の外部から購入した資材や委託した費用などを差し引いた残りが企業内で生み出された成果物だといえます。
　そして、この成果物のことを「付加価値」といい、これが企業内で分配することができる原資となります。
　各企業における付加価値を把握は、実際の損益計算書から把握することになります。
　ここでは、中小企業庁が毎年実施している「中小企業実態基本調査」の「平成20年中小企業実態基本調査報告書」を基に、平成19年度の決算期の数値から「付加価値」の額（以下「付加価値額」）を把握したいと思います。
　なお、この調査の対象となる「中小企業」とは、次頁に示す企業となっています。
　まず、この基本調査を使って、各企業の損益計算書から把握することのできる項目をみると35～36頁のとおりとなっています。
　次に、これらの項目から、付加価値額を計算します。
　付加価値額の把握の仕方には様々なものがあります。
　ここでは、この本で使用する計算方法と他の2方式を説明しておきます。

① 平成19年まで中小企業庁が発行していた「中小企業の財務指標（平成17年1月～12月決算期）」で使用していた方式で、付加価値額は以下の計算式から導き出されます。

　　　　付加価値額＝経常利益＋労務費＋人件費＋支払利息割引料－受取利息配当金＋賃借料
　　　　　＋租税公課＋減価償却実施額

　なお、同書にも説明がありますが、この数値は「平成18年5月の会社法施行により、従来の商法施行規則から会社計算規則が施行された。しかしながら、当該『中小企業の財務指標（平成17年1月～12月決算期）』は、会社法改正前の財務データを対象としていることから、従来の商法施行規則に基づく計算書類を対象」としています。

中小企業実態調査の対象となる中小企業の範囲（日本標準産業分類）

業種	企業規模の範囲
建設業（産業分類の大分類）	資本金3億円以下又は従業者300人以下
製造業（産業分類の大分類）	資本金3億円以下又は従業者300人以下
情報通信業（産業分類の大分類）	・産業分類の中分類の「通信業」 資本金3億円以下又は従業者300人以下 ・産業分類の中分類の「インターネット付随サービス業」 資本金3億円以下又は従業者300人以下 ・産業分類の小分類の「新聞業」 資本金3億円以下又は従業者300人以下 ・産業分類の小分類の「出版業」 資本金3億円以下又は従業者300人以下 ・上記以外 資本金5千万円以下又は従業者100人以下
運輸業（産業分類の大分類）のうち、中分類の道路旅客運輸業、道路貨物運輸業、水運業、倉庫業、運輸付帯サービス業	資本金3億円以下又は従業者300人以下
卸売業・小売業（産業分類の大分類）	・産業分類の中分類の「卸売業」 資本金1億円以下又は従業者100人以下 ・産業分類の中分類の「小売業」 資本金5千万円以下又は従業者50人以下
不動産業（産業分類の大分類）	・産業分類の小分類の「駐車場業」 資本金5千万円以下又は従業者100人以下 ・上記以外 資本金3億円以下又は従業者300人以下
飲食店・宿泊業（産業分類の大分類）	・産業分類の中分類の「旅行業」 資本金5千円以下又は従業者100人以下 ・上記以外 資本金5千万円以下又は従業者50人以下
サービス業（産業分類の大分類）	・産業分類の小分類の「旅行業」 資本金3億円以下又は従業者300人以下 ・上記以外 資本金5千万円以下又は従業者100人以下

平成20年中小企業実態基本調査報告書の売上高、営業費用等

①売上高			実現主義の原則に従い、商品などの販売または役務の給付によって実現した売上高、営業収益、完成工事高など（消費税を含む）。
営業費用	②売上原価	商品仕入原価	売上高に対応する商品の仕入原価。 「商品仕入原価」＝「期首棚卸高」＋「当期仕入高」－「期末棚卸高」
		材料費（注1）	売上高に対応する材料費。
		労務費（注2）	売上高に対応する労務費。
		外注費（注3）	売上高に対応する外注費。
		減価償却費（注4）	売上高に対応する減価償却費。
		上記以外の売上原価（注5）	売上原価のうち、商品仕入原価、材料費、労務費、外注費及び減価償却費（売上原価に含まれるもの）以外の売上原価の合計。
	③販売費及び一般管理費	人件費（注6）	常用、臨時、役員、正社員、パート・アルバイトを問わず、当該事業年度に支払うべき給料、手当、賃金、賞与などの合計。
		地代家賃	土地、建物などの不動産の賃貸料の合計。
		水道光熱費	ガス代、電気代、水道料などの合計。
		運賃荷造費	製造品、商品などの輸送、梱包などに支払った運賃、荷造費の合計。
		販売手数料	売上に対し一定の率で支払う手数料、売上に対する協力度、回収、成長度などに応じて支払う売上奨励金などの合計。
		広告宣伝費	不特定多数の者に対する宣伝的効果を意図してなされるもので、商品・製品の広告、求人広告、会社広告などの合計。
		交際費	得意先、仕入先、その他事業に関係する者に対して、営業上必要な接待、供応、慰安、贈答その他これらに類する行為のために要した費用。
		減価償却費	販売費及び一般管理費に計上する減価償却費。
		従業員教育費	講師・指導員等経費、教材費、外部施設使用料、研修参加費及び研修委託費などの合計。
		租税公課	印紙税、登録免許税、不動産取得税、自動車税、固定資産税、事業税（付加価値割及び資本割）及び事業所税などの合計。
		上記以外の経費（注7）	販売費及び一般管理費のうち、上記以外のその他の経費の合計。なお、福利厚生はここに含みます。
④営業外収益			受取利息、受取配当金、有価証券の売却益などの営業活動以外により発生した収益。
⑤営業外費用		支払利息・割引料	銀行その他の金融機関や他の会社からの借入金に対する利息、受取手形を割り引いた場合に支払われる費用で、割引日から手形期日までの期間の利子相当分の合計。
		その他の費用	支払利息、割引料以外の営業外費用に計上される雑損失などの合計。

⑥経営利益または経常損失	売上高から、売上原価、販売費及び一般管理費を差し引いたものに営業外収益を加え、営業外費用を差し引いたもの。 「⑥経常利益または計所損失」＝「①売上高」－（「②売上原価」＋「③販売費及び一般管理費」）＋「④営業外収益」－「⑤営業外費用」
⑦特別利益	会社経営において、特別に発生した金額的にも大きな利益。固定資産売却益、前期損益修正益。
⑧特別損失	会社経営において、特別に発生した金額的にも大きな利益。固定資産売却損、減損損失、災害による損失、前期損益修正損。
⑨税引前当期純利益または 　税引前当期純損失	経常利益（経常損失）に特別利益を加え、特別損失を差し引いたもの。 「⑨税引前当期純利益または税引前当期純損失」＝「⑥経営利益または経常損失」＋「⑦特別利益」－「⑧特別損失」
⑩税引後当期純利益または 　税引後当期純損失	税引前当期純利益（税引前当期純損失）から法人税、住民税及び事業税（所得割）を控除したもの。 「⑩税引後当期純利益または税引後当期純損失」＝「⑨税引前当期純利益または税引前当期純損失」－（「法人税」＋「住民税」＋「事業税（所得割）」）

　この調査の項目の内容は以上のとおりですが、更に、説明が必要であると考えられる項目には注を付けましたので、注を付けた項目を説明します。

材料費（注１）　製造工程又は業務の直接部門で使用する素材費（原料費）、買入部品費、燃料費、工場消耗品費、
　　　　　　　　消耗工具器具備品費などの総額。

労務費（注２）　製造工程又は業務の直接部門に属する従業者の賃金（基本給のほか割増賃金を含む）、給料、雑
　　　　　　　　給、従業員賞与手当、退職給付費用などの総額。

外注費（注３）　製造工程の一部（外注加工など）又は会社の業務の一部を他の業者に委託した際の費用の総額。

減価償却費（売上原価に含まれるもの）（注４）
　　　　　　　　製造工程又は業務の直接部門で使用する有形固定資産及び無形固定資産の取得原価を使用する
　　　　　　　　期間や耐久年数に応じて配分した費用の総額。

上記以外の売上原価（売上原価に含まれるもの）（注５）
　　　　　　　　売上原価のうち、商品仕入原価、材料費、労務費、外注費及び減価償却費（売上原価に含まれ
　　　　　　　　るもの）以外のその他の原価の総額。
　　　　　　　　製造工程又は業務の直接部門に属する従業者の福利厚生費（法定福利費を含む）を含む。

人件費（注６）　常用、臨時、役員、正社員、パート・アルバイトを問わず、当該事業年度に支払うべき給料、
　　　　　　　　手当、賃金、賞与など。ただし、利益処分による役員賞与は除く。

上記以外の経費（販売費及び一般管理費に含まれるもの）（注７）
　販売費及び一般管理費のうち、人件費、地代家賃、水道光熱費、運賃荷造費、販売手数料、広告宣伝費、交際費、減価償却費（販売費及び一般管理費に含まれるもの）、従業員教育費及び租税公課以外のその他の経費の総額。
　　販売及び一般管理部門に属する従業員の福利費（法定福利費を含む）を含む。

②　①の中小企業庁が毎年発行していた「中小企業の財務指標」が「中小企業の財務指標（平成 17 年 1 月～12 月決算期）」をもって終了してしまったことから、㈱同友館が独自に中小企業庁が毎年実施している「中小企業実態基本調査」の「平成 20 年中小企業実態基本調査報告書」を基に作成した「中小企業実態基本調査に基づく経営・原価指標」で使用している方式で、付加価値額は以下の計算式から導き出されます。

　　付加価値額＝労務費＋減価償却費（以上、売上原価）＋人件費＋地代家賃＋減価償却費＋従業員教育費＋租税公課（以上、販売管理費）＋支払利息割引料＋経常利益

③　この本で使用する付加価値額

この本では、従前の中小企業庁が使用していた①の計算式と、㈱同友館が開発した計算式を参考としつつ、以下の考え方で付加価値額を計算することとします。

まず、「営業利益」を把握します。

営業利益＝経常利益－営業外収益＋営業外費用＝経常利益－営業外損益

営業利益は、「売上高」から「売上原価」と「販売費及び一般管理費」を除いたもので、本業からの利益を意味します。

次に、「営業費用」の中で企業内での費用と認識できるものとして、売上原価の中から「労務費」と「減価償却費」を加え、さらに、販売費及び一般管理費の中から「人件費」、「地代家賃」、「減価償却費」、「従業員教育費」、「租税公課」を加えたものを付加価値額とします。

これを 1 つの計算式としますと以下のとおりとなります。

　　付加価値額＝経常利益－営業外損益＋労務費＋減価償却費＋人件費＋地代家賃＋減価償却費＋従業員教育費＋租税公課

2　付加価値比率を把握する

1 の付加価値額は、売上高に占める割合を比較することにより、企業の生産性の高さを知ることができます。この売上高に対する付加価値額の割合を「付加価値比率」といいます。そして、計算式を示すと以下のとおりとなります。

「付加価値比率」＝「付加価値額」÷「売上高」×100（％）

付加価値比率は、外部に流出した費用「商品仕入原価」、「材料費」、「外注費」などが少ないと企業内での内製加工率が高いことを示しますから、付加価値比率が高ければ高いほど企業業績が良いことを意味します。

以下、調査対象の法人企業の産業計と 8 業種 9 種の企業規模計、5 人以下、6～20 人、21～50 人、51 人以上の付加価値比率を示すと 39～44 頁のとおりですが、その前に「中小企業実態基本調査」が把握した売上高と営業費用等の調査産業計の数値を示すと次頁～39 頁のとおりとなっています。

「中小企業実態基本調査」が把握した売上高と営業費用等の調査産業計の数値

調査事項	法人企業（金額単位：百万円）				
	計	5人以下	6～20人	21～50人	51人以上
母集団企業数（社）	1,434,406	865,171	380,034	117,544	71,656
従業者数（人）	24,102,346	4,200,084	5,182,388	4,345,074	10,374,801
売上高	509,999,626	75,133,176	112,951,507	102,904,030	219,010,914
営業費用	499,027,140	74,594,451	111,159,027	100,626,371	212,647,291
売上原価	389,104,309	53,291,292	83,931,536	79,421,365	172,460,117
商品仕入原価	201,988,463	33,898,152	45,480,054	43,936,952	78,673,304
材料費	55,280,208	4,460,014	10,505,649	9,462,403	30,852,142
労務費	32,443,667	2,541,405	5,533,519	5,979,841	18,388,902
外注費	58,554,116	8,223,208	14,812,811	11,767,054	23,751,044
減価償却費	5,530,636	768,551	669,572	1,508,745	2,583,768
その他の売上原価	35,307,219	5,642,419	6,929,930	6,766,371	18,210,957
販売費及び一般管理費	109,922,831	21,303,159	27,227,491	21,205,006	40,187,174
人件費	53,232,899	10,186,011	13,653,326	10,355,287	19,038,275
地代家賃	6,488,848	1,652,699	1,507,585	1,114,709	2,213,855
水道光熱費	2,198,127	501,140	514,807	408,982	773,196
運賃荷造費	4,474,255	275,489	730,822	852,982	2,614,962
販売手数料	2,180,062	405,394	482,898	370,120	921,650
広告宣伝費	2,141,457	225,052	453,458	370,706	1,092,241
交際費	1,676,241	498,010	522,059	283,717	372,455
減価償却費	4,856,939	1,112,950	1,130,125	905,814	1,708,050
従業員教育費	186,992	22,697	41,458	38,738	84,099
租税公課	3,011,953	781,298	839,060	560,707	830,888
その他の経費	29,475,059	5,642,419	7,351,893	5,943,244	10,537,503
営業外損益	1,201,030	216,941	197,043	252,936	534,110
営業外収益	6,6,517,642	1,234,102	1,416,267	1,308,169	2,559,105
営業外費用	5,316,612	1,017,160	1,219,224	1,055,232	2,024,995
支払利息・割引料	3,692,414	771,626	864,608	768,902	1,287,278
その他の費用	1,624,198	245,534	354,617	286,330	737,717
経常利益（経常損失）	12,173,516	755,666	1,989,523	2,530,594	6,897,733
特別利益	3,518,246	613,567	944,341	616,668	1,343,669
特別損失	5,364,161	762,799	1,218,052	1,196,895	2,186,416

税引前当期純利益または 税引前当期純損失	10,327,601	606,435	1,715,812	1,950,368	6,054,986
税引後当期純利益または 税引後当期純損失	5,357,984	106,921	843,000	966,550	3,441,514

　調査対象の法人企業の産業計と8業種9種の企業規模計、5人以下、6～20人、21～50人、51人以上の付加価値比率は以下のとおりとなっています。

　この付加価値比率は、業種により数値に大きな違いがありますが、企業が所属する産業と企業規模別の数値と自社の数値とを比較することにより、自社の業績の把握に役立ちます。

　なお、この調査結果では売上原価の「その他の売上原価」に「製造工程又は業務の直接部門に属する従業員の福利費（法定福利費を含む）」が含まれていること、販売費及び一般管理費の「上記以外の経費（販売費及び一般管理費に含まれるもの）」に販売及び一般管理部門に属する従業員の福利費（法定福利費を含む）」が含まれていることから、企業が従業員のために支出している福利厚生費を付加価値額に加えることが困難となっていることから、付加価値比率は従前、中小企業庁が発表していた「中小企業の財務指標」の付加価値比率と比較すると低い数値となっています。

① 調査産業計

規模計　22.9%　5人以下　23.4%　6～20人　22.3%　21～50人　22.1%　51人以上　23.4%

	産業計				
	規模計	5人以下	6～20人	21～50人	51人以上
売上高	509,999,626	75,133,176	112,951,507	102,904,030	219,010,914
付加価値額	116,724,420	17,604,336	25,167,125	22,741,499	51,211,460
経常利益	12,173,516	755,666	1,989,523	2,530,594	6,897,733
営業外損益	1,201,030	216,941	197,043	252,936	534,110
労務費	32,443,667	2,541,405	5,533,519	5,979,841	18,388,902
減価償却費(売上原価)	5,530,636	768,551	669,572	1,508,745	2,583,768
人件費	53,232,899	10,186,011	13,653,326	10,355,287	19,038,275
地代家賃	6,488,848	1,652,699	1,507,585	1,114,709	2,213,855
減価償却費(販売費及び一般管理費)	4,856,939	1,112,950	1,130,125	905,814	1,708,050
従業員教育費	186,992	22,697	41,458	38,738	84,099
租税公課	3,011,953	781,298	839,060	560,707	830,888
付加価値比率	22.9%	23.4%	22.3%	22.1%	23.4%

② 建設業

規模計　19.4%　5人以下　23.9%　6～20人　20.4%　21～50人　17.5%　51人以上　16.0%

	建設業				
	規模計	5人以下	6～20人	21～50人	51人以上
売上高	77,920,046	15,254,219	27,515,722	16,340,651	18,809,454
付加価値額	15,118,143	3,640,331	5,606,384	2,860,822	3,010,608
経常利益	983,214	-66,827	228,856	313,971	507,213
営業外損益	130,919	27,379	9,036	44,044	50,461
労務費	5,920,673	1,319,399	2,136,718	1,216,005	1,248,551
減価償却費(売上原価)	343,030	70,975	85,313	58,611	128,131
人件費	6,557,430	1,906,141	2,596,489	1,077,882	976,918
地代家賃	526,933	176,924	199,987	81,235	68,788
減価償却費(販売費及び一般管理費)	455,769	138,893	180,397	69,737	66,743
従業員教育費	31,686	3,252	12,360	9,555	6,520
租税公課	430,327	118,953	175,300	77,870	58,205
付加価値比率	19.4%	23.9%	20.4%	17.5%	16.0%

③ 製造業

規模計　28.1%　5人以下　37.6%　6～20人　31.7%　21～50人　29.2%　51人以上　26.1%

	製造業				
	規模計	5人以下	6～20人	21～50人	51人以上
売上高	117,841,179	6,292,075	17,404,796	20,077,802	74,066,506
付加価値額	33,099,466	2,363,281	5,514,330	5,869,247	19,352,608
経常利益	4,213,562	61,009	438,059	631,200	3,083,294
営業外損益	338,046	61,801	-3,583	61,712	218,115
労務費	14,626,190	648,171	1,990,757	2,499,006	9,488,256
減価償却費(売上原価)	2,352,506	100,086	255,699	400,213	1,596,507
人件費	10,002,908	1,271,848	2,307,947	1,963,152	4,459,961
地代家賃	784,970	152,967	191,415	132,358	308,230
減価償却費(販売費及び一般管理費)	783,422	106,005	164,754	164,080	348,583
従業員教育費	38,512	2,421	5,582	5,666	24,843
租税公課	635,442	82,575	156,534	135,284	261,049
付加価値比率	28.1%	37.6%	31.7%	29.2%	26.1%

④　情報通信業

規模計　40.1%　5人以下　38.9%　6～20人　39.8%　21～50人　39.9%　51人以上　40.8%

	情報通信業				
	規模計	5人以下	6～20人	21～50人	51人以上
売上高	9,728,804	995,825	2,021,859	2,704,244	4,006,877
付加価値額	3,902,673	387,089	804,116	1,077,897	1,633,568
経常利益	289,980	6,919	75,167	68,155	139,738
営業外損益	72,577	6,398	48,838	5,102	12,239
労務費	1,034,723	36,608	123,008	270,841	604,267
減価償却費（売上原価）	87,388	6,363	8,314	56,952	15,758
人件費	2,176,629	277,763	538,573	582,524	777,769
地代家賃	207,953	38,457	51,539	60,179	57,778
減価償却費（販売費及び一般管理費）	102,411	15,457	35,233	26,446	25,274
従業員教育費	9,058	963	1,295	2,421	4,379
租税公課	67,108	10,957	19,825	15,481	20,844
付加価値比率	40.1%	38.9%	39.8%	39.9%	40.8%

⑤　運輸業

規模計　41.1%　5人以下　35.0%　6～20人　37.9%　21～50人　42.9%　51人以上　41.7%

	運輸業				
	規模計	5人以下	6～20人	21～50人	51人以上
売上高	22,873,462	1,153,800	3,235,627	4,670,681	13,813,354
付加価値額	9,393,670	404,260	1,226,282	2,002,228	5,760,902
経常利益	554,248	27,357	46,668	122,608	357,615
営業外損益	130,105	9,325	12,915	46,005	61,860
労務費	4,535,653	87,696	457,619	937,349	3,052,988
減価償却費（売上原価）	674,583	83,416	83,633	170,046	337,489
人件費	3,025,999	158,055	502,748	640,467	1,724,729
地代家賃	293,899	18,961	48,096	74,254	152,588
減価償却費（販売費及び一般管理費）	276,225	24,320	60,360	62,229	129,316
従業員教育費	7,044	378	1,225	940	4,502
租税公課	156,124	13,402	38,848	40,340	63,535
付加価値比率	41.1%	35.0%	37.9%	42.9%	41.7%

⑥　卸売業

規模計　10.6%　5人以下　9.0%　6～20人　10.8%　21～50人　10.1%　51人以上　11.4%

	卸売業				
	規模計	5人以下	6～20人	21～50人	51人以上
売上高	143,056,905	24,632,569	31,704,553	32,596,544	54,123,240
付加価値額	15,116,278	2,219,819	3,435,209	3,301,120	6,160,128
経常利益	2,335,783	156,588	479,545	640,446	1,059,203
営業外損益	285,089	38,427	33,984	76,594	136,084
労務費	896,790	72,209	115,997	136,785	571,798
減価償却費(売上原価)	267,541	70,635	27,868	30,847	138,191
人件費	9,860,876	1,561,316	2,350,363	2,150,495	3,798,702
地代家賃	952,746	188,788	225,633	182,395	355,929
減価償却費(販売費及び一般管理費)	671,185	121,123	156,792	148,237	245,034
従業員教育費	25,280	2,686	5,246	5,441	11,907
租税公課	391,166	84,901	107,749	83,068	115,448
付加価値比率	10.6%	9.0%	10.8%	10.1%	11.4%

⑦　小売業

規模計　20.1%　5人以下　19.6%　6～20人　19.0%　21～50人　19.8%　51人以上　21.3%

	小売業				
	規模計	5人以下	6～20人	21～50人	51人以上
売上高	52,782,042	11,416,796	14,647,550	9,602,659	17,115,037
付加価値額	10,585,083	2,237,751	2,788,999	1,905,894	3,652,436
経常利益	563,189	-22,040	164,092	113,624	307,513
営業外損益	326,418	124,718	95,261	48,093	58,346
労務費	381,205	31,509	114,639	63,619	171,437
減価償却費(売上原価)	81,803	14,178	16,949	10,346	40,330
人件費	7,678,201	1,800,370	2,049,459	1,384,254	2,444,118
地代家賃	1,330,564	303,052	301,200	229,349	496,963
減価償却費(販売費及び一般管理費)	563,645	142,686	144,851	96,739	179,368
従業員教育費	25,850	4,280	5,531	6,537	9,501
租税公課	287,044	88,434	87,539	49,519	61,552
付加価値比率	20.1%	19.6%	19.0%	19.8%	21.3%

⑧ 不動産業

規模計 32.0%　5人以下 42.4%　6～20人 28.4%　21～50人 24.5%　51人以上 25.7%

	不動産業				
	規模計	5人以下	6～20人	21～50人	51人以上
売上高	19,949,262	7,125,666	4,133,965	3,037,294	5,652,336
付加価値額	6,386,664	3,018,054	1,173,687	744,180	1,450,743
経常利益	1,483,628	555,274	303,101	236,254	388,999
営業外損益	-256,923	-101,845	-47,965	-60,450	-46,664
労務費	235,805	19,491	21,915	33,331	161,068
減価償却費（売上原価）	194,739	101,406	25,815	31,489	36,028
人件費	2,435,407	1,129,747	457,817	258,720	589,124
地代家賃	710,166	470,569	108,383	38,325	92,890
減価償却費（販売費及び一般管理費）	586,920	376,677	101,157	40,949	68,136
従業員教育費	8,870	2,810	1,893	866	3,300
租税公課	474,206	260,235	105,641	43,796	64,534
付加価値比率	32.0%	42.4%	28.4%	24.5%	25.7%

⑨ 飲食店・宿泊業

規模計 45.3%　5人以下 44.7%　6～20人 46.6%　21～50人 46.5%　51人以上 43.9%

	飲食店・宿泊業				
	規模計	5人以下	6～20人	21～50人	51人以上
売上高	7,721,022	1,065,334	2,058,956	1,495,034	3,101,698
付加価値額	3,494,895	476,487	959,678	695,655	1,363,076
経常利益	76,682	-20,546	16,559	21,877	58,793
営業外損益	-20,506	9,937	-5,087	-11,542	-13,814
労務費	168,986	6,772	31,748	22,760	107,706
減価償却費（売上原価）	27,778	2,355	7,759	3,886	13,778
人件費	2,331,816	357,720	661,372	477,233	835,491
地代家賃	418,455	65,538	111,639	64,346	176,932
減価償却費（販売費及び一般管理費）	316,564	51,919	87,092	62,621	114,933
従業員教育費	3,926	607	612	534	2,172
租税公課	130,182	22,059	37,810	30,856	39,457
付加価値比率	45.3%	44.7%	46.6%	46.5%	43.9%

⑩ サービス業

規模計 33.8%　5人以下 39.7%　6～20人 35.8%　21～50人 34.6%　51人以上 31.2%

	サービス業				
	規模計	5人以下	6～20人	21～50人	51人以上
売上高	58,126,904	7,196,891	10,228,480	12,379,120	28,322,413
付加価値額	19,627,547	2,857,260	3,658,443	4,284,451	8,827,392
経常利益	1,673,230	57,931	237,476	382,459	995,364
営業外損益	195,305	40,801	53,643	43,378	57,483
労務費	4,643,642	319,549	541,117	800,145	2,982,830
減価償却費（売上原価）	1,501,268	319,136	158,222	746,354	277,556
人件費	9,163,632	1,723,050	2,188,559	1,820,559	3,431,464
地代家賃	1,263,161	237,443	269,694	252,266	503,757
減価償却費（販売費及び一般管理費）	1,100,798	135,871	199,489	234,776	530,663
従業員教育費	36,767	5,300	7,714	6,777	16,976
租税公課	440,354	99,781	109,815	84,493	146,265
付加価値比率	33.8%	39.7%	35.8%	34.6%	31.2%

3　労働分配率を把握する

　付加価値比率の次に着目すべき数値としては、「労働分配率」があります。労働分配率とは、付加価値額に対する人件費の割合をみたものとなっています。

　このうち、「付加価値額」については2で触れていますので、「人件費」について検討します。

　1で触れた㈱同友館が独自に中小企業庁が毎年実施している「中小企業実態基本調査」の「平成20年中小企業実態基本調査報告書」を基に作成した「中小企業実態基本調査に基づく経営・原価指標」では、以下の計算で求められる数値を人件費（労務費、人件費）としています。

　　労務費、人件費＝「労務費（売上原価）」＋「人件費」＋「従業員教育費」

　2でも触れましたが、「中小企業実態基本調査報告書」では売上原価の「その他の売上原価」に「製造工程又は業務の直接部門に属する従業員の福利費（法定福利費を含む）」が含まれていること、販売費及び一般管理費の「上記以外の経費（販売費及び一般管理費に含まれるもの）」に販売及び一般管理部門に属する従業員の福利費（法定福利費を含む）」が含まれていることから、企業が従業員のために支出している福利厚生費を付加価値額に加えることが困難となっており、当然のことながらこれらの経費を人件費に含めることができません。

　そこで、人に要する費用を「中小企業実態基本調査報告書」からピックアップすると「人

件費」の範囲は㈱同友館と同様に

　　人件費＝「労務費（売上原価）」＋「人件費（販売費及び一般管理費）」＋「従業員教育
　　　　　　費（販売費及び一般管理費）」

となります。

　以上の考え方で、「中小企業実態基本調査報告書」の調査対象の法人企業の産業計と8業種9種の企業規模計、5人以下、6〜20人、21〜50人、51人以上の労働分配率を示すと以下のとおりとなっていますが、業種により数値は大きく異なり、企業規模によっても異なっていますから、このことを前提に自社の数値と比較することにより、人件費の占める割合の多寡を知ることができます。

　なお、労働分配率は低ければ低いほど企業の負担は減少しますが、従業員からみると高ければ高いほど個別の賃金水準も高い可能性が大きくなります。

　したがって、労使ともに好ましいことは付加価値額を増大させることで、賃金も上昇させ、労働分配率を下げることが最善の企業運営であるといえます。

① 調査産業計

規模計　73.6%　　5人以下　72.4%　　6〜20人　76.4%　　21〜50人　72.0%　　51人以上　73.2%

	産業計				
	規模計	5人以下	6〜20人	21〜50人	51人以上
売上高	509,999,626	75,133,176	112,951,507	102,904,030	219,010,914
付加価値額	116,724,420	17,604,336	25,167,125	22,741,499	51,211,460
人件費（労務費＋人件費＋従業員教育費）	85,863,558	12,750,113	19,228,303	16,373,866	37,511,276
労働分配率	73.6%	72.4%	76.4%	72.0%	73.2%

② 建設業

規模計　82.7%　　5人以下　88.7%　　6〜20人　84.6%　　21〜50人　80.5%　　51人以上　74.1%

	建設業				
	規模計	5人以下	6〜20人	21〜50人	51人以上
売上高	77,920,046	15,254,219	27,515,722	16,340,651	18,809,454
付加価値額	15,118,143	3,640,331	5,606,384	2,860,822	3,010,608
人件費（労務費＋人件費＋従業員教育費）	12,509,789	3,228,792	4,745,567	2,303,442	2,231,989
労働分配率	82.7%	88.7%	84.6%	80.5%	74.1%

③ 製造業

規模計　74.5%　5人以下　81.3%　6～20人　78.1%　21～50人　76.1%　51人以上　72.2%

	製造業				
	規模計	5人以下	6～20人	21～50人	51人以上
売上高	117,841,179	6,292,075	17,404,796	20,077,802	74,066,506
付加価値額	33,099,466	2,363,281	5,514,330	5,869,247	19,352,608
人件費（労務費＋人件費＋従業員教育費）	24,667,610	1,922,440	4,304,286	4,467,824	13,973,060
労働分配率	74.5%	81.3%	78.1%	76.1%	72.2%

④ 情報通信業

規模計　82.5%　5人以下　81.5%　6～20人　82.4%　21～50人　79.4%　51人以上　84.9%

	情報通信業				
	規模計	5人以下	6～20人	21～50人	51人以上
売上高	9,728,804	995,825	2,021,859	2,704,244	4,006,877
付加価値額	3,902,673	387,089	804,116	1,077,897	1,633,568
人件費（労務費＋人件費＋従業員教育費）	3,220,410	315,334	662,876	855,786	1,386,415
労働分配率	82.5%	81.5%	82.4%	79.4%	84.9%

⑤ 運輸業

規模計　80.6%　5人以下　60.9%　6～20人　78.4%　21～50人　78.8%　51人以上　83.0%

	運輸業				
	規模計	5人以下	6～20人	21～50人	51人以上
売上高	22,873,462	1,153,800	3,235,627	4,670,681	13,813,354
付加価値額	9,393,670	404,260	1,226,282	2,002,228	5,760,902
人件費（労務費＋人件費＋従業員教育費）	7,568,696	246,129	961,592	1,578,756	4,782,219
労働分配率	80.6%	60.9%	78.4%	78.8%	83.0%

⑥ 卸売業

規模計　71.3%　5人以下　73.7%　6～20人　71.9%　21～50人　69.5%　51人以上　71.1%

	卸売業				
	規模計	5人以下	6～20人	21～50人	51人以上
売上高	143,056,905	24,632,569	31,704,553	32,596,544	54,123,240
付加価値額	15,116,278	2,219,819	3,435,209	3,301,120	6,160,128
人件費（労務費＋人件費＋従業員教育費）	10,782,946	1,636,211	2,471,606	2,292,721	4,382,407
労働分配率	71.3%	73.7%	71.9%	69.5%	71.1%

⑦　小売業

規模計　76.4%　5人以下　82.1%　6～20人　77.8%　21～50人　76.3%　51人以上　71.9%

	小売業				
	規模計	5人以下	6～20人	21～50人	51人以上
売上高	52,782,042	11,416,796	14,647,550	9,602,659	17,115,037
付加価値額	10,585,083	2,237,751	2,788,999	1,905,894	3,652,436
人件費（労務費＋人件費＋従業員教育費）	8,085,256	1,836,159	2,169,629	1,454,410	2,625,056
労働分配率	76.4%	82.1%	77.8%	76.3%	71.9%

⑧　不動産業

規模計　42.0%　5人以下　38.2%　6～20人　41.0%　21～50人　39.4%　51人以上　51.9%

	不動産業				
	規模計	5人以下	6～20人	21～50人	51人以上
売上高	19,949,262	7,125,666	4,133,965	3,037,294	5,652,336
付加価値額	6,386,664	3,018,054	1,173,687	744,180	1,450,743
人件費（労務費＋人件費＋従業員教育費）	2,680,082	1,152,048	481,625	292,917	753,492
労働分配率	42.0%	38.2%	41.0%	39.4%	51.9%

⑨　飲食店・宿泊業

規模計　71.7%　5人以下　76.6%　6～20人　72.3%　21～50人　72.0%　51人以上　69.4%

	飲食店・宿泊業				
	規模計	5人以下	6～20人	21～50人	51人以上
売上高	7,721,022	1,065,334	2,058,956	1,495,034	3,101,698
付加価値額	3,494,895	476,487	959,678	695,655	1,363,076
人件費（労務費＋人件費＋従業員教育費）	2,504,728	365,099	693,732	500,527	945,369
労働分配率	71.7%	76.6%	72.3%	72.0%	69.4%

⑩ サービス業

規模計 70.5%　5人以下 71.7%　6〜20人 74.8%　21〜50人 61.3%　51人以上 72.9%

	サービス業				
	規模計	5人以下	6〜20人	21〜50人	51人以上
売上高	58,126,904	7,196,891	10,228,480	12,379,120	28,322,413
付加価値額	19,627,547	2,857,260	3,658,443	4,284,451	8,827,392
人件費（労務費＋人件費＋従業員教育費）	13,844,041	2,047,899	2,737,390	2,627,481	6,431,270
労働分配率	70.5%	71.7%	74.8%	61.3%	72.9%

4　1人当たり付加価値額、1人当たり人件費

　従業員1人当たりどけだけの付加価値額を生み出しているのかを把握する指標として「1人当たり付加価値額」があります。
　1人当たり付加価値額は以下の計算で求めることができます。
　1人当たり付加価値額＝付加価値額÷従業員数
　なお、短時間雇用者や勤務日数の少ない従業員がいる場合には、フルタイムに換算する必要があります。1人当たり付加価値額を把握することにより、従業員が効率よく働いているか否かが分かります。
　また、1人当たり人件費を前出の「中小企業実態基本調査」から把握することは困難ですが、「人件費」を同調査の「労務費」と「人件費」と「従業員教育費」に限定すると、以下の計算で求めることができます。
　1人当たり人件費＝人件費（労務費＋人件費＋従業員教育費）÷従業員数（フルタイム換算）
　1人当たり人件費を把握することにより、他企業との人件費の高低を比較することができます。

ミニ知識3　「経営分析」
　企業の経営が順調に行われているのか否かは、企業の財務データから分析することができます。
　この分析は以下の3つの観点から行われます。
① 収益性分析
② 安全性分析
③ 生産性分析
　この節でとりあげたのは、③の「生産性分析」の手法の一部で人が効率よく働いているかとの観点からの分析結果を示しています。

5　労働費用を把握する

　以上で把握した付加価値額、人件費合計額には、従業員を雇用することにより生ずる全ての費用が含まれていません。

　使用者が従業員を雇用することによって生ずる一切の費用を表す言葉に「労働費用」があります。

　この「労働費用」の額を調査したものとして厚生労働省が実施している「就労条件総合調査」があり、直近のデータは平成 18 年に発表された平成 17 年のものとなっています。

図表 5 － 1　常用労働者 1 人 1 カ月平均労働費用

企業規模・産業	労働費用総額 金額(円)	現金給与額 金額(円)	現金給与額 割合(%)	現金給与以外の労働費用 金額(円)	現金給与以外の労働費用 割合(%)
計	462,329	374,591	81.0	87,738	19.0
1,000 人以上	544,071	427,514	78.6	116,557	21.4
300～999 人	477,764	390,662	81.8	87,081	18.2
100～299 人	382,702	319,650	83.5	63,052	16.5
30～99 人	375,777	316,336	84.2	59,440	15.8
鉱業	657,952	532,209	80.9	125,743	19.1
建設業	545,682	441,977	81.0	103,705	19.0
製造業	539,153	430,066	79.8	109,088	20.2
電気・ガス・熱供給・水道業	860,003	616,466	71.7	243,537	28.3
情報通信業	671,708	560,497	83.4	111,211	16.6
運輸業	415,210	340,874	82.1	74,336	17.9
卸売・小売業	416,493	339,268	81.5	77,225	18.5
金融・保険業	623,098	483,970	77.7	139,128	22.3
不動産業	488,990	402,305	82.3	86,685	17.7
飲食店・宿泊業	182,472	157,429	86.3	25,043	13.7
医療、福祉	270,010	220,305	81.6	49,706	18.4
教育、学習支援業	359,409	307,949	85.7	51,460	14.3
サービス業（他に分類されないもの）	332,410	279,666	84.1	52,744	15.9

　この図表からは、現実に従業員に支給された現金給与額以外の労働費用の割合は、企業規模、産業計で 19.0% に及んでおり、金額 87,738 円と、かなりの額が現金給与以外に必要であることを示しています。

次に、労働費用の推移を同じく厚生労働省の「就労条件総合調査」でみると以下のとおりとなっており、「現金給与以外の労働費用」の割合は、徐々に上昇していることが分かります。

なお、「現金給与以外の労働費用」の金額は平成10年が最高額となっていますが、この年は「現金給与額」も最高額となっていますので、「現金給与以外の労働費用」が企業にとって大きな負担となりつつあることは事実のようです。

図表5-2　常用労働者1人1カ月平均労働費用の推移

年	労働費用総額 金額(円)	現金給与額 金額(円)	割合(%)	現金給与以外の労働費用 金額(円)	割合(%)
平成3年	459,886	382,564	83.2	77,422	16.8
平成7年	483,009	400,649	82.9	82,360	17.1
平成10年	502,004	409,485	81.6	92,519	18.4
平成14年	449,699	367,453	81.7	82,245	18.3
平成17年	462,329	374,591	81.0	87,738	19.0

注）年は調査年

次に、上記の調査から「現金給与以外の労働費用」の内訳をみたものが以下の図表です。

図表5-3　現金給与以外の労働費用（常用労働者1人1カ月）の内訳

企業規模	計	法定福利費	法定外福利費	現物給与の費用	退職給付等の費用	教育訓練費	その他の労働費用
実額(円)							
計	87,738	46,456	9,555	989	27,517	1,541	1,679
1,000人以上	116,557	52,813	13,670	1,197	44,685	2,259	1,933
300～999人	87,081	47,601	8,745	1,243	25,655	1,635	2,202
100～299人	63,052	39,114	6,496	727	14,306	991	1,418
30～99人	59,440	40,917	5,707	634	10,524	668	991
構成比(%)							
計	100.0	52.9	10.9	1.1	31.4	1.8	1.9
1,000人以上	100.0	45.3	11.7	1.0	38.3	1.9	1.7
300～999人	100.0	54.7	10.0	1.4	29.5	1.9	2.5
100～299人	100.0	62.0	10.3	1.2	22.7	1.6	2.2
30～99人	100.0	68.8	9.6	1.1	17.7	1.1	1.7

この図表からは、法定福利費の割合が52.9%と5割を超えていますが、企業規模が小さくなるほどその割合は大きくなり、30～99人の企業ではその割合は68.8%に及んでいます。

また、退職給付等の費用の負担も大きく 31.4%に及び、この2つの項目で現金給与以外の労働費用の8割を超えています。

次に、現金給与以外の労働費用の内訳の推移をみると以下の図表のとおりとなっています。

図表5－4　現金給与以外の労働費用（常用労働者1人1カ月）の内訳の推移

企業規模	計	法定福利費	法定外福利費	現物給与の費用	退職給付等の費用	教育訓練費	その他の労働費用
実額(円)							
平成3年	77,422	38,771	13,340	2,190	18,453	1,670	2,998
平成7年	82,360	42,660	13,682	2,207	20,565	1,305	1,741
平成10年	92,519	46,868	13,481	1,683	27,300	1,464	1,724
平成14年	82,245	41,937	10,312	1,266	25,862	1,256	1,613
平成17年	87,738	46,456	9,555	989	27,517	1,541	1,679
構成比(%)							
平成3年	100.0	50.1	17.2	2.8	23.8	2.2	3.9
平成7年	100.0	52.0	16.6	2.7	25.0	1.6	2.1
平成10年	100.0	50.7	14.6	1.8	29.5	1.6	1.9
平成14年	100.0	51.0	12.5	1.5	31.4	1.5	2.0
平成17年	100.0	52.9	10.9	1.1	31.4	1.8	1.9

この図表からは、現金給与以外の労働費用に占める「法定福利費」と「退職給付等の費用」の占める割合は徐々に増大しており、この2つの項目が「現金給与以外の労働費用」の割合の増大の原因となっていることが分かります。

また、これら「法定福利費」と「退職給付等の費用」の負担の増大が、これらの費用を負担なければならない正社員・正職員の採用を企業に控えさせている原因の1つとなっています。

次に、「法定福利費」の内訳をみると次頁の図表5－5のとおりとなっています。

この図表からは、企業規模にかかわりなく、「厚生年金保険料」の割合がほぼ5割、「健康保険・介護保険料」の割合が約3割4分、「労働保険料」の割合が1割5分弱と、これらの3項目で全体の99%を占めています。

次に、「法定福利費」の内訳の推移をみたのが、次頁の図表5－6で、「健康保険・介護保険料」の割合が徐々に高まり、「労働保険料」の割合が徐々に低くなっています。

図表５−５　法定福利費（常用労働者１人１カ月）の内訳

企業規模	計	健康保険料・介護保険料	厚生年金保険料	労働保険料	雇用保険にかかる費用	労災保険にかかる費用	児童手当拠出金	障害者雇用納付金	その他の法定福利費
実額(円)									
計	46,456	15,746	23,831	6,363	4,087	2,275	317	62	139
1,000人以上	52,813	17,923	27,377	6,967	4,759	2,208	363	82	101
300～999人	47,601	16,143	24,544	6,320	4,156	2,164	325	145	125
100～299人	39,114	13,191	20,173	5,345	3,319	2,026	268	10	127
30～99人	40,917	13,883	20,240	6,293	3,542	2,752	273	−	227
構成比(%)									
計	100.0	33.9	51.3	13.7	8.8	4.9	0.7	0.1	0.3
1,000人以上	100.0	33.9	51.8	13.2	9.0	4.2	0.7	0.2	0.2
300～999人	100.0	33.9	51.6	13.3	8.7	4.5	0.7	0.3	0.3
100～299人	100.0	33.7	51.6	13.7	8.5	5.2	0.7	0.0	0.3
30～99人	100.0	33.9	49.5	15.4	8.7	6.7	0.7	−	0.6

図表５−６　法定福利費（常用労働者１人１カ月）の内訳の推移

企業規模	計	健康保険料・介護保険料	厚生年金保険料	労働保険料	雇用保険にかかる費用	労災保険にかかる費用	児童手当拠出金	障害者雇用納付金	その他の法定福利費
実額(円)									
平成3年	38,771	12,796	18,795	6,684	3,449	3,236	247	77	171
平成7年	42,860	13,739	22,575	6,074	3,000	3,074	318	71	84
平成10年	46,868	14,369	25,887	6,036	3,104	2,931	333	58	185
平成14年	41,937	13,303	22,814	5,365	2,953	2,412	302	88	64
平成17年	46,456	15,746	23,831	6,363	4,087	2,275	317	62	139
構成比(%)									
平成3年	100.0	33.0	48.5	17.2	8.9	8.3	0.6	0.2	0.4
平成7年	100.0	32.1	52.7	14.2	7.0	7.2	0.7	0.2	0.2
平成10年	100.0	30.7	55.2	12.9	6.6	6.3	0.7	0.1	0.4
平成14年	100.0	31.7	54.4	12.8	7.0	5.8	0.7	0.2	0.2
平成17年	100.0	33.9	51.3	13.7	8.8	4.9	0.7	0.1	0.3

第6章　損益計算書から支払い可能な人件費を計算する

　この章では、製造業の2企業の損益計算書から支払いが可能な人件費を計算します。
　この章でのテーマは、現実に支払っている人件費ではなく、理論上支払い可能な人件費の額をみていきます。
　まず、架空の会社A社とB者を想定します。
　両社の企業規模はほぼ同じ、業種は製造業で同種の製品を作成しているものとします。
　図表6－1が両社の損益計算書です。

図表6－1　A社とB社の損益計算書（金額：単位　万円）

	A社	B社
売上高	200,300	199,800
売上原価	145,100	156,100
売上総利益	55,200	43,700
販売費及び一般管理費	51,500	42,500
営業利益	3,700	1,200
営業外収益	500	500
営業外費用	1,300	4,800
経常利益（損失）	2,900	-3,100
特別利益	100	3,600
特別損失	100	100
税引前当期純利益	2,900	400
法人税、住民税及び事業税	300	50
税引後当期純利益	2,600	350

（売上原価の内訳は図表6－2（54頁））

（販売費及び一般管理費の内訳は図表6－3（55頁））

　この図表で分かるとおり、売上高は両社ともほぼ同じ、売上原価はB社の方が1億1千万円高く、売上総利益も結果としてB社のほうが1億1千500万円低くなっており、B社の製造工程に問題があることを疑わせる数字となっています。
　次に、販売費及び一般管理費は、逆にA社の方が9千万円低くなっています。このことは、B社の方が間接部門の効率的な運営を行っている可能性と販促活動が低調である可能性を示唆しています。
　営業外の損益をみると両社とも赤字となっていますが、B社の赤字幅が4千3百万円に及んでいることが目立っています。
　そして、この結果して経常利益はA社は2千9百万円の黒字、B社は3千百万円の赤字となって現れています。

次に、売上原価を人件費と人件費以外に分けるために、その内訳をみてみると図表６－２のとおりとなっています。

図表６－２　Ａ社とＢ社の売上原価＝製造原価の内訳（金額：単位　万円）

	Ａ社	Ｂ社
売上原価（製造原価）	145,100	156,100
材料費	94,000	99,600
労務費	34,300	38,200
外注費	3,800	7,500
減価償却費	1,000	800
その他の経費	12,000	10,000

　この図表からはＡ社よりＢ社の方が、材料費が５千６百万円、労務費が３千９百万円、外注費も３千７百万円高くなっており、このことが売上原価（製造原価）を高めている原因となっていることが分かります。

　なお、この図表の「労務費」は、第５章で触れた「労務費」と異なり、「製造工程に属する従業者の賃金（基本給のほか割増賃金を含む）、給料、雑給、従業員賞与手当、退職給付費用、福利厚生費（法定福利費を含む）」となっています。

第５章の「労務費」と「上記以外の売上原価」

「労務費」
　製造工程又は業務の直接部門に属する従業者の賃金（基本給のほか割増賃金を含む）、給料、雑給、従業員賞与手当、退職給付費用などの総額。

「上記以外の売上原価」
　売上原価のうち、商品仕入原価、材料費、労務費、外注費及び減価償却費（売上原価に含まれるもの）以外のその他の原価の総額。
　製造工程又は業務の直接部門に属する従業者の福利厚生費（法定福利費を含む）を含む。

第６章の「労務費」
　製造工程に属する従業者の賃金（基本給のほか割増賃金を含む）、給料、雑給、従業員賞与手当、退職給付費用、福利厚生費（法定福利費を含む）

　次に、販売費及び一般管理費を人件費と人件費以外に分けるために、その内訳をみてみると次頁の図表６－３のとおりとなっています。

図表6-3　A社とB社の販売費及び一般管理費の内訳（金額：単位　万円）

	A社	B社
販売費及び一般管理費	51,500	42,500
報酬・給与・手当等	23,900	19,800
法定福利費	2,500	2,400
福利厚生費	1,200	3,100
旅費交通費	2,100	2,050
通信費	1,190	590
交際費	1,360	1,500
運賃荷造費	6,800	5,570
地代家賃	5,900	1,300
水道光熱費	220	280
事務消耗品費	370	740
販売手数料	250	90
減価償却費	890	380
租税公課	10	5
諸雑費	800	1,280
その他の経費	4,010	3,415

　この図表からは、A社よりB社の方が金額の大きい科目とA社の方がB社より金額が大きい科目が明確に分かります。

　まず、A社よりB社の方が金額の大きい科目としては、「福利厚生費」が1千9百万円多いことが目に付きます。

　次に、A社の方がB社より金額が大きい科目は、「報酬・給与・手当等」の4千1百万円、「通信費」の6百万円、「運賃荷造費」の約1千2百万円、「地代家賃」の4千6百万円が目に付きます。

　このうち、A社の方の金額が高い項目からは、間接部門の人件費が高く、人材が厚く配置されていることにより利益を生み出している可能性と効率的な人員の配置が行われていない可能性が考えられます。

　運賃荷造費が高いことは、タイムリーな配送がこまめに行われている可能性と割高な搬送費を負担している可能性が考えられます。

　さらに、地代家賃が高いことからは立地条件の良い場所に立地している可能性と借料が高い可能性が考えられます。

　以上のデータから、支払うことが可能である人件費を計算することになりますが、ここで注意しなければならないことがあります。

　第5章の付加価値額の計算では、本業からの収益を把握するために「経常利益」から「営

業外損益」を差し引いて付加価値を計算しましたが、ここでは本業のみではなく、営業外の収益と営業外の費用を考慮する必要があることです。

特に、金融機関等からの借入金の額が膨大で借入金に対し多額の利子を支払い、かつ、資金繰りが思わしくなく入金の圧倒的多数が長期の受取手形で、受取手形の全てを割り引いている企業等では「営業外損益」が大幅な赤字となっている可能性が高く、この金額を考慮せずに人件費を把握すると、資金がショートして倒産してしまう可能性が高いからです。

現に、B社の営業外損益は4千3百万円の赤字、A社でも8百万円の赤字となっています。

以上から、支払い可能な人件費は以下の計算式で求められることになります。

支払い可能な人件費＝売上高＋営業外収益－営業外費用－人件費を除いた売上原価（材料費＋外注費＋減価償却費＋その他の経費）－人件費を除いた販売費及び一般管理費（通信費＋交際費＋運賃荷造費＋地代家賃＋水道光熱費＋事務消耗品費＋販売管理費＋減価償却費＋租税公課＋諸雑費＋その他の経費）

なお、図表6－2、図表6－3に示した売上原価（製造原価）と販売費及び一般管理費の中から人件費以外の科目を示すと以下の図表6－4の網掛部分となります。

図表6－4　人件費以外の売上原価（製造原価）と販売費及び一般管理費

売上原価（製造原価）

	A社	B社
材料費	94,000	99,600
労務費	34,300	38,200
外注費	3,800	7,500
減価償却費	1,000	800
その他の経費	12,000	10,000

販売費及び一般管理費

	A社	B社
報酬・給与・手当等	23,900	19,800
法定福利費	2,500	2,400
福利厚生費	1,200	3,100
旅費交通費	2,100	2,050
通信費	1,190	590
交際費	1,360	1,500
運賃荷造費	6,800	5,570
地代家賃	5,900	1,300
水道光熱費	220	280
事務消耗品費	370	740
販売手数料	250	90
減価償却費	890	380
租税公課	10	5
諸雑費	800	1,280
その他の経費	4,010	3,415

また、前頁の支払い可能な人件費の計算式を図解して示すと図表6-5となります。
　支払い可能な人件費＝売上高＋営業外収益－営業外費用－人件費を除いた売上原価（材料費＋外注費＋減価償却費＋その他の経費）－人件費を除いた販売費及び一般管理費（通信費＋交際費＋運賃荷造費＋地代家賃＋水道光熱費＋事務消耗品費＋販売管理費＋減価償却費＋租税公課＋諸雑費＋その他の経費）

図表6-5　支払い可能な人件費

	A社	B社
売上高	200,300	199,800
	＋	＋
営業外収益	500	500
	－	－
営業外費用	1,300	4,800
	－	－
材料費	94,000	99,600
外注費	3,800	7,500
減価償却費	1,000	800
その他の経費	12,000	10,000
	－	－
通信費	1,190	590
交際費	1,360	1,500
運賃荷造費	6,800	5,570
地代家賃	5,900	1,300
水道光熱費	220	280
事務消耗品費	370	740
販売手数料	250	90
減価償却費	890	380
租税公課	10	5
諸雑費	800	1,280
その他の経費	4,010	3,415
	＝	＝
支払い可能な人件費	66,900	62,450

以上のとおりで、A社の支払い可能な人件費は66,900万円、B社の支払い可能な人件費は62,450万円となり、同じ業種のほぼ同じ企業規模で、ほぼ同じ売上高のある2社でも人件費の支払能力には4,450万円の差が生じています。

　このことは、企業の経営、人の管理、仕事の管理に企業会計の知識が必要不可欠であること、経営分析の手法を理解し活用できることの重要性、資金調達も重要ですがその運用はそれ以上に重要なことを示しています。

　以下に支払い可能な人件費の計算式を示しておきますので計算してみてください。

	我が社
売上高	

＋

営業外収益	

−

営業外費用	

−

材料費	
外注費	
減価償却費	
その他の経費	

−

通信費	
交際費	
運賃荷造費	
地代家賃	
水道光熱費	
事務消耗品費	
販売手数料	
減価償却費	
租税公課	
諸雑費	
その他の経費	

＝

支払い可能な人件費	

第7章 現実の人件費と比較し、世間相場と比較する

1 支払い可能な人件費と現実に支給している人件費を比較する

この章では、前章で触れた製造業の2企業の損益計算書から現実に支給されている人件費を計算します。前章で触れたとおり、両社の企業規模はほぼ同じ、業種は製造業で同種の製品を作成しています。

両社の売上原価＝製造原価の内訳と販売費及び一般管理費の内訳は次頁の図表7－2と7－3のとおりです。

この図表の内訳のうち、網掛けのある部分が人件費です。

この図表7－2、7－3から人件費に該当する科目をピックアップすると以下のとおりとなります。

図表7－1　現実に支払われている人件費総額（金額：単位　万円）

	A社	B社
労務費	34,300	38,200
報酬・給与・手当等	23,900	19,800
法定福利費	2,500	2,400
福利厚生費	1,200	3,100
旅費交通費	2,100	2,050
人件費総額	64,000	65,550

以上のとおり、A社で支払われている人件費は64,000万円、B社は65,550万円となっています。

既に、前章（第6章）で計算したとおり、A社の支払い可能な人件費は66,900万円、B社の支払い可能な人件費は62,450万円となっています。

したがって、A社では人件費の支払能力からみると2,900万円の余力があることを示しています。

一方、B社の場合には、人件費の支払い能力を3,100万円上回った人件費の支払いが行われていることを示しています。

B社が、このまま年間3,100万円もオーバーする人件費の支払いを続けることは、資産家のオーナー企業でもない限り不可能です。

B社は、この状況の打開策を早急に検討し、かつ、速やかに実行する必要があります。

図表7-1　A社とB社の売上原価＝製造原価の内訳（金額：単位　万円）

	A社	B社
売上原価（製造原価）	145,100	156,100
材料費	94,000	99,600
労務費	34,300	38,200
外注費	3,800	7,500
減価償却費	1,000	800
その他の経費	12,000	10,000

図表7-2　A社とB社の販売費及び一般管理費の内訳（金額：単位　万円）

	A社	B社
販売費及び一般管理費	51,500	42,500
報酬・給与・手当等	23,900	19,800
法定福利費	2,500	2,400
福利厚生費	1,200	3,100
旅費交通費	2,100	2,050
通信費	1,190	590
交際費	1,360	1,500
運賃荷造費	6,800	5,570
地代家賃	5,900	1,300
水道光熱費	220	280
事務消耗品費	370	740
販売手数料	250	90
減価償却費	890	380
租税公課	10	5
諸雑費	800	1,280
その他の経費	4,010	3,415

2　現実に支給している人件費と世間相場を比較する

　1で触れたとおり、B社は早急に経営改善策を講じる必要がありますが、その前にA社、B社が支出している人件費が世間相場と比較して高いのか否かを検討する必要があります。
　なぜならば、最終的には人件費の削減に手をつけなければならなくなる可能性があるからです。
　仮に、世間相場より高額の人件費を企業が負担しているのであれば、人件費の削減に従業員の協力が得られやすいでしょうし、人件費以外の経費の削減にも協力が得られやすいと考えられます。
　世間相場との比較は、データが入手可能であれば、同業で経営規模（人員、資本金、売上など）もほぼ同じ企業と比較することが望ましいのですが、このようなデータの入手が困難である場合には、公表されている調査結果を利用することになります。
　この場合、人件費＝労働費用としてデータを求めると入手が困難になると考えられますので、公表されている賃金に関するデータに加工を加えることになります。
　公表されている身近な賃金のデータとしては、各都道府県の実施している調査結果や経営団体が実施している調査結果があります。
　これらのデータがない場合には、厚生労働省の「賃金構造基本統計調査」や「毎月勤労統計調査」を使用します。
　前章で取り上げたA社とB社は製造業として損益計算書が作られていますが、所在地は特定できません。
　そこで以下では、全国の数値と比較してみます。
　まず、1で把握したA社とB社の人件費には役員報酬とすべての労働費用が含まれています。
　ここでは、「役員報酬とすべての労働費用」を「人件費」として比較をします。
　A社の人件費はトータルで64,000万円、B社の人件費はトータルで65,550万円です。従業員数はA社、B社とも役員を含めフルタイム換算で123人だとします。
　A社の1人当たり人件費は520.3万円、Bの1人当たり人件費は532.9万円となります。
　A社の1人当たり人件費＝64,000万円÷123人
　B社の1人当たり人件費＝65,550万円÷123人
　一方、㈱同友館が独自に中小企業庁が毎年実施している「中小企業実態基本調査」の「平成20年中小企業実態基本調査報告書」を基に作成した「中小企業実態基本調査に基づく経営・原価指標」で計算し、公表している従業員規模51人以上の製造業の「1人当たり労務費・人件費」は435.3万円となっています。
　この「中小企業実態基本調査に基づく経営・原価指標」の「1人当たり労務費・人件費」には、労務費と人件費と従業員教育費が含まれていますが、すべての人件費＝労働費用が含まれている訳ではありません。

そこで、第5章の5で触れた「労働費用」の平成17年の調査結果（49頁）から労働費用総額に占める「現金給与以外の労働費用」の割合をみると、「現金給与以外の労働費用」が労働費用のうちの19.0%を占めています。

そこで、「中小企業実態基本調査に基づく経営・原価指標」の「1人当たり労務費・人件費」（この中には従業員教育費が含まれていますが、小額なので考慮しないこととします。）にこの割合を乗じて人件費＝労働費用を求めると、518.0万円となります。

1人当たり人件費＝435.3万円×1.19

この518.0万円と、A社の1人当たり人件費は520.3万円、Bの1人当たり人件費は532.9万円とを比較しますと若干A社とB社の方が高いようですが、役員報酬が含まれていることを考慮すると世間並みであると考えられます。

次に、厚生労働省の「賃金構造基本統計調査」の直近の結果（平成21年）との比較を行います。

この調査結果からは都道府県ごとの製造業の1人当たり賃金を知ることができますが、ここでは全国の数値を使用します。

この調査結果からはA社とB社と同じような規模の企業の統計がありません。2社の従業員規模120人の数値は100〜999人となりますので、この規模の製造業の数値と比較しますが、この場合にも加工が必要ですので、以下の方法で人件費を計算すると、517.5万円となります。

人件費＝（決まって支給する現金給与額（6月分）28.98万円×12月＋年間賞与その他特別給与額87.15万円）×1.19（現金給与以外の費用分）

この517.5万円と、A社の1人当たり人件費520.3万円、B社の1人当たり人件費532.9万円とを比較しますと若干A社とB社の方が高いようですが、役員報酬が含まれていることを考慮すると世間並みであると考えられます。

以上から見出される結論は、B社の経営困難の原因は人件費にある訳ではないこと、A社に人件費の支払い余力があることの原因は人件費が低いわけではないことが分かります。

第8章　人件費の支出が可能となる経営戦略を検討する

1　営業外費用を削減する

　この章では、第6章で触れた製造業の2企業の図表6－5「支払い可能な人件費」を使って人件費が支出可能となる経営戦略を考えることとしますが、改めて、「支払い可能な人件費」の図表を次頁に再掲します。

　第6章と第7章の要点をB社に限定して再掲しますと、支払い可能な人件費は 62,450 万円、実際に支払っている人件費は 65,550 万円で、実際に支払っている人件費が支払い可能な人件費を 3,100 万円上回っています。

　次頁の図表8－1をみていただきますと、営業外費用の 4,800 万円が目に入ると思います。

　仮に、営業外費用がゼロであれば、人件費は不足するのではなく、逆に 1,700 万円の余力が生じることが分かります。

　まずは、「営業外費用」を削減する必要があります。

　この営業外費用は、その殆どが「支払利息＝銀行その他の金融機関や他の会社からの借入金に対する利息」と「割引料＝受取手形を割り引いた場合に支払われる費用で、割引日から手形期日までの期間の利子相当分」です。

　B社の貸借対照表は示していませんが、借入金が多額になっていることは想像するまでもありません。

　また、B社への支払いは圧倒的多数が長期の受取手形で、直ぐに割り引いていることも想像できます。

　このような状況の解消のためには借入金の返済を図ることですが、そのためには自己資本比率を高める必要があります。

　しかし、自己資本比率を高めることは経営環境の厳しい中小企業では容易なことではありません。

　一般的に言われていることですが、中小企業の従業員が企業内で出世をして、その企業の幹部になったとします。

　その後、経営者から「この際、役員（取締役）になってくれないか」と声を掛けられた時には、その企業を辞めなさいといわれています。

　なぜならば、役員になると自己資本比率を高め、借金を減らすために出資を求められことや企業の借入金の個人保証を求められることが多いためです。

　その企業が前途有望であれば、出資は投資としての価値がありますが、企業が倒産してしまえば出資した金額の回収は不可能になり、かつ、借金を負うことになります。

　つまり、このような企業に出資をしてくれる人は皆無に近いものと考えられますから、

営業外費用を一気に減らすことは事実上困難であると考えられます。

このため、営業外費用を減らすためには、長期の戦略に基づき、企業価値を高める無形固定資産（特許権、実用新案権、意匠権、商標権、のれんなど）を増やす以外に方法はなさそうです。

なお、B社の地代家賃はA社より大分低くなっています。

B社は自前の土地や建物を所有している可能性があります。これを売却しても営業が継続できる場合は、売却や信託財産とすることも検討対象となるでしょう。

図表8－1　支払い可能な人件費

	A社	B社
売上高	200,300	199,800
	＋	＋
営業外収益	500	500
	－	－
営業外費用	1,300	4,800
	－	－
材料費	94,000	99,600
外注費	3,800	7,500
減価償却費	1,000	800
その他の経費	12,000	10,000
	－	－
通信費	1,190	590
交際費	1,360	1,500
運賃荷造費	6,800	5,570
地代家賃	5,900	1,300
水道光熱費	220	280
事務消耗品費	370	740
販売手数料	250	90
減価償却費	890	380
租税公課	10	5
諸雑費	800	1,280
その他の経費	4,010	3,415
	＝	＝
支払い可能な人件費	66,900	62,450

2　人件費以外の経費を削減する

　ここからは人件費以外の経費の削減方策を検討します。

　以下で検討することは、損益計算書の売上原価（製造原価）の中の「材料費」、「外注費」及び「その他の経費」の削減方策を探り、販売費及び一般管理費の中の「通信費」、「交際費」、「運賃荷造費」、「地代家賃」、「水道光熱費」、「事務消耗品費」、「販売手数料」、「諸雑費」及び「その他の経費」の削減方策を探ることとなります。

「品質、原価、納期をチェックする」

　モノ作りでも、サービスの提供でも、商品の販売でも、第1番目に考慮すべきことは、顧客が望んでいる品質のモノやサービスを提供することです。

　この場合の品質とは、顧客が支払う対価に見合う品質となります。

　つまり、顧客が低価格のモノを望む場合にはそれに応じた品質、高価格のモノを望む場合にはそれに応じた品質ということになります。

　顧客は支払う価格で期待しているモノが得られなかった場合には不満を持ち、契約は破棄されないまでも再契約には至らないでしょう。

　逆に望んでいたよりも遥かに高い品質のモノを提供した場合には、その瞬間は顧客の満足度は高いと思われますが、その後は、品質に対して過度の期待を持つことになり、もっと安く提供できるのではないかと考えるでしょう。

　以上のことから、品質についてはその不足と作り込み過ぎの2点からチェックをする必要があり、このことによるビジネスチャンスの拡大や経費削減の効果が期待できます。

　次に、原価の管理を見直す必要があります。原材料の購入過程から製造工程納品までの全工程についてコスト感覚で見直しを行います。

　これまで、常識として考えられてきた、材料の購入先、材質、購入時期、在庫管理、外注と内製、納期までの製品在庫の管理、梱包、納品方法等あらゆる工程について初心に帰り検討を加えます。

　この際には、これまでの担当者のみに任せるのではなく、工程の前後の者や外部の専門家の力を借りる必要もあるでしょう。

　最後に、納期の管理が適切に行われているかをチェックする必要があります。

　いつも納期に追われているようでは、経営改善の余地はありません。

　計画的な受注、納期の管理、進捗管理が行われているか検討を行う必要があります。

　通常、顧客は納期どおりの納品を期待しています。

　納期に遅れた納品では、最悪の場合、契約はキャンセルされ、契約は破棄されないまでも再契約には至らないでしょう。たちまち、作りかけのモノは不良在庫となります。

　また、納期より早い納品も、顧客に在庫としての管理費用が生じる場合には喜ばれないでしょう。

　つまり、経営の原点は以下の3点にあることを常に意識する必要があります。

①　適格な水準の品質（Quality）
②　より安く（Cost）
③　必要なときに必要なだけの納品（Delivery）

以上のQCDは業種に関係なく、取り組むべき経営改善の視点を提供してくれます。

「ムリ、ムダ、ムラの排除」

:経営改善、経費削減の次の視点は、3M＝「ムリ」、「ムダ」、「ムラ」の排除です。

「ムリ」については「品質、原価、納期をチェックする」でも納期の遅れについて触れましたが、納期直前になって残業や休日出勤を繰り返していないか、従業員への仕事の与え方に無理はないか、従業員の能力のバラつきが大きく、一部の従業員に仕事のムリがしわ寄せされていないかチェックする必要があります。

また、発注の遅れ、外注の遅れ、着手の遅れ、納品の遅れ等すべての遅れはムリに繋がります。

特に、企業の経営者としては適切な時期に適切な指示をし、余計な作業は従業員にさせないよう、常日頃からの心がけが必要です。

次に、「ムダ」取りです。

材料や部品が過剰にあることは在庫のムダを生みます。作りかけの半製品も過剰にあると在庫のムダを生み出します。更に、製品在庫も在庫のムダとなります。

これらのムダはスペースのムダ、管理人員のムダ、管理費用のムダ、劣化・陳腐化によるムダの基になり、製造コストの上昇に直結します。

製造のための設備も過剰となっていれば管理のムダに直結します。ムダな設備は廃棄するなどの措置が必要となります。

最後に、人の可動率も問題です。従業員が能率よく働いていない場合には人のムダが生じていることになります。

従業員を適正に配置することなどにより、ムダを排除する必要があります。

そのため、常日頃からムダを排除する活動を継続的に行う必要があります。

次に、「ムラ」の排除です。

常日頃から作業の平準化に努め、早めの着手、早めの情報伝達、早めのモノの手配に努める必要があります。

風通しの良い職場作りに努め、情報を共有化する必要があります。

特に、サービス業では従業員の能力にムラがある場合には、当然のことながら従業員が提供するサービスの質にムラが生じ、そのことにより顧客の信頼を失う事態にもなりかねません。

常日頃から、従業員の業務処理能力の向上とマナーや接客能力の向上に努め、ITによる顧客情報の一元管理を図るなどにより、どの従業員が対応したとしても、同質のサービスが提供できるように環境整備を図る必要があります。

「5Sを経営者が率先して実行する」

　5Sとは「整理」、「整頓」、「清掃」、「清潔」及び「躾（しつけ）」のことです。

　5Sに取り組む、経営者としての心構えは「言葉で言う」よりも「自らの行動」で示すことです。

　通常、5Sの順序は上記のとおりとなりますが、ここではすべての業種で役立つ順に「躾（しつけ）」から説明します。

　躾の始まりは「挨拶」です。従業員に挨拶するように言うよりも先に経営者自らが従業員や関係者全員に明るく挨拶することが重要です。

　朝の出勤時には、どんなに経営環境が厳しくとも経営者や上司から積極的に「おはようございます」と挨拶しましょう。

　企業風土は経営者自らが実践しなければ変わりません。

　躾は守らせるものではなく、身につくものです。

　次に、「清潔」です。

　仕事の上で清潔であることが最優先とされる「食料品製造業」、「飲食店」（例外として、店は汚いのに味が自慢で大繁盛している店もありますが）、「接客業」、「対人サービス業」のみならず、すべての業種で身体を清潔に保つことは、製品の安全管理や衛生管理に不可欠です。

　また、職場環境が清潔でなければ製品に対する顧客の信頼は得られません。

　従業員や職場が清潔に保たれていれば、インターネット上で情報を発信して顧客の拡大のための道具とすることもできます。

　さらに、清潔であることは優秀な人材の獲得のための武器ともなります。

　次は、「清掃」です。

　職場を清潔に保つためには「清掃」は欠かせません。中小企業の経営者や経営幹部は自らが率先して清掃を行うべきです。

　経営者が朝早くに職場に来て、掃除を行い。従業員の顔をみて体調を確認することは経営改善の第一歩です。

　確かに、経営者として四六時中忙しいことは理解できますが、従業員にはそのような苦労を知ることはできません。経営幹部はいつも忙しそうにしていても、従業員にはそのことによる成果は見えないものです。

　従業員は経営者の働く姿を見て、育ち、育てるものです。

　職場が汚れていては、丁寧な仕事はできません。また、職場の一体感も育たないでしょう。汚れたものをこっそりと不法に捨てているような企業には人は寄り付きません。

　次に、「整頓」です。

　1日の仕事の半分は、部品、道具、書類、パソコンに保存したデータなどを探しているような企業や従業員に生産性の向上は望めません。

　まずは、必要なものを必要な順に整頓し、どこに何がどれだけあるのかを見えるように

することが重要です。

最後に、「整理」です。

ムダなものを見極めましょう。もったいないものと不要なものは峻別し、不要なものは廃棄する勇気が経営改善には不可欠です。

「目で見る管理を徹底する」

作業の進捗状況や仕事に必要な情報、必要性の高いものと低いもの、更に、不要なものは目で見て分かるようにしましょう。

この誰でも見えるようにすることを「見える化」といいます。

仕事の流れがよどんでいる場合には、作業を停めて作りすぎのムダをなくし、仕事の流れを作り直す必要があります。

見える化の道具しては、様々なものが考えられますが、トヨタ生産方式の「看板」や「アンドン」は見える化の一手法です。

日本型生産方式の優れた点は、従業員全員が考えながら仕事を行っていることです。

現場の知恵を結集して「見える化」に取り組む必要があります。

製造業のみならず、サービス業でも提供するサービスに従業員の個人差があるようでは、生産性は向上しません。パソコンのネットワーク機能を利用して情報の「見える化」と情報の共有化が必要です。

必要性の高いものとそうでないものの保管方法にも工夫が必要です。

保管場所の色を変えるなどの「見える化」を図り、作業の効率化を図りましょう。

特に、不要なものは廃棄するまではっきり分かるように区別しておく必要があります。

「5W1H」

以上のことは生産管理においては、常識とされていることです。

経費の削減に王道（近道、楽な道）はありません。

基本に忠実に「品質」、「原価」、「納期」をチェックし、「ムリ」、「ムラ」、「ムダ」の排除に取組み、「5S」を経営者自らが実行し、徹底的な「見える化」を図ることが基本です。

そして、すべての作業の基本は、誰が（Who）、何を（What）、いつ（When）、どこで（Where）、どうして（Why）、そして、どのように（How）やっているか、どうように行った方が良いのかを常日頃から考え、行動に移すことです。

「PDCAサイクルではなく、DCAP」

PDCAサイクルとは、職場改善の手法の1つです。

Plan（計画）を立てて、Do（行動）して、Check（結果を評価）して、Action（改善）することを繰り返すことですが、危機に直面している企業における経費削減には、この手法では間に合いません。

まずは、経営者自らが変わったことを従業員に行動（Do）で示し、従業員の変化を評価（Check）、更に、改善（Action）した行動を示し、全員を巻き込んで計画（Plan）し、更に、行動するDCAPが重要と考えられます。

3　時間外労働、休日労働を減らす

「再び見える化に取り組む」

　人件費の削減を行わざるを得ない事態に至った場合には、まず、働かせ方に問題がないのか、働き方に問題がないのかを、第1に見直す必要があります。

　このための第一歩として経営者を初めとして、経営幹部から一般の従業員まで働いている実態を把握する必要があります。

　労働基準法第32条第1項では1週間の法定労働時間については、「使用者は、労働者に、休憩時間を除き1週間について40時間を超えて労働させてはならない。」と規定し、特例措置対象事業場を除き1週40時間とされています。特例措置対象事業場とは、右の表の規模と業種の事業場で、1週間の法定労働時間は44時間とされています（労働基準法第40条、労働基準法施行規則第25の2条第1項）。

規模10人未満の事業場	商業
	映画・演劇業（映画の製作の事業を除く。）
	保健衛生業
	接客娯楽業

　また、労働基準法第32条第2項では、1日の労働時間について「使用者は、1週間の各日については、労働者に、休憩時間を除き1日について8時間を超えて、労働させてはならない。」と規定し、1日の法定労働時間を8時間と定めています。

　更に、労働基準法第89条では就業規則で、始業と終業の時刻、休憩時間、休日、休暇に関する事項を必ず記載しなければならないと定めています。

　これらの労働基準法の規定をあげるまでもなく、各企業では日々の就業時間等が定められています。

　ここで、見直すのは規定上の労働時間ではなく、従業員等が実際に働いている時間です。そのためにも労働時間の実態（仕事と仕事のやり方）を把握する必要があります。

　具体的には、以下の手順で労働時間の実態を把握します。

① 勤務の記録から、一人ひとりの労働時間、休日の取得状況、休暇の取得状況を正確に把握する。

② 勤務以外の記録からも、一人ひとりの労働時間、休日の取得状況、休暇の取得状況を正確に把握する。

　　経営者や管理職が認識していない業務に時間を取られ膨大な時間外、休日労働が行われている可能性や賃金不払い残業が行われている可能性もあります。

③ 実際の労働時間について、従業員から話しを聞く。

　　経営改善、経費削減のためには、見直しを行わない聖域を設けてはいけません。

　　これまで、報告がなされていない、黙認されていた残業等があるとしたら、それも洗い出しましょう。

「柔軟な労働時間制度の導入を検討する」

以上の作業の結果、労働時間の設定が実態にマッチしていないことが判明したときには、労働基準法に定められている柔軟な労働時間制度の導入を検討します。

労働基準法で認められている柔軟な労働時間制度とは、変形労働時間制とフレックスタイム制です。

変形労働時間制とは、業務の忙しいときと比較的暇なときに応じて所定労働時間を事前に配分し、トータルで労働時間の短縮を図るものです。変形労働時間制を実施する期間のことを「変形期間」といいます。

具体的には、繁忙期の所定労働時間を長く、閑散期を短く設定したり、あるいは、所定労働時間を休日の増減で調節するといった方法が考えられます。

変形労働時間制等には以下の4種類があります。

1	1か月単位の変形労働時間制
2	1年単位の変形労働時間制
3	フレックスタイム制
4	1週間単位の非定型的変形労働時間制

「1週間単位の非定型的変形労働時間制」を採用できるのは、労働者数30人未満の小売業、旅館、料理店及び飲食店に限られています。

（1） 1か月単位の変形労働時間制を導入する

1か月単位の変形労働時間制は、1か月のうち月末など特定の時期が忙しい事業場にとって利用価値のある制度です。また、特定の部門だけの実施で可能です。

例えば、販売や経理を担当する部署で、月末に経理処理などの業務が集中する場合、比較的暇な月初めに所定労働時間を短く、月末は長くするというように利用できます。

実施の際には、次に述べる一定の要件を満たす必要があります。

〔1か月単位の変形労働時間制の実施要件〕

イ　変形期間中の所定労働時間の総枠

1か月以内の期間を平均して1週間当たりの労働時間が40時間（特例措置対象事業場は44時間）を超えないようにする必要があります。変形期間中の所定労働時間の合計を次の計算式による時間の範囲内に収めなければなりません。

40時間×変形期間の暦日数÷7　（44時間×変形期間の暦日数÷7）

変形期間が1か月の場合の所定労働時間の合計は、次表の所定労働時間の総枠以下でなければなりません。

1か月の暦日数	各変形期間に対応する所定労働時間の総枠	
	法定労働時間が40時間の場合	法定労働時間が44時間の場合
31日の場合	177.1時間	194.8時間
30日の場合	171.4時間	188.5時間
29日の場合	165.7時間	182.2時間
28日の場合	160.0時間	176.0時間

（注）　端数はそのままとするか、切り捨てる必要があります。

ロ　就業規則などで定めるか、労使協定の締結が必要

　　　1か月単位の変形労働時間制を採用する場合は、常時10人以上の労働者を使用する事業場は就業規則で、10人未満で就業規則を作成していない事業場では就業規則に準ずるもので、あらかじめ変形期間中の各労働日の労働時間を具体的に定めておく必要があります。

　　　また、書面による労使協定によっても、導入が可能です。この場合、就業規則の変更に加え、所定の様式により、労使協定を所轄労働基準監督署長に届け出る必要があります。

　ハ　就業規則及び労使協定などで定める事項

　　①　変形期間

　　　　変形期間の最長は1か月ですが、1か月以内であれば4週間単位、3週間単位などでも差し支えありません。

　　②　起算日

　　　　変形労働時間制を開始する最初の日を定める必要があります。

　　③　労働時間の特定

　　　　その日その日の業務の都合によって労働時間を随時伸縮することを認めるものではありませんので、変形期間内の各日及び各週の労働時間（就業規則にあっては、始業及び終業の時刻など）を具体的に定める必要があります。

　　　　労使協定による場合は、上記に加え、協定の有効期間を定め、さらに、労使協定届を所轄労働基準監督署長に届け出る必要があります。

（2）　1年単位の変形労働時間制

　事前に1年のうち特定の期間が忙しいことが予測できる場合などは、「1年単位の変形労働時間制」が適しています。この制度は、1年という対象期間の中で、平均して週40時間労働制を実現できていればよいものです。ただし、実施するには一定の要件を満たすことが必要です。

　なお、対象期間については、1年単位とありますが、これは、最長が1年であるということであって、3か月、4か月、6か月など1か月を超え1年以内の期間であれば可能です。

〔1年単位の変形労働時間制の実施要件〕

　イ　労働時間の長さの制限

　　①　対象期間における所定労働時間の総枠

　　　　1年以内の一定の期間を平均し、1週間当たりの労働時間が40時間（特例措置対象事業場についても同じ）を超えないように定めることが必要です。

　　　　そのためには、対象期間中の所定労働時間の合計を次の計算式による時間内に収めなければなりません。

　　　　　40時間×対象期間の暦日数÷7

これによって計算すれば、対象期間において所定労働時間として設定できる総枠は、次表のとおりとなります。

対象期間	所定労働時間の総枠
1年（365日）	2,085.7時間
6か月（183日）	1,045.7時間
4か月（122日）	697.1時間
3か月（92日）	525.7時間

（注）端数はそのままとするか、切り捨てる必要があります。

② 1日及び1週間の労働時間の限度

　1年を平均して1週間当たりの労働時間を40時間以内に収めたとしても、特定の日の所定労働時間が14時間とか15時間になったり、特定の週の所定労働時間が70時間となったりしては、労働者の健康や生活に支障が出てきます。そこで、1日10時間及び1週52時間といった限度が設けられています。

しかも、対象期間が3カ月を超える場合、この限度時間まで利用できる範囲には制限があります。

具体的には、以下の両方の条件を満たさなければなりません。

対象期間中に、週48時間を超える所定労働時間を設定するのは連続3週以内とすること	及び	対象期間を初日から3カ月ごとに区切った各期間において、週48時間を超える所定労働時間を設定した週の初日が3以内であること

ロ　対象期間中の労働日数の限度

　対象期間が3カ月を超える場合、原則として1年当たり280日です。

ハ　労使協定の締結及び届出

　1年単位の変形労働時間制を採用するには

①　就業規則その他これに準ずるものに定めること。

②　労使協定を締結し、所轄労働基準監督署長に届け出ること。

が必要です。

ニ　労使協定で定める事項

①　対象労働者の範囲

　新入社員、中途退職者など対象期間の一部のみ勤務する労働者も対象にできますが、この場合勤務した期間を平均して1週間当たり40時間を超えたときは、その超えた時間について割増賃金を支払う必要があります。

②　対象期間

　1か月を超え1年以内であることが必要です。ただし、特に業務の繁忙な期間を特定期間として定めることができます。この特定期間は、連続して労働さ

せる日数の限度に関係があります。
③　対象期間における労働日と各労働日ごとの労働時間

対象期間を平均して1週間の労働時間が40時間以下となるように、上記イの②の日及び週の上限時間に注意して定めることが必要です。

対象期間を1か月以上の期間に区分する場合は、最初の1か月については各労働日ごとの所定労働時間を特定する必要がありますが、その他の期間については各期間の総労働日数と総労働時間を定めればよく、具体的な労働日と労働時間の特定は各期間の初日の少なくとも30日前までにその事業場の労働者の過半数で組織する労働組合（ない場合は過半数を代表する者）の同意を得て書面で定めることでよいこととされています。

④　有効期間

1年以内とすることが望ましいとされています。

⑤　対象期間の起算日

変形労働時間制を実施する最初の日を定めます。

ホ　連続して労働させる日数の限度

連続労働日数の限度は、特定期間（ニの②でいう「特定期間」と同じ。）を除き、6日です。

特定期間における連続労働日数の限度は、「1週間に1日の休日が確保できる日数」です。つまり、最も長い連続労働日数は12日ということになります。

（3）　フレックスタイム制

フレックスタイム制とは、1日の所定労働時間の長さを固定的に定めず、1カ月以内の一定期間の総労働時間を定めておき、労働者がその範囲内で各労働日の労働時間（各日の始業及び終業時刻）を自主的に決めて働く制度です。

〔フレックスタイム制採用の要件〕

フレックスタイム制を採用するには、

イ　就業規則その他これに準ずるものにより、始業及び終業の時刻を労働者の決定にゆだねることを規定すること

ロ　労使協定により、以下の5項目を定めることが必要です。

1	対象労働者の範囲
2	清算期間
3	清算期間における総労働時間
4	1日の標準労働時間
5	コアタイム又はフレキシブルタイムを定める場合には、その開始及び終了の時刻

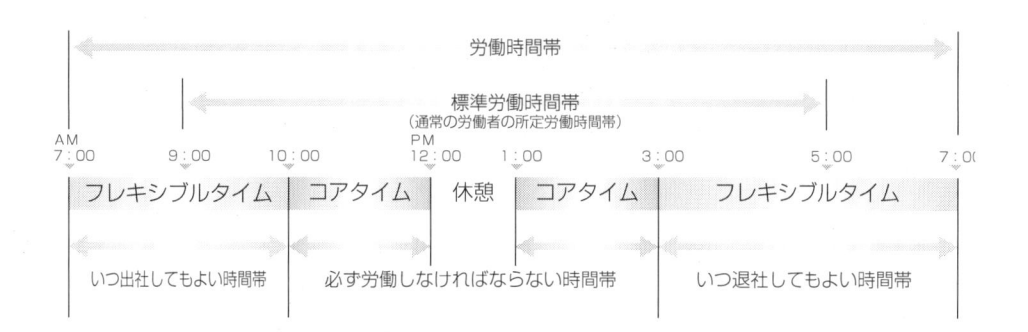

```
                            労働時間帯
              ┌─────────────────────────────────┐
                    標準労働時間帯
              (通常の労働者の所定労働時間帯)
  AM
  7:00    9:00    10:00   12:00  1:00    3:00    5:00    7:00
           フレキシブルタイム │ コアタイム │ 休憩 │ コアタイム │ フレキシブルタイム
           いつ出社してもよい時間帯  必ず労働しなければならない時間帯  いつ退社してもよい時間帯
```

清算期間
　フレックスタイム制において、労働契約上労働者が労働すべき時間を定める期間で、起算日を明確にした1カ月以内とされています。1カ月単位のほかに、1週間単位等も可能です。

清算期間における総労働時間
　フレックスタイム制において、労働契約上労働者が労働すべき時間です。要するに所定労働時間のことであり、所定労働時間は清算期間を単位として定めることになります。
　この時間は、清算期間を平均し1週間の労働時間が法定労働時間の範囲内となるように定める必要があります。

コアタイム
　労働者が必ず労働しなければならない時間帯です。

フレキシブルタイム
　労働者がその選択により労働することができる時間帯です。

〔割増賃金の支払い〕
　上記の要件を満たした場合には、労働者が自己の決定により1週あるいは1日の法定労働時間を超えて働いたとしても、清算期間を平均して1週の労働時間が週の法定労働時間（1過40時間）を超えない限り、時間外労働とはならず、割増賃金の支払いは不要です。
　この制度を採用している場合には、清算期間を通算して法定労働時間を超えた時間が時間外労働となります。

(4) 1週間単位の非定型的変形労働時間制

　　日によって業務に繁閑がある上に、それを予測することが難しい事業については、1週間単位の非定型的変形労働時間制をとることが認められています。

　　この変形労働時間制度を採用できるのは、小売業、旅館、料理店及び飲食店で、常時使用する労働者が30人未満の事業場です。

〔1週間単位の非定型的変形労働時間制の実施要件〕

イ　労使協定で次の事項を定め、所轄労働基準監督署長に届出ること
　①　1週間の労働時間を40時間以下とすること
　②　1日の労働時間の限度を10時間とすること
ロ　1週間の各日の労働時間を当該1週間の開始する前までに労働者に書面で通知すること

〔実施上の留意事項〕

イ　特例措置対象事業場であっても、本制度を採用した場合、1週間の法定労働時間は40時間となります。

ロ　1週間の各日各人の労働時間を定めるに当たっては、事前に労働者の都合を聴く等、労働者の意思を尊重するように努めなければなりません。

ハ　1週間の各日の労働時間の通知については、上記実施要件のロのとおりですが、緊急でやむを得ない事由がある場合は、あらかじめ通知した労働時間を変更しようとする日の前日までに書面により労働者に通知することにより、あらかじめ通知した時間を変更することができます。

〔割増賃金の支払〕

イ　1日については、事前通知により所定労働時間が8時間を超える時間とされている日については、その所定労働時間を超えた時間、所定労働時間が8時間以内とされている日については、8時間を超えた時間

ロ　1週間については、40時間（特例措置対象事業場も同じ）を超えた時間（イで時間外労働となる時間を除く）

「残業時間と休日労働の原因を把握する」

　以上の柔軟な労働時間制度が導入できた場合でも、できない場合でも残業や休日労働が企業の生産活動の前提となっている状態は、異常であるとの認識が重要です。

　全員参加で原因を究明し、改善する必要があります。この場合の視点としては以下のことが考えられます。

①　仕事の流れを良くすることはできないか。
②　仕事の自動化はできないか。
③　パソコンを利用して情報がだれにでも見えるようにできないか。
④　業務をマニュアル化してだれでも対応できるようにできないか。
⑤　従業員の能力の向上で対応できないか。

「労働生産性を高めて残業時間と休日労働を削減する」

　平成 20 年 12 月に労働基準法が改正され、本年（平成 22 年）4 月 1 日に施行されました。
　労働基準法の改正のポイントは次頁のとおりですが、企業にとって「コスト増」に直結する改正は、月 60 時間を超える時間外労働に対する割増賃金率が 25%以上から 50%以上に引き上げられたことです。
　また、努力義務ではありますが、以下の「限度時間」を超える時間外労働の割増賃金率が 25%超とされたことです。

〔時間外労働の限度時間〕

① 一般労働者の場合

期　　間	限度時間
1 週間	15 時間
2 週間	27 時間
4 週間	43 時間
1 か月	45 時間
2 カ月	81 時間
3 か月	120 時間
1 年間	360 時間

② 対象期間が 3 か月を超える 1 年単位の変形労働時間制の適用労働者

期　　間	限度時間
1 週間	14 時間
2 週間	25 時間
4 週間	40 時間
1 か月	42 時間
2 カ月	75 時間
3 か月	110 時間
1 年間	320 時間

　実際の時間外、休日労働の削減は、「残業時間と休日労働の原因を把握する」で触れた視点から行います。

① 仕事の流れを良くすることはできないか。
　　仕事がどこかで、だれかのところで淀んでいないかをチェックします。そのために、日常の業務をだれがどのように行っているのかを、従業員の協力を得ながら把握することにより手待ちの残業が削減できる。

② 仕事の自動化はできないか。
　　膨大な経費を投入して、高機能である機器を導入する必要はありません。簡単なアイデアで仕事の流れが変わる可能性が高く、業務の効率化により残業が削減できる。

③ パソコンを利用して情報がだれにでも見えるようにできないか。
　　情報が見えるようになることにより、忙しい業務に効率よく人材を送り込むことが可能となり、一部の人材に偏っていた仕事の平準化が可能となり残業が削減できる。

④ 業務をマニュアル化してだれでも対応できるようにできないか。
　　業務をマニュアルとして書き出すことで、更なる改善点が見つかり残業が削減できる。

⑤ 従業員の能力の向上で対応できないか。
　　仕事に必要とされる能力が身に付くことにより、生産性の向上が図られるだけでなく、仕事に対する興味が沸き職場の雰囲気も変わり、残業が削減できる。

⑥　時間外、休日労働が減少することにより、管理のコストも削減できる。

改正労働基準法のポイント
　【施行期日】
　　　平成22年4月1日
　【改正の目的】
　　　長時間労働を抑制し、労働者の健康を確保するとともに仕事と生活の調和のとれた社会を実現するための改正となっています。
　【改正内容の要旨】
　1　割増賃金率の引上げ
　　　月60時間を超える法定時間外労働に対しては、使用者は50%以上の率で計算した割増賃金を支払う必要があります（改正労働基準法第37条第1項）。
　　　月60時間の法定時間外労働の算定には、法定休日に行った労働は含まれませんが、それ以外の休日に行った法定時間外労働は含まれます。
　　　深夜（22:00～5:00）の時間帯に月60時間を超える法定時間外労働を行わせた場合は75%以上の率の割増賃金を支払う必要があります（改正労働基準法施行規則第20条）
　　　なお、中小企業に対しては、当分の間、適用が猶予されます（改正労働基準法第138条、改正労働基準法附則第3条第1項）。
　2　月60時間を超える部分の代替休暇の付与
　　　月60時間を超える法定時間外労働を行った労働者の健康を確保するため、労使協定を締結することによって、引上げ分の割増賃金の支払いに代えて有給の休暇（代替休暇）を付与することができます（改正労働基準法第37条第3項）。
　　　代替休暇の付与単位は、1日または半日単位で、月60時間を超えた月の末日の翌日から2ヵ月間以内となっています。
　3　特別条項付き協定と時間外労働の削減等の努力義務
　　　「限度時間」を超えて働かせる一定の期間（1日を超え3カ月以内の期間、1年間）ごとに、割増賃金率を定めなければなりません（改正限度基準第3条第1項）。
　　　上記の割増賃率は法定割増賃率（25%）を超える率とするよう努めなければなりません（改正限度基準第3条第3項）。
　　　限度時間を超えて延長する時間数を短くするよう努めなければなりません（改正限度基準第3条第2項）。
　4　年次有給休暇の時間単位付与
　　　労使協定の締結により、年5日の範囲で年次有給休暇を時間単位で付与することができるようになりました（改正労働基準法第39条第4項）。
　　　付与できる日数は5日を限度とし、所定労働時間に端数がある場合はこれを切り上げ、取得しなかった日数は翌年に繰り越せますが、翌年取得できる日数は5日が限度となります。

図解　改正基準法

改正の視点	改正項目	改正内容 改正前	改正内容 改正後	労使協定の必要性	就業規則の改正	中小企業への適用関係
長時間の時間外労働を抑制する	割増賃金率の引上げ / 月60時間超の割増賃金率の引上げ	25%以上	50%以上	特別条項付きの協定が必要	必要	適用を猶予
	割増賃金率の引上げ / 月60時間を超える部分の代替休暇の付与	規定なし	規定新設	必要	必要	適用猶予のため活用できない
	特別条項付き協定と時間外労働削減等の努力義務 / 特別条項付き協定事項の追加	規定なし	限度時間を超える割増賃金率の協定	必要	必要	適用
	特別条項付き協定と時間外労働削減等の努力義務 / 限度基準時間超の時間外割増賃金率の25%超への努力	25%以上	25%超	必要	必要	適用
	特別条項付き協定と時間外労働削減等の努力義務 / 限度基準時間超の時間外労働の削減の努力	規定なし	規定新設			適用
年次有給休暇の取得促進	労使協定の締結で5日を限度として時間単位で年次有給休暇を付与	規定なし	規定新設	必要	必要	適用

50％の時間外割増賃金の支払いが猶予される中小企業の範囲

> 中小事業主に該当するか否かは「企業（法人または個人事業主）」単位で判断されます。

左右の表のいずれかに該当すれば中小事業主である。

資本金の額または出資の総額	
小売業	5,000万円以下
サービス業	5,000万円以下
卸売業	1億円以下
その他の業種	3億円以下

または

常時使用する労働者数	
小売業	50人以下
サービス業	100人以下
卸売業	100人以下
その他の業種	300人以下

※「資本金の額又は出資の総額」は、法人登記、定款等の記載によって判断されます。

※「常時使用する労働者」とは、事業の通常の状況で判断され、臨時雇いや臨時的な欠員を含まれません。

※「労働者の数」は、労働契約の有無で判断します。

例　在籍趣向者は出向下と出向先の双方に算入され、転籍出向者は出向先に算入され、派遣労働者は派遣元に算入されます。

4　時限を限って人件費を削減する

「労働条件の不利益変更」

　時間外、休日労働を削減し、割増賃金の支払いを少なくしても人件費に充てる財源がない場合には、企業閉鎖を決断するか、従業員の協力を得て賃金のカットを行わなければなりません。

　この際、労働基準法と労働契約法の規定に基づき、労働者の同意を得る必要があります。

　すなわち、労働条件は労働者と使用者が相互に対等な立場で決定しなければならないのが原則です（労働基準法第2条第1項及び労働契約法第4条）。

　そして、決定された労働条件は、「労働者及び使用者は、その合意により、労働契約の内容である労働条件を変更することができる」とされ、労使の合意を前提として変更できることとされています（労働契約法第8条）。

　また、就業規則に定める労働条件の変更については、労働契約法において、次のように規定されています。

　「使用者は、労働者と合意することなく、就業規則を変更することにより、労働者の不利益に労働契約の内容である労働条件を変更することはできない。」とされ（労働契約法第9条本文）、「ただし、次条（第10条）の場合は、この限りではない。」とされています（同法第9条ただし書）。

　そして、第10条には、使用者が就業規則の変更により労働条件を変更する場合において、変更後の就業規則を周知させ、かつ、就業規則の変更が、
①　労働者の受ける不利益の程度
②　労働条件の変更の必要性
③　変更後の就業規則の内容の相当性
④　労働組合等との交渉の状況その他の就業規則の変更に係る事情に照らして合理的
であるときは、労働契約の内容である労働条件は、当該変更後の就業規則に定めるところによるものとされる旨が規定されています。

　これらの労働契約法の規定は、過去の最高裁の判決で確立された判例法理を法文化したものとなっています。

　以上の、労働契約法第9条、第10条は、労働契約の途中で、契約内容である労働条件が就業規則の変更により労働者にとって不利益となる場合を含めた変更についてのルールを定めたものとなっています。

　これまで、多くの企業では就業規則によって労働条件を統一的に設定し、労働条件の変更により、自由に労働条件を変更することができるとの使用者の誤解や、就業規則の変更による労働条件の変更に関する労使の紛争が多くありました。

　やむなく、賃金カットを行わざるを事態に至った場合には、経営上の最善の努力を行い、その経過を従業員に伝え、賃金カットの必要性について個々の従業員に説明し、不利益の

程度も相当な範囲に留め、個々の従業員の同意を得て行う必要があります。

「賃金表との関係」

　基本給について「賃金表（学歴、年齢、勤続年数、職務、職能などにより賃金がどのように定まっているかを表にしたもののこと。）」を有している企業の場合と、賃金表を有していない企業の場合では従業員に対する説明は異なります。

　基本給について「賃金表」を有している企業の割合は、厚生労働省の「平成21年就労条件総合調査」によると、以下の図表のとおりとなっています。

図表8－2　基本給の賃金表の有無

管理職	賃金表がある	基本給のすべてに賃金表がある	基本給の一部に賃金表がある	賃金表がない	不明
調査産業計	68.4%	62.2%	6.2%	30.0%	1.6%
1,000人以上	88.9%	80.5%	8.4%	10.5%	0.6%
300人～999人	84.1%	75.8%	8.3%	15.6%	0.3%
100人～299人	76.8%	68.1%	8.7%	22.4%	0.8%
30人～99人	64.1%	58.9%	5.2%	34.0%	1.9%

管理職以外	賃金表がある	基本給のすべてに賃金表がある	基本給の一部に賃金表がある	賃金表がない	不明
調査産業計	69.9%	64.0%	5.9%	28.6%	1.5%
1,000人以上	91.9%	83.7%	8.2%	7.6%	0.5%
300人～999人	86.3%	78.4%	7.9%	13.4%	0.3%
100人～299人	79.0%	69.6%	9.4%	20.0%	1.0%
30人～99人	65.3%	60.6%	4.7%	32.9%	1.8%

　基本給に「賃金表」がある企業の割合は調査産業計では、管理職で一部も含め68.4%、管理職以外では一部も含め69.9%になっていますが、企業規模が小さい企業ほど「賃金表」のない企業の割合が増加し、30人～99人規模では管理職で34.0%、管理職以外では32.9%の企業で「賃金表」がありません。つまり、中小企業の三分の一は賃金表を持っていないことになります。

　このように中小企業での「賃金表」の導入率の低い理由としては、通常、「賃金表」を導入すると、同一の仕事に従事している場合にも、毎年定期昇給することとなっていることによると考えられます。

つまり、中小企業では、毎年定期昇給させることが困難であるため、賃金表が導入されていない。または、できないのだと考えられます。

「定期昇給がある賃金表」を有している企業が賃金カットを行う場合の従業員への説明は2段階となります。

① まずは、定期昇給させることができないことを説明し、同意を得る。
② 次に、賃金カットしなければならないことを説明し、同意を得る。

一方、賃金表がない場合には定期昇給を約束している訳ではありませんから、賃金カットをしなければならないことのみを説明し、同意を得ることになります。

ただし、賃金表はなくても就業規則に「毎年、定期に昇給させる。」というように明示している場合には、定期昇給できないことに対する説明と同意が必要になります。

なお、「短時間労働者（パートタイム労働者）（1週間の所定労働時間が同一の事業所に雇用される通常の労働者の1週間の所定労働時間に比し短い労働者をいう。）」（パート労働法第2条）とされ、パート、アルバイト、準社員、臨時、契約社員、嘱託等、どのような名称で呼ばれていても、この定義に合致すれば、すべて「短時間労働者」となります。

すなわち、通常の労働者より少しでも所定労働時間が短ければ「短時間労働者」に該当し、パート労働法の適用を受けることになります。

所定労働時間が通常の労働者の同一である有期契約の労働者については、短時間労働者には該当しないためにパート労働法の適用はありませんが、パート指針において、これらの労働者についても同法の趣旨が考慮されるべきであるとされています。

従業員の雇入れに際しては、賃金や労働時間などの労働条件を明示する必要があり（労働基準法第15条）、パートタイム労働者等の短時間労働者を含むすべての労働者に適用されますが、短時間労働者については、これら一般的な労働者についての規定に加え、パート労働法により、

1	昇給の有無
2	退職手当の有無
3	賞与の有無

について、労働者の雇入時に明示することが義務付けられています（パート労働法第6条、パート労働法施行規則第2条第1項）。

賃金カットは、通常、正社員のみを対象とすると考えられますが、短時間労働者に対しても賃金カットを及ぼす場合には、雇入れの際の約束に注意する必要があります。

「時限を限って賃金カットをし、増益時の還元を約束する」

企業にとって従業員の賃金カットは最後の手段といえるでしょう。

日々の生活を現在の賃金で支えている従業員やその扶養家族にとっては大きな痛手です。

単に、企業の経営が厳しいからといって、経営幹部の報酬に手を付けずに賃金カットを行ったのでは従業員の納得は得られないでしょう。

経営者としての最善の努力を行ったことを示した後に行う必要がありますが、従業員の

モチベーションの低下やモラールの低下による職場の停滞感、生産性の低下は避けられないでしょう。

また、優秀な従業員から退職してしまい、残った従業員に過重労働が圧し掛かる恐れもあります。

経営者としては、賃金カット後の経営戦略と企業の健全化への見通しを明確に説明し、賃金カットを行わなければならない期間を明示し、それ以前でも経営が改善した場合には賃金カットを止めること、予想を上回る効果があった場合には何らかの形で従業員にその成果を還元することを約束すべきだと考えられます。

> 「パート労働法」の正式名称は、「短時間労働者の雇用管理の改善等に関する法律」
> 「パート労働法施行規則」の正式名称は、「短時間労働者の雇用管理の改善等に関する法律施行規則」

第9章　報酬と賃金

1　従業員の職場の満足度と自己退職する理由

　この章からは個別の従業員に支給される賃金（報酬）の分配をメインテーマに検討しますが、その前に従業員は何に満足して同じ企業で働き続けるのかを考えることとします。

　厚生労働省の「平成19年就業形態の多様化に関する総合実態調査」では、現在の職場での満足度を正社員と正社員以外に分けて調査しています。

　この調査結果から、まず、正社員について「満足」しているとの回答が多い項目の順に並べたものが以下の図表9－1です。なお、この調査で用いられている用語については、次頁の「ミニ知識4」をご覧ください。

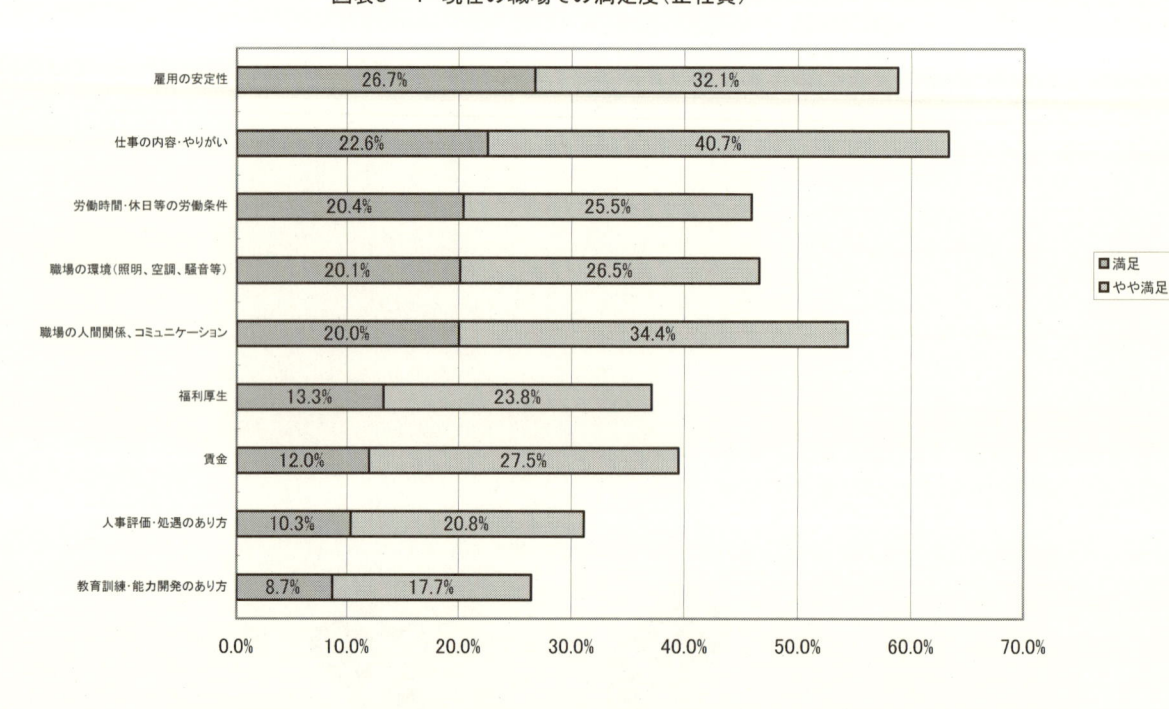

図表9－1　現在の職場での満足度（正社員）

項目	満足	やや満足
雇用の安定性	26.7%	32.1%
仕事の内容・やりがい	22.6%	40.7%
労働時間・休日等の労働条件	20.4%	25.5%
職場の環境（照明、空調、騒音等）	20.1%	26.5%
職場の人間関係、コミュニケーション	20.0%	34.4%
福利厚生	13.3%	23.8%
賃金	12.0%	27.5%
人事評価・処遇のあり方	10.3%	20.8%
教育訓練・能力開発のあり方	8.7%	17.7%

注1）　「職場の環境」とは、仕事をする場所での照明、空調、騒音、設備等人間関係以外の環境をいう。

注2）　「福利厚生」とは、食堂、休養施設、財形制度等労働者のための設備や制度をいう。

　この図表からは、正社員の職場に対する満足要因は第1位が「雇用の安定性」、第2位が「仕事の内容・やりがい」、第3位は拮抗していますが、やや満足も入れると「職場の人間関係、コミュニケーション」となっており、「賃金」は下から3番目となっており、「賃金」は職場で働き続ける要素の一部ではあっても、すべてではありません。

> ミニ知識4 　「就業形態の多様化に関する総合実態調査」の用語解説
> 「正社員」
> 　雇用期間の定めのない者のうち、パートタイム労働者や他企業への出向者を除いた、いわゆる正社員。
> 「正社員以外の労働者」
> 　以下の「契約社員」、「嘱託社員」、「出向社員」、「派遣労働者」、「臨時的雇用者」、「パートタイム労働者」、「その他」を合わせた労働者。
> 「契約社員」
> 　特定職種に従事し、専門的能力の発揮を目的として雇用期間を定めて契約する者。
> 「嘱託社員」
> 　定年退職者等を一定期間再雇用する目的で契約し、雇用する者。
> 「出向社員」
> 　他企業より出向契約に基づき出向してきている者。出向元に籍を置いているかどうかは問わない。
> 「派遣労働者」
> 　「労働者派遣事業の適正な運営の確保及び派遣労働者の就業条件の整備等に関する法律」に基づき派遣元事業所から派遣されてきている者。
> 「臨時的雇用者」
> 　臨時的に又は日々雇用している労働者で、雇用期間が1カ月以内の者。
> 「パートタイム労働者」
> 　正社員より1日の所定労働時間が短いか、1週の所定労働日数が少ない労働者で、雇用期間が1カ月を超えるか、又は定めのない者。

　次に、正社員以外の労働者について「満足」しているとの回答が多い項目の順に並べたものが次頁の図表9－2です。

　この図表でも、満足度のベスト3は、第1位が「労働時間・休日等の労働条件」、第2位が「仕事の内容・やりがい」、第3位が「職場の人間関係、コミュニケーション」となっており、「賃金」は下から4番目となっています。

　以上のことから、日本においては同じ職場で働き続ける動機付けの要因には、金銭的な報酬である「賃金」や金銭的な報酬に置き換えることのできる「労働条件」以外の要素である「仕事の内容・やりがい」や「職場の人間関係、コミュニケーション」が重視されていることを示しています。

　更に、厚生労働省の「平成18年転職者実態調査」から、一般正社員（雇用期間を定めず雇われている者又は1年を超える期間を定めて雇われている者（1年ごとに契約を更新している場合を除く）であって、パートタイム労働者でない者）のうち、「自己都合により前の会社を辞めた」転職者に離職の理由を尋ねた結果は図表9－3のとおりで、金銭的な報酬である「賃金」や金銭的な報酬に置き換えることのできる「労働条件」が大きな要因とはなっていますが、それ以外の要因も離職の理由として大きな意味を持っていることを示

しています。

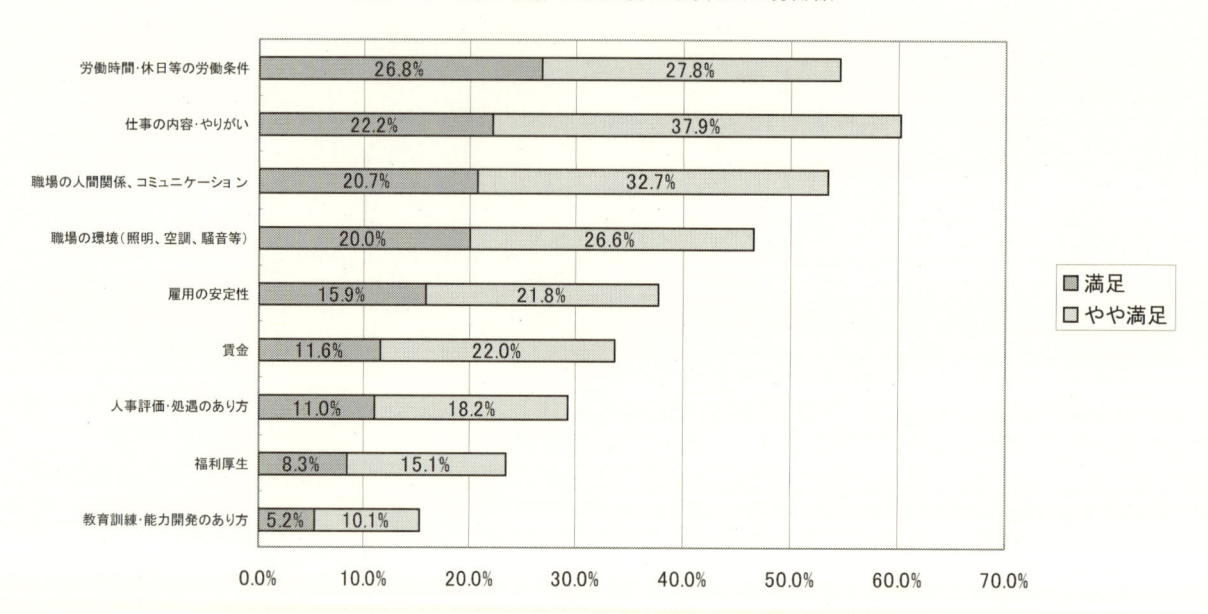

図表9-2 現在の職場での満足度（正社員以外の労働者）

項目	満足	やや満足
労働時間・休日等の労働条件	26.8%	27.8%
仕事の内容・やりがい	22.2%	37.9%
職場の人間関係、コミュニケーション	20.7%	32.7%
職場の環境（照明、空調、騒音等）	20.0%	26.6%
雇用の安定性	15.9%	21.8%
賃金	11.6%	22.0%
人事評価・処遇のあり方	11.0%	18.2%
福利厚生	8.3%	15.1%
教育訓練・能力開発のあり方	5.2%	10.1%

注1） 「職場の環境」、「福利厚生」については、図表9-1の注1）、注2）参照

注2） 「雇用の安定性」について、雇用期間の定めのある労働者は、雇用期間内の状況のみでなく、契約更新の状況等を含めた状況についての解答である。

注3） 派遣労働者は、派遣元での状況についての回答とした。
ただし、「労働時間・休日等の労働条件」、「職場の環境（照明、空調、騒音等）」、「職場の人間関係、コミュニケーション」は、派遣先の状況についての回答とした。

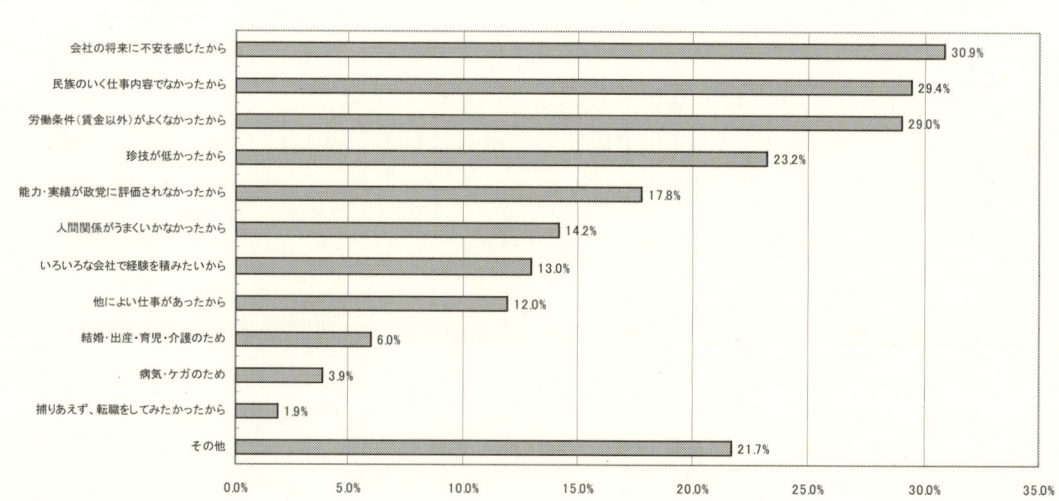

図表9-3 自己都合による離職理由

理由	割合
会社の将来に不安を感じたから	30.9%
民族のいく仕事内容でなかったから	29.4%
労働条件（賃金以外）がよくなかったから	29.0%
珍技が低かったから	23.2%
能力・実績が政党に評価されなかったから	17.8%
人間関係がうまくいかなかったから	14.2%
いろいろな会社で経験を積みたいから	13.0%
他によい仕事があったから	12.0%
結婚・出産・育児・介護のため	6.0%
病気・ケガのため	3.9%
捕りあえず、転職をしてみたかったから	1.9%
その他	21.7%

2 賃金より広い報酬の概念

　以上で職場での満足、不満足との観点から働くことの意味を考えてみましたが、ここからは働くことにより得られるものとの観点から考えてみます。
　従業員が、なぜその企業で働いているのかを考えたとき、究極の答えは、そのことにより生活の糧、つまり、賃金を得ることだといえます。
　生活は豊かであればあるほど、得られる喜びも大きいと考えられますから、賃金は高いほうが良いと考えられます。
　しかし、仮に賃金が同じ高さの企業があったとします。この場合には、従業員（まだ従業員にはなっていませんが。）は、仕事をすることにより得られる喜びの大きい企業を選択するでしょう。
　更に、多少賃金が低くとも働くことの喜びが大きな企業を選択する可能性は高いのです。
　現実に、つらい修行に耐えなければならなかったり、零細な企業であったりしても、入社希望者が殺到している企業があります。
　働くことの究極の目的は生活の糧を得ることだとしても、働くことの意味を考えるとそれだけではないことが分かります。
　賃金以外にも、例えば、社会への貢献、人間としての誇りや名誉、仕事自体の面白さ等のために働きたくなることは人間の本質なのではないでしょうか。
　この本では、賃金制度について、賃金のみの分配のみに着目するのではなく、賃金以外の働くことにより得られるものも含めて考えます。

図表9－4　報酬と賃金との関係と報酬の種類

報酬	賃金（金銭的な報酬）	直接的なもの	基本給
			昇給
			ボーナス
			ストックオプション・自社持ち株
			手当
		間接的なもの	保険
			休暇
			年金・退職金
			その他の福利厚生
	非金銭的な報酬		名声、地位、役職
			雇用の保障
			挑戦的な仕事
			学習機会の付与
			快適な職場環境

そして、働くことにより得られる金銭的なものを「賃金」と呼び、働くことにより得ることのできるすべてのものを「報酬」と呼びます。
　この「報酬」と「賃金」の関係を示したのが、前頁の図表９－４です。
　この本では、報酬のありかた全体仕組みを「賃金制度」と考えます。

3　報酬の内容を考える

　ここからは、図表９－４で示した報酬の中身について１つ１つ考えていきます。
　報酬は大きく、賃金（金銭的なもの）と非金銭的なものに分かれます。
　そして、賃金（金銭的なもの）はさらに直接的なものと間接的なものに分けられます。

「直接的な金銭報酬」
　なんといっても労働者にとっては直接入手できる現金が大事でしょう。現金で手に入れられる報酬としては、基本給、昇給、ボーナス、ストックオプション・自社持ち株及び手当が考えられます。
　ここからは、それぞれの言葉の意味を日本とアメリカとの比較で解説します。

「基本給」
　基本給の考え方はアメリカと日本では異なります。というよりも世界の中で日本が例外的なのかもしれません。
　アメリカでは基本給は労働者が仕事を成し遂げるために支払われる基本的な報酬と考えられており、その金額は仕事の価値や仕事に必要とされる技能で決定され、個人的な事項は考慮されません。
　したがって、日本のような年齢給、勤続給というような属人給や様々な要素を総合勘案して決定する総合給というようなものはありません。
　原則として、同じ仕事には１つの基本給ということになります。
　しかし、経験や業績や技能は評価の対象となることがあり、また、仕事ごとの市場価値の変化や物価等の生活費の変化により基本給の額が変化することはあります。
　一方、日本では基本給が１つではなく、幾つもある（例えば、年齢給＋勤続給＋職能給＋資格給など）企業も多数存在します。

「昇給」
　アメリカでも昇給（merit）のある企業が多くあり、過去（通常１年間）の成績や行動が優れていた者（主に、ホワイトカラー労働者）に基本給の増額という形で昇給が行われます。
　ただ、日本と異なる点は一定の時期一斉に行われる訳ではないこと、定期昇給のように全員昇給する訳ではないこと、昇給は昇給率（例えば、基本給の７％）で行われることです。

「ボーナス」

アメリカでは日本のように正社員の全員にボーナスが支給される訳ではなく、また、最低の支給率の決まりもなく、支給額も大きくはありません。このボーナスをアメリカでは短期的なインセンティブ（incentive）と呼び、大変難しい目標が達成されたときにのみ支給されます。

一方、日本ではボーナスは殆どの正社員に支給され、パートタイム労働者にも支給する企業が増加しています。

また、企業の業績に関係なく一定の支給額（定期給与の何か月分というように）が保障されている企業が多くあります。

厚生労働省の平成21年賃金構造基本統計調査で支給額をみますと、所定内給与額（基本給＋超過労働に対するものを除いた諸手当）294.5千円に対して、ボーナス（年間賞与その他特別給与額）は888.5千円と所定内給与額の約3カ月分に及んでおり、この割合は企業規模が大きいほど高くなっています。

日本のボーナス制度は、労働者の報酬に企業の業績を反映させる良い仕組みである一方、ボーナスが支給されない労働者がいること、本来、毎月支給されるべき報酬の後払いとなっていることなどの批判もあります。

「ストックオプション・自社持ち株」

アメリカでは長期的なインセンティブと呼び、一般的には経営幹部や高度な専門職に付与されます。

長期的インセンティブは個人、チーム、事業体等の業績に対し支給されます。

また、メリットとの違いはメリットが過去の業績に対するものであるのに対し、インセンティブは将来の業績の獲得にあるとされており、メリットが恒常的支出を伴うのに対し、インセンティブは一時的な支出であるとされています。

一方、日本でも近年ストップオプション制度を導入する企業が徐々に増加していますが、厚生労働省の平成21年に発表された「就労条件総合調査」によると、株式会社のうちストックオプション制度を導入している企業の割合は2.8%に留まっています。

また、株式会社のうち持株援助制度を有している企業の割合は11.1%となっています。

ミニ知識5　「ストックオプション制度」

会社役員や従業員に対し、あらかじめ決められた価格（権利行使価格）で自社株式を購入できる権利を与える制度をいう。株価が権利行使価格を上回っているときに権利を行使することによって、売却益を得ることができる。

「手当」

アメリカでは日本における手当と同様のものは支給されません。

一方、日本では手当の種類も、額も多くなっています。

日本では、月々に支給される所定内賃金に占める手当の割合は前出の平成17年就労条件総合調査では15．0％（第2章の1、図表2－1参照、13頁）となっています。

また、各企業の諸手当の導入率は図表9－5のとおりで、のとおり、導入率の高い手当は通勤手当、生活関連手当としては家族・扶養・育児支援手当、勤務関連手当としては役付手当で、殆どの企業で支給されています。

図表9－5　諸手当の種類別支給企業数割合

分類	手当	割合
	業績手当など（個人、部門・グループ、会社別）	17.0%
勤務手当	役付手当など	83.8%
	特殊作業手当など	13.1%
	特殊勤務手当など	24.0%
	技能手当、技術（資格）手当など	49.8%
	精皆勤手当、出勤手当など	37.9%
	通勤手当など	91.3%
生活手当	家族手当、扶養手当、育児支援手当など	71.1%
	地域手当、勤務地手当など	13.6%
	住宅手当など	44.8%
	単身赴任手当、別居手当など	16.1%
	寒冷地手当、食事手当など	18.2%
	調整手当など	26.1%
	上記のいずれにも該当しないもの	13.8%

日本の手当は歴史的な経過を経て、その種類が増加してきましたが、生活扶助に大いに役立っている反面、本来、基本給として支給すべき賃金を手当として支給している、支給の対象とならない労働者がいる等の問題も指摘されています。

「間接的な金銭報酬」

間接的な金銭報酬は、常に支給されるものではなく、一定の支給要件を満たした時に支給される金銭や便益で、保険、休暇、年金・退職金、その他の福利厚生が考えられます。

「保険」

全国民や全労働者を対象にした医療保険制度のないアメリカでは、優良企業や大企業で医療保険、歯科医療保険や生命（生涯）保険が発達しています。また、労災保険も不十分で障害保険も発達しています。

一方、日本では公的な制度がありますので、このための費用は法定福利費と呼ばれていますが、さらに上乗せ保険制度の導入や公的制度を上回る給付を行っている企業も多くあります。

「休暇」

アメリカの公正労働基準法に年次有給休暇の規定はありませんが、長期の休暇制度を有している企業が一般的で、労働者が休暇を取得している間の代替要員が必要であることから、休暇は企業が負担する費用と認識されています。

日本でも前出の「平成19年就労条件総合調査」によると、図表9-6のとおり、年次有給休暇の他に6割を超える企業で特別休暇（夏季休暇、病気休暇、リフレッシュ休暇等）制度が導入されています。

図表9-6　特別休暇制度の導入率

特別休暇あり	63.5%
夏季休暇	48.7%
病気休暇	22.8%
リフレッシュ休暇	12.4%
ボランティア休暇	2.8%
教員訓練休暇	5.2%
上記以外の1週間以上の長期休暇	14.9%

「年金、退職金」

アメリカにも日本同様公的年金制度が複数ありますが、支給開始年齢が65歳（62歳への繰り上げ可能）（今後67歳になる予定）であったり、支給水準が低いなどの問題があります。そこで、優良企業や大企業を中心に公的年金制度とは別の退職年金制度が発達しています。また、アメリカの退職年金制度には確定拠出型と確定給付型とがありますが、確定拠出型が徐々に主流となってきています。

一方、日本の退職金制度には一時金制度と年金制度があります。なお、日本の退職金・企業年金制度については、当全基連発行の「どうなっている？どうする！退職金・企業年金」をご覧ください。

「その他の福利厚生」

以上の間接的な金銭報酬のことを日本では一般的に「福利厚生」といっています。

アメリカでは、上記の保険、休暇、年金に幾つかのメニューを加えたカフェテリアプラン（フレックスプラン）が広く普及しています。

カフェテリアプランとは、企業が設定した法定外の複数の福利厚生施策で、労働者に与えられたクレジットの範囲で好みの施策を選ぶものです。

一方、日本の状況を前出の「平成19年就労条件総合調査」でみると、図表9-7のとおりとなっており、様々な福利厚生制度があり、この中で導入率の高い制度としては、「慶弔・災害見舞金」、「健康診断（がん検診等法定への上積み）」、「在権貯蓄制度」、「住宅手当、家賃補助」、「公的資格取得・自己啓発（通信教育等）支援」などとなっています。

図表9-7　福利厚生制度の種類別企業数割合

住宅関連			健康・医療関連		育児・介護支援関連			
住宅手当、家賃補助	社宅。独身寮	持家援助	健康診断（がん検診等法定への上積み）	メンタルヘルスケア	育児休業（法定への上積み）	託児施設	育児補助（ベビーシッター補助含む）	介護休業・看護休暇（法定への上積み）
48.4%	35.0%	8.9%	71.8%	18.5%	40.5%	0.6%	2.0%	30.9%

慶弔・災害関係		文化・体育・レクリエーション関連		自己啓発・能力開発関連	
慶弔・災害見舞金	遺族年金、遺児年金、遺児育英年金	余暇施設(運動施設、保養所)	文化・体育・レクリエーション活動支援	公的資格取得・自己啓発(通信教育等)支援	リフレッシュ休暇(図表9-6再掲)
94.5%	14.6%	28.6%	34.6%	47.3%	12.4%

財産形成関連			その他	
財形貯蓄制度	社内預金・持株会	個人年金など(従業員拠出)への補助	社員食堂・食事手当	その他
57.3%	25.5%	8.2%	38.0%	3.6%

　なお、近年、企業内の一体感の喪失、従業員のコミュニケーション能力の低下などを背景として、従業員が一体となって生活することや活動を行う機会を増やし、組織を活性化するため、共通のスペースのある「社宅・独身寮」、「社員食堂」の復活や、運動会、社員旅行などの「文化・体育・レクリエーション活動支援」の復活などがみられるようになってきています。

　逆に、従業員が個人的に利用するカフェテリアプランの普及率は低く、前出の「平成14年就労条件総合調査」によると1.2%に留まり、平成19年には調査も行われませんでした。

　また、企業の負担する教育訓練費があるのも日本の特徴で、能力開発は個人の責任と考えているアメリカの企業とは異なっています。

「非金銭的な報酬」

　以上の金銭的な報酬とは別に仕事の意欲を高める報酬（要素）として、名声・地位・役職、雇用の保障、挑戦的な仕事、学習機会の付与、快適な職場環境という非金銭的報酬が考えられます。この非金銭的な報酬は、金銭的な報酬よりも、労働者にとって価値の高いものとなる場合が少なくありません。

「名声、地位、役職」

　企業外での社会的な名声を得ることや企業内で賞賛されることは、公式のものであれ、非公式のものであれ、仕事の励みになります。

　また、社会的に評価されている地位に就くことは、本人の誇りになるとともに社会的評価も高まるでしょう。

　更に、企業での管理職に就任することも、職業を問われた場合に働いている企業名と役職を名乗ることの多い日本では価値のあることだと考えられます。

「雇用の保障」

　幾ら賃金が高くとも明日や来年の収入が見込めないことの心の負担は大きく、将来の不安が生じ、家庭を営むことも難しくなります。

　すでに、この章の1で触れたとおり、日本の正社員にとって「雇用の安定性」は最大の報酬となっています。

「挑戦的な仕事」

　創造性に富み、自らも楽しめ、没頭できる仕事に就いている人はそれだけで幸福感を味わうことができるでしょう。

　すでに、この章の1で触れたとおり、「仕事の内容、やりがい」は職場の満足度で、「満足」と「やや満足」を加えた数値ではトップとなっています。

「学習機会の付与」

　例え、今の仕事がつまらなくとも、仕事を通じて成長の機会があることは仕事の励みとなるでしょう。

　つらい修練に耐えた後のすばらしい仕事との出会い、仕事を達成したときの充実感はだれでも味わえるものではありません。

「快適な職場環境」

　最後に、職場が過ごしやすいことはチームワークを重んじる日本では重要です。

　日本の職場では「職場の人間関係、コミュニケーション」は重要度の高い報酬となっています。

　なお、快適な職場環境には、人的なものと設備的なものとがありますが、清潔で快適な職場環境の下で働きたいとだれでも思うでしょう。

4　動機付け・衛生理論

　最後に、ハーズバーグ(Frederick Herzberg)の動機付け‐衛生理論(Motivation-Hygiene Theory)に触れておきます。この理論は職務についての満足要因と不満足要因についての心理学的な調査結果から得られたもので、職務満足（動機づけ）となる要因と職務不満をもたらす要因は独立した別個のもので、動機づけ要因は職務に内在し、達成、達成の承認、仕事そのもの、責任、昇進、成長が該当し、衛生要因（不満要因）は不満を解消することはできても満足には結びつかないもので、会社の政策と経営、監督、対人関係、作業条件、給与、身分、雇用の保障、個人生活が該当するとの理論です。

　この理論を日本の企業に当てはめるのは無理があるかと思いますが、仕事の達成、達成の承認、仕事そのもの、責任、昇進、成長はハーズバーグが指摘しているように、仕事の動機付けのための重要な要素となり、また、報酬の重要な要素となります。

第10章　賃金は経営戦略に従う

1　経営戦略で従業員の位置付けが決まる

　個別賃金の決定とは、賃金原資の分配を決めることですから、経営の意思決定が強く働くことになります。企業は、生産活動（サービスの提供を含みます。）を行うために、従業員を雇い、組織を動かし、生産活動の成果として収入を得ます。そして、この収入（第5章以下で取り上げた「付加価値額」）から、従業員に賃金が支払われます。

　生産活動の結果は、経営者による意思決定の結果を示すものであり、結果の良し悪しは経営戦略の巧拙を端的に示します。

　経営戦略において、従業員は重要な投入資源となりますから、経営戦略の中での従業員の位置付けにより、従業員に分配される賃金の性格は決定付けられます。

　したがって、経営戦略の中での従業員の位置付けは賃金に決定的な影響を与えます。

　以下では、事業主の経営戦略と従業員の位置付け、従業員の労働力しての価値をどのようにみているのかを検討します。

　ここでは、二つの基準から、事業主のタイプを大きく4つに分けて考えます。

　しかし、現実の事業主の決定や企業の意思決定が、このように割り切られて行われているわけではありません。

　事業主のタイプを分ける1つ目の基準は、企業の存在意義をどのように考えているのかということです。この視点からは、企業は以下の2つのタイプに分けることができます。

　「社会的存在価値優先型」 と **「利益優先型」** です。

　このうち「社会的存在価値優先型」の事業主とは、企業が如何にして社会に役に立つのかを考えて経営を行うタイプです。このタイプの企業は、どれだけ企業として利益を上げていたとしても社会に貢献しない企業は存在意義がないと考えます。

　一方、「企業の利益優先型」の事業主は、企業活動が社会的な非難を浴びるようなことがあったとしても、企業として利益が上がっていればよい。企業に社会的責任はない、儲かれば存在意義があると考えます。

　事業主のタイプを分けるもう1つの基準は、企業の**「設立目的重視型」**と**「企業価値重視型」**です。

　このうち企業の「設立目的重視型」の経営者は、企業はその設立の目的を達成するための存在すると考えます。

　一方、「企業価値重視型」の経営者は、企業の姿が当初の設立目的から外れたとしても企業価値さえ高まればよいと考えます。

　以上の2つの視点から企業を区分すると以下のとおりとなります。

①　「社会的存在価値優先型」、「設立目的重視型」

② 「社会的存在価値優先型」、「企業価値重視型」
③ 「利益優先型」、「設立目的重視型」
④ 「利益優先型」、「企業価値重視型」

以上の4タイプに分けて従業員の位置付けをみると以下のようになります。

「社会的存在価値優先型」、「設立目的重視型」

高い理想を掲げて創業した人、利益を目的としない法人等の代表や老舗でありながら事業の拡大よりも伝統の創造的発展を目標とする事業主など、企業には社会的な存在価値が必要であり、本来の企業の設立目的を大切にする事業主の下で働く従業員の多くは、事業主のその思いに賛同して集まったものと考えられますので、このような場合の事業主と従業員との関係は労使関係というよりも、「パートナー」に近いものとなるでしょう。

「社会的存在価値優先型」、「企業価値重視型」

企業が社会的な存在であることを十分に認識した上で、設立当初の目的の達成よりも、企業の存続を重視する企業では、従業員は事業主の志に共鳴して働いているわけではありません。企業も企業そのものの生き残りを重視しますから、従業員も企業存続のための「資産」と考え、従業員も企業を雇用を保障するものと考えるでしょう。

「設立目的重視型」よりも、企業に対する労使の協力度は低下するでしょうが、目的意識は最低限共有できるでしょう。

「利益優先型」、「設立目的重視型」

これまでも、日本には利益最優先の経営を行う企業は多くありましたが、バブル崩壊後のグローバリゼーションの波に巻き込まれた日本で、一時期もてはやされた企業経営のありかたは利益優先でした。このような利益優先の事業主が、企業の設立目的を重視している場合には、企業は利益を生み出す機関としての位置付けになりますから、一部の経営幹部を除くと従業員は他の生産財と同様に企業の富を生み出すための「材料」、つまり、必要経費（費用）となるでしょう。

「利益優先型」、「企業価値重視型」

利益優先の事業主であって、企業価値を重視している場合には、このような事業主は、企業そのものを投資や売却の対象とします。事業主は自らがその企業を経営している間に企業価値を高め、売却し投資額との差額を利益とするでしょうから、短期的な利益を優先し、企業は売却の目的である「商品」となり、その付属品である従業員も「商品」となるでしょう。

図表10-1　経営戦略と従業員の位置付け

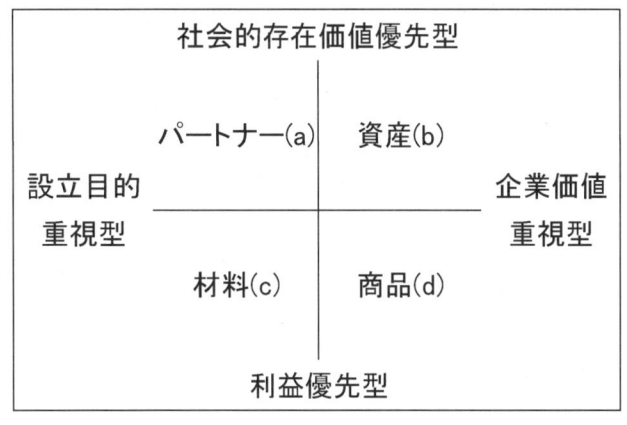

	社会的存在価値優先型	
設立目的重視型	パートナー(a)	資産(b)
	材料(c)	商品(d)
	利益優先型	企業価値重視型

以上の関係を図表にすると、図表10-1となります。

2　経営戦略で組織のあり方も決まる

　経営戦略の重要な要素には、どのような組織とするのか、意思決定をどのレベルで行うのかということがあります。

　企業も小さなうちは、事業主がすべての判断を行い、意思決定を行うことは可能でしょうが、事業の拡大とともに、製品やサービスを提供する従業員も増やす必要が生じることでしょう。

　事業の拡大、従業員の増加とともに事業主は全体を把握することは困難になります。どのような事業主であってもオールマイティーではありません。

　事業主が従業員全員を掌握できないと、従業員はただ単に集っているだけで企業の目的は達成できません。

　そこで、信頼できる従業員に権限を委譲する必要が生じます。

　事業主から権限が委譲される分野は事業主の戦略や能力よっては経理、労務、生産、営業等の職能別の分野、製品やサービスの種類による分割、同じ製品やサービスであっても、工場や営業区域別であったりします。

　そこには、図表10-2に示すような横に部門、縦に階層というような組織が作られます。

　組織の最初は事業主の下に各部門を任された責任者（リーダー）がおり、その下に複数の部下がいるというような（事業主が一部の分野を直接指揮する場合も考えられます。）単純なものになると考えられますが、事業範囲の拡大や従業員の増加に従って組織は縦横に広がりを持ち、通常はピラミッド型（近年はネットワーク型等も考えられます。）になると考えられます。

図表10-2　組織構成

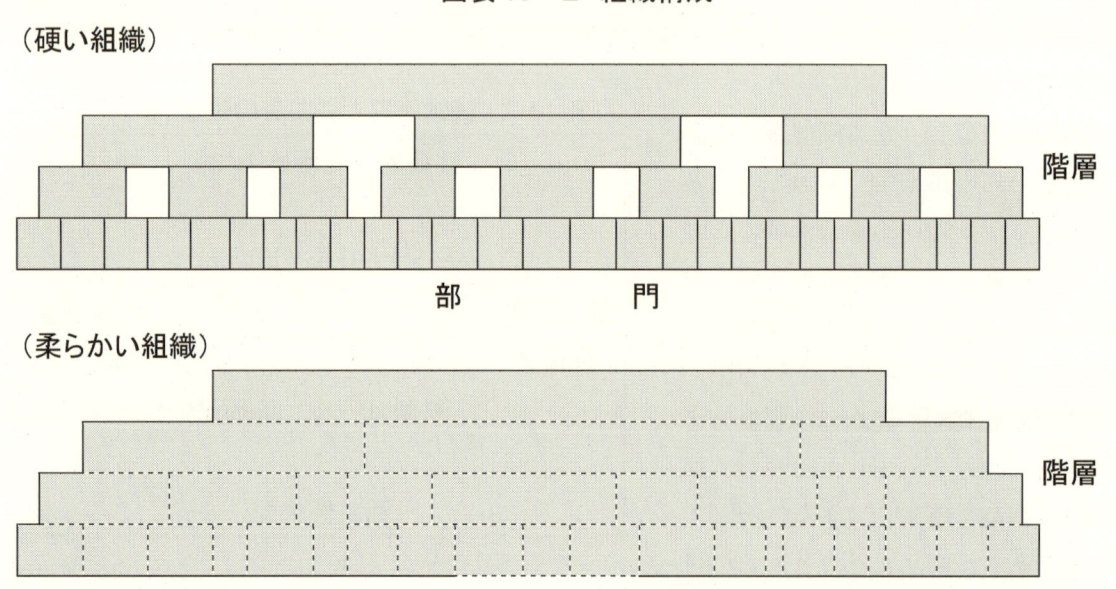

（硬い組織）

部門／階層

（柔らかい組織）

階層

「地位 Position」

組織の中での従業員には各部門、各階層での役割が与えられます。

この役割は組織の中で縦横に組み込まれていますから、各従業員には仕事の守備範囲、つまり地位（ポジション Position）が与えられたことになります。

地位の与え方には色々なタイプが考えられますが、代表的なのは英米流の「硬い組織」で各自の地位を分析的、合理的に解釈しようとして各地位における職務（job）を厳格、明確に規定し、各階層の職務の大きさを揃えようとします。

図表10－2の上段の「硬い組織」がそれを示しており、この図表では職務の大きさは面積の広さで表しています。硬い組織では同じ階層での職務は同じ大きさで、かつ、交換可能です。

一方、従来からの日本型では各地位の職務は曖昧で、主たる任務が明示的または暗黙裡に決まっているだけで、各人は互いに協力しながら仕事を進めます。つまり、職務の範囲は不明確で同じ階層に属していても職務の範囲は異なります。

図表10－2の下段の「柔らかい組織」がそれを示しており、この図表では権限のあいまいさを点線で示しています。

このやわらかい組織では各人、各部門間の連携は密になると考えられますが、責任の所在が曖昧になるという欠点があります。

3　組織の中での役割により報酬は異なる

以上により組織は形作られましたが、組織の形からは報酬の大きさは決まりません。

報酬の決定において重要なことは、権限の委譲がどの範囲の従業員に、どの程度の広がりと深みをもって委譲されているのかによって異なってきます。

権限が上級幹部の一部に集中している場合には、それ以外の従業員の報酬は権限に比例して小さなものとなるでしょう。

一方、権限が分散している場合には、報酬も分散されることになるでしょう。

このことを働き方が異なる日米を比較しながら考えてみることとします。

「二つの労働観」

労働には二つの種類があると考えられます。ひとつは「考える（計画する）こと」で、もうひとつは「作る（作業する）こと」です。

話をわかりやすくするため、親子で考えます。朝起きてから学校に行くまでを想定します。

ひとつのやり方は起きる時間から、着替え、洗面、トイレ、朝食、出発の準備まで、すべての行動を順番から時間の長さまで親が決めて、子はそのとおりに実行するやり方です。

もうひとつは親と子で話し合って行うことを決めて、その後は子が順番や時間を決め、実行し、改良をするやり方です。

前者は、アメリカのやり方で「考える（計画する）」人と、「作る（作業する）」人は明確

に区別されています。そして、「考える（計画する）」人はホワイトカラー労働者で、「作る（作業する）」人は肉体労働者（manual laborers）やブルーカラー労働者（blue collar workers）です。

　ホワイトカラー労働者は、仕事を創造、計画し、下位の職務の人のための職務記述書、マニュアル、ガイドライン、手順書等を作成し、部下の仕事の監督や評価をすることが仕事です。

　肉体労働者（manual laborers）やブルーカラー労働者は職記述書やマニュアルどおりに作業をするのが仕事です。

　後者は、日本の正社員の仕事のやり方で、ホワイトカラーとブルーカラーの区別なく、全員が考えながら仕事をしています。このやり方では仕事にマニュアルがないことがありますし、あったとしても、マニュアルはそのとおりに仕事をやるためのものではなく、仕事を改善するためのものと認識されます。

「作る（作業する）だけの人の報酬」

　アメリカの肉体労働者やブルーカラー労働者の報酬は時間給（まれに日給、月給）のみで、金額はその職務の世間相場で決定され、企業の業績と賃金は無関係です。労働者は企業や事業主のために働くことはありません。労働者には決められたとおりの仕事を行うことが期待されているのみで、同じ仕事をしている限り、賃金に変化はありません。仮に、仕事ができなければ、解雇されることになります。

「考える（計画する）だけの人の報酬」

　アメリカのホワイトカラー労働者の報酬は大きく二つに分かれます。大多数のホワイトカラー労働者の報酬は年俸（まれに月給）のみ（創業期のシリコンバレー企業では全員にストックオプションが付与されたところはありますが）で、金額はその職務の世間相場で決定され、企業の業績と賃金は無関係です。

　労働者は企業や事業主のために働くことはありません。労働者には決められたとおりの仕事を行うことが期待され、期待を上回った仕事をしても、賃金額に大きな変化はありません。仮に、仕事ができなければ、解雇されることになります。

　経営幹部の報酬は巨額の年俸と企業の業績（多くは株価）に連動したストッオプションなどの特典が付与されます。

「考えながら作る人の報酬」

　日本の正社員にみられる仕事のやり方で、報酬は月給（一部の管理職は年俸）で、月給には一般的に定期昇給があり、企業の業績が好調である場合はベースアップも考えられます。

　また、企業の業績に一部連動するボーナスが年二回支給されることが一般的です。

「日本の正社員以外の労働者の報酬」

　正社員以外の労働者としては、パートタイマー、アルバイト、「労働者派遣事業の適正な運営の確保及び派遣労働者の就業条件の整備等に関する法律」に基づき派遣元事業所から

の派遣労働者、契約社員、嘱託などが考えられます。

　これらの労働者は、原則として長期の勤続が期待されていない労働者で、これらの労働者の多くの報酬は時間給のみで企業の業績と報酬は無関係となっています。

　しかしながら、パートタイム労働者の中にも長期に勤務している人やフルタイム労働しているのですが、職場でパートと呼ばれている人や正社員と同じような仕事をしている人もいます。

　このような現状や平成20 4月1日に改正施行された「短時間労働者の雇用管理の改善等に関する法律（いわゆるパートタイム労働法）」の第8条が通常の労働者と同視すべき短時間労働者に対する差別的取扱いを禁止したこともあり、正社員と同じように時間給に定期昇給制度があり、ベースアップや賞与も適用されるパートも増えつつあります。

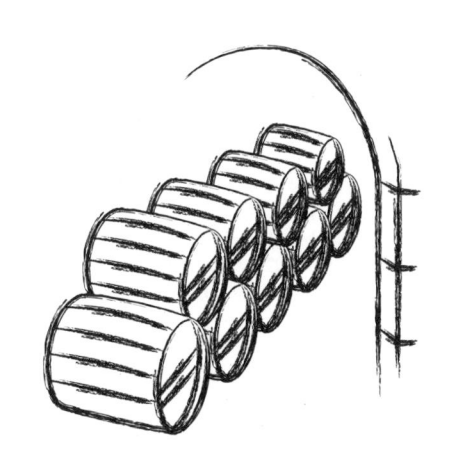

第11章　個別賃金の決め方

1　日本における金銭的な報酬（賃金）の支払われ方

　第10章で触れたとおり、日本においては、賃金のうち直接的なものの支払われ方は、正社員と正社員以外とで大きく異なります。

　正社員以外の従業員の賃金は、その従業員に期待される役割が小さい場合には、基本給である時間給のみの場合が多くなりますが、正社員の場合には、月々支給される給与は「基本給」と「諸手当」とに分けられて支給され、この外にかなり多額の「ボーナス（賞与）」が支給されます。

　以下の章では賃金を「基本給」（この章から第17章まで）、「諸手当」（第18章）、「賞与（ボーナス）」（第19章）に分けて検討します。

2　個別賃金決定の3基準

　個別の従業員の「基本給」を決めるための基準としては以下の3つが考えられます。
　①　従業員の「能力」で賃金を決める
　②　従業員が従事している「仕事」で決める
　③　従業員が行った仕事の「成果・業績」で決める
　このうち、①の考え方は「仕事」を決めて人を採用するのではなく、採用する人物の「能力」などの属人的要素を考慮して基本給を決めた後、人を配置する考え方です。

　次に、②の考え方は、予め採用する人の「仕事」が明確に決まっており、この仕事に従事する者に欠員が生じた場合に補給する考え方で、基本給は仕事で決まります。

　③は、行った「仕事」の結果で基本給を決定するやり方で、各人ごとの仕事の成果が明確である場合にのみ、この方法のみでの基本給の決定が可能です。

　また、「仕事」と「基本給」との関係は、①では「仕事」は同じでも、「基本給」の額は異なり、仕事の結果での「基本給」の違いはありません。

　②では「仕事」と「基本給」の額は一致し、「仕事」はできることが前提ですから、仕事の結果での「基本給」の違いはありません。

　③では作業ごとにその出来高ごとに「基本給」の額が異なることになります。

　なお、以上の3つの基準と「基本給」との関係、「仕事」と「基本給」との関係及び該当する基本給の項目は次頁のとおりとなります。

図表11－1　モノの生産と基本給との関係

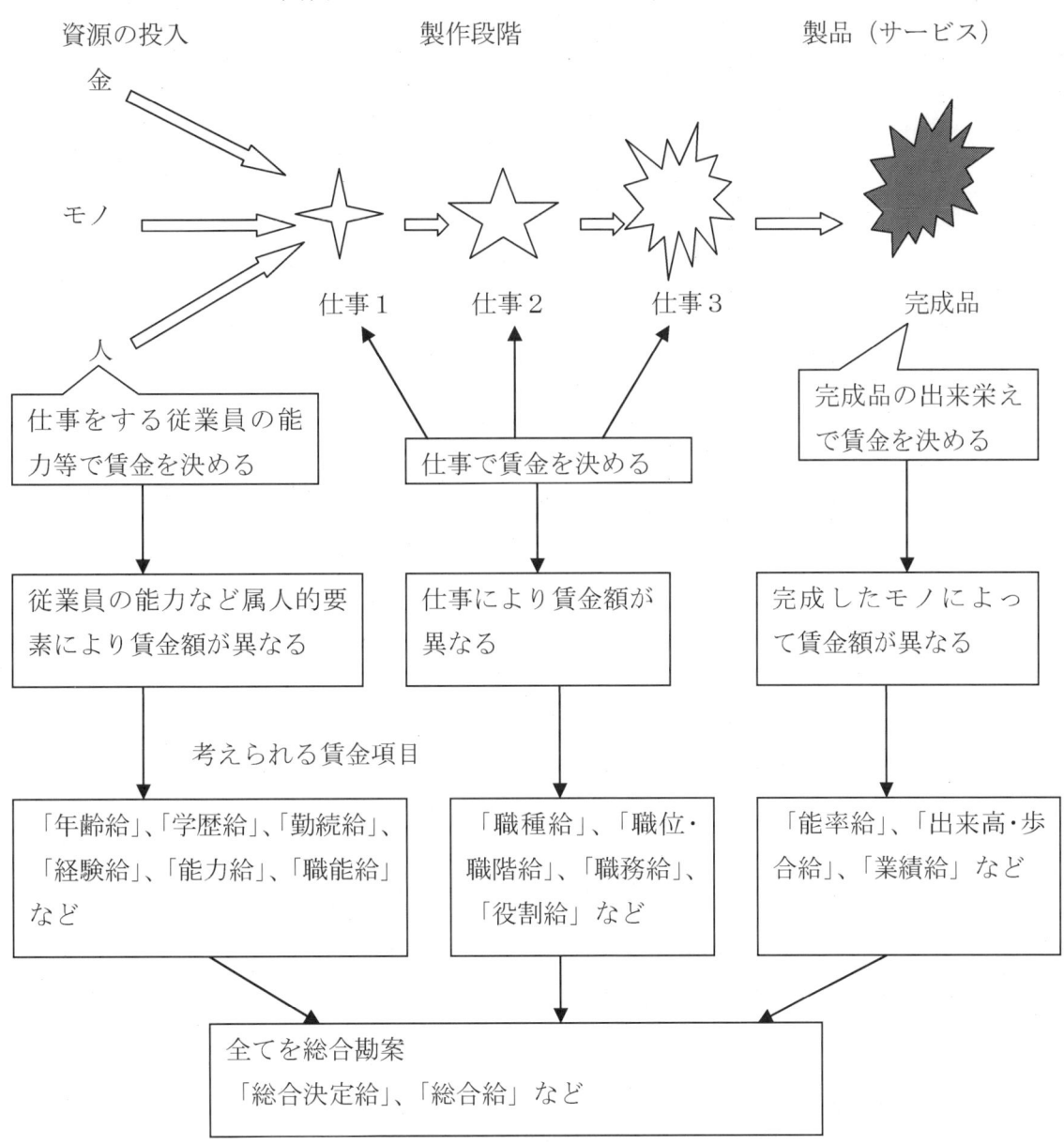

資源の投入　　　　　　　製作段階　　　　　　　製品（サービス）

金　モノ　人　→　仕事1　→　仕事2　→　仕事3　→　完成品

- 仕事をする従業員の能力等で賃金を決める
- 仕事で賃金を決める
- 完成品の出来栄えで賃金を決める

↓

- 従業員の能力など属人的要素により賃金額が異なる
- 仕事により賃金額が異なる
- 完成したモノによって賃金額が異なる

考えられる賃金項目

属人的要素	仕事	成果
「年齢給」、「学歴給」、「勤続給」、「経験給」、「能力給」、「職能給」など	「職種給」、「職位・職階給」、「職務給」、「役割給」など	「能率給」、「出来高・歩合給」、「業績給」など

全てを総合勘案
「総合決定給」、「総合給」など

　日本においては、歴史上様々な基本給の項目がありましたが、第二次世界大戦後、厚生労働省（労働省）の調査に現れた基本給の項目とその項目の決定要素は次頁のとおりで、現在では「諸手当」として考えられているような項目や、現在では理解に苦しむような項目もみられます。

図表11－2　基本給の項目とその決定要素

項目		決定要素
属人給	年齢給（生計費給を含む）	名前の如何にかかわらず、年齢のみによって決定される ただし、年齢毎の必要生計費に基づき決定されるものを含む
	学歴給	名前の如何にかかわらず、学歴のみによって決定される
	勤続給	名前の如何にかかわらず、同一企業または関連企業における勤続年数のみによって決定される
	経験給	名前の如何にかかわらず、同一業種での経験年数のみによって決定される
	一定額給	名前の如何にかかわらず、企業または事業所の全労働者に一定額が支給される
	物価給	名前の如何にかかわらず、生活補給給の目的で物価の変動に基づいて決定される
	家族給	名前の如何にかかわらず、扶養家族の数に応じて決定される
	単身者世帯主別給	名前の如何にかかわらず、単身者と世帯主で区別して支給される
	能力給	名前の如何にかかわらず、知力、熟練度、技能等個人の能力に応じて決定される
	職能給	名前の如何にかかわらず、職務を遂行する能力を基準にして決定される 職能給の要素に成績、業績、成果を加味して決定される「職能・業績給」を含む
仕事給	職種給	名前の如何にかかわらず、職種、職業を基準として決定される
	職位・職階給	名前の如何にかかわらず、役割を基準に決定される
	職務給	名前の如何にかかわらず、職務毎にその重要度、困難度、責任度などによる職務の価値を評価し、その価値に応じ決定される 職務給の要素に職務遂行能力や成績、業績、成果を加味して決定される「職務・職能給」「職務・業績給」を含む
業績給	能率給	名前の如何にかかわらず、仕事量に応じて決定される
	出来高・歩合給	名前の如何にかかわらず、単価を決めて出来高に応じて決定される
	業績給	名前の如何にかかわらず、一定の期間の個人、グループまたは企業の仕事の業績・成果で決定される
総合（決定）給		名前の如何にかかわらず、年齢、勤続年数、経験、能力、地位、職種、職務、成績等の要素を総合勘案して決定される

3　歴史の中に埋もれた基本給の項目

　前頁の図表から、今は省みられなくなった基本給の項目を将来への記念碑として解説しておきます。
　その理由は、歴史は繰り返すことやインフレ時にもてはやされた物価給などは逆にデフレ時に思い出される可能性も否定できないからです。

「学歴給」
　昭和25年から昭和40年まで単独の項目として調査が実施されました。この項目の企業における導入率は3.6%～0.5%と低水準で推移し、その後は「属人給（年齢、勤続年数、学歴など属人的要素のみに対応して決定される基本給）」との調査項目に吸収されました。

「経験給」
　単独の調査項目としてではなく、昭和25年から昭和40年まで「勤続及び経験給」として調査が実施されましたが、昭和25年の22.8%の導入率から低下し続け、40年には12.9%となり、勤続給は同一企業での長期勤続の一般化とともに、属人給の中に調査項目として残ったのに対し、経験が企業によって余り考慮されなくなったことを受けて調査項目とされなくなりました。

「一定額給」
　昭和25年から昭和37年までの調査項目で、導入率は昭和29年の25.0%が最高で、徐々に低下し37年には12.8%となりました。
　一定額給は、戦中、終戦直後の激しいインフレに対する措置として多くの企業に導入されましたが、インフレの沈静化とともに消滅していきました。

「物価給」
　昭和23年のみの調査項目で、このときの調査では導入率の結果はなく、所定内給与に占める占有率が調査され、占有率は26.0%でした。
　その語の調査では、調査項目とされませんでしたが、先に触れた「一定額給」の調査結果に含まれたものと考えられます。

「家族給」
　この「家族給」は、現在の「家族手当」に相当するものですが、この当時の調査では手当との概念が登場しておらず、昭和25年から昭和37年まで調査されました。
　導入率は昭和25年の84.6%が最高で徐々に低下し、37年には62.6%となりましたが、その後は「家族手当」として調査されるようになりました。
　なお、「家族手当」については、第18章で触れることとします。

「単身者世帯主給」
　家計の担い手に支給される基本給項目で昭和25年から昭和34年まで調査され、25年の7.5%をピークに低下し、34年には5.3%となり、調査項目からはずされました。

「能力給」

昭和 25 年から昭和 37 年までの調査項目で、導入率は昭和 26 年の 14.7%が最高で、昭和 32 年には 1.0%になりましたが、この「能力給」は職務遂行能力に基づき基本給を決定する「職能給」の登場で昭和 38 年から職能給が調査項目となり、これとともに調査項目ではなくなりました。

4　基本給に属人給の項目が多い理由

日本では、第二次世界大戦時とその前段階で賃金統制が行われました。なお、賃金統制は日本のみならず、ドイツやアメリカでも行われました。

終戦直後の日本の賃金制度は、戦時中の賃金統制による年齢別、男女別、職員・労務者別の固定された基本給（水準は著しく低かった）に加えて雑多な手当が支給されているという状況でした。

戦後直後から、日本は連合国に占領され、連合軍総司令部（GHQ）の指導下に置かれました。

戦後、各企業は急激なインフレに対処する必要と、GHQ が昭和 20 年 10 月 11 日の民主化 5 大政策の 1 つである「労働組合の結成奨励」の指令を契機とする労働組合の急速な結成と労働争議に対応するため、諸手当の増設・増額や各労働者一律額の基本給（3 で触れた「一定額給」）の設定など企業ごとに様々な方法による賃金水準の引上げを行いました。

戦後直後は、生活できる賃金、基本給の確保が最大の課題で、賃金原資の分配も全員平等乃至必要とする生活費に応じた分配にならざるを得なかった事情を背景として属人給が発達しました。

そして、このことは基本給は生活を維持できる水準であるべきだとする考え方に引き継がれていきました。

5　電産型賃金体系

以下で説明する「電産型賃金体系」は、戦後の賃金制度に大きな影響を与えましたが、電産型賃金体系を採用した電力供給事業（電気事業）について解説しておきます。

戦前の電気事業は自由競争下で多数の企業により運営されていましたが、戦時体制下において主要な発電所と送電線の管理を行うことは戦争遂行に必須のことであったため、国策として、電気事業を行う会社は「日本発送電株式会社」と全国を 9 ブロックに分割した 9 つの「配電会社」に整理・統合されました。

この体制は、戦後も維持され、企業ごとに労働組合が設立され、その協議体として「電気産業労働組合協議会（電産協）」が結成されました。

「電産型賃金体系」は、電産協と上記の 10 企業（「日本発送電株式会社」＋ 9 つの「配

「電会社」）との労働協約〔...〕は昭和21年10月の電産協の賃金に関する要求でした。

この賃金に関する要求〔...〕のとおりとなっていました。

「基本理念

電気産業労働者の労働〔...〕基礎とする最低賃金制が確立されるのである。現行の雑〔...〕産業全体を一丸とした合理的かつ簡明なる社会主義的給〔...〕

基本条件

・生活費を基準とする最低〔...〕
・能力、勤続年数、勤怠に応〔...〕
・超過労働、特殊労働、特殊〔...〕
・資格、階級制度並びに学歴〔...〕

賃金構成

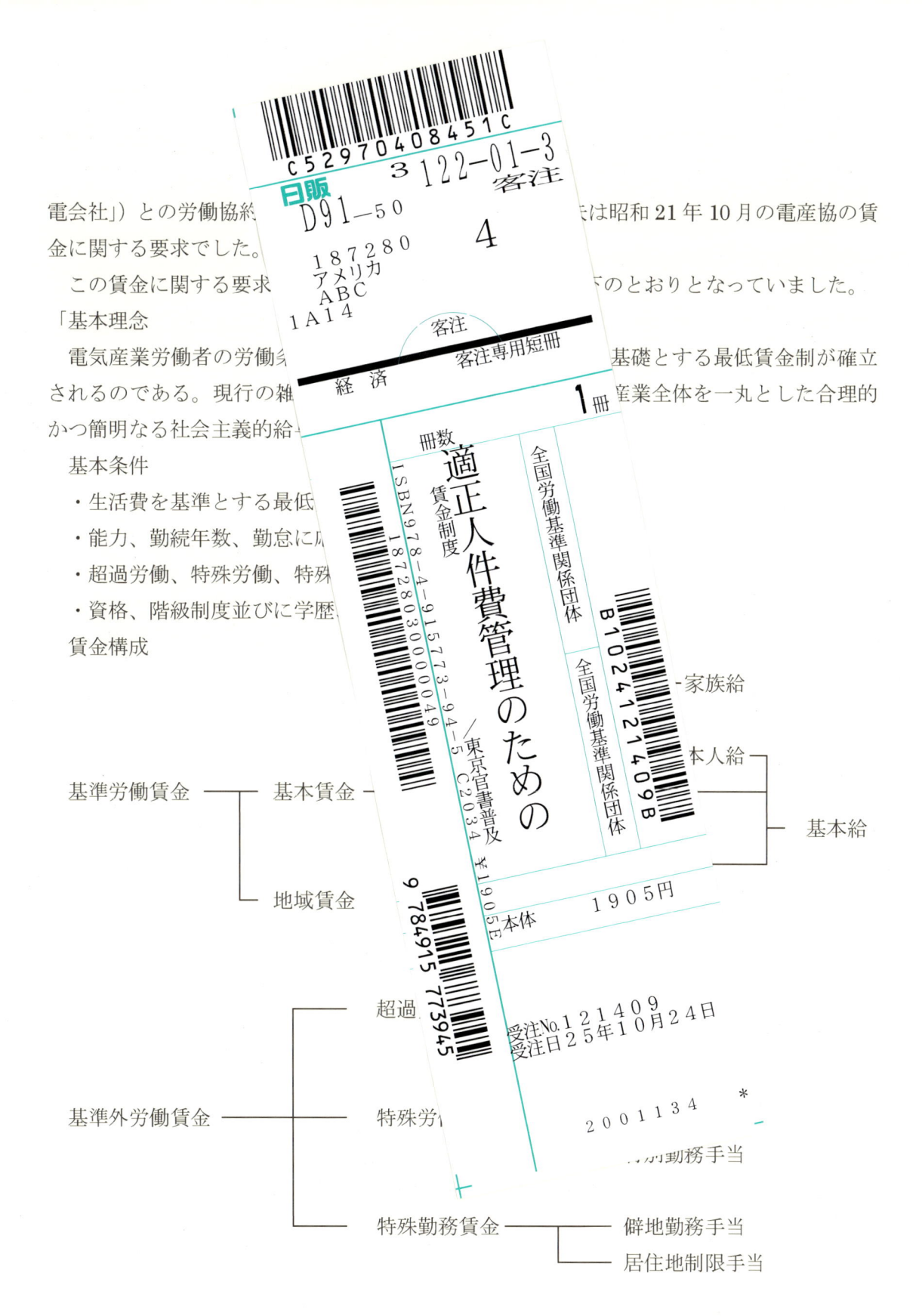

```
基準労働賃金 ─┬─ 基本賃金 ─┬─ 家族給
              │            └─ 本人給  ┐基本給
              └─ 地域賃金

基準外労働賃金 ─┬─ 超過〔...〕
                ├─ 特殊労〔...〕── 〔...〕勤務手当
                └─ 特殊勤務賃金 ─┬─ 僻地勤務手当
                                  └─ 居住地制限手当
```

賃金原則

・賃金は物価の変動に応じスライドせしめるものとする。
・生活保証給は勤続給とは毎年一定額で計算する。能力給は能力成績に応じて昇給する。
・金額は勤労所得税及び総合所得税を控除したる取得金額とする。

基準労働賃金
a) 基本賃金
本人給　17歳以下500円、18歳以上30歳迄は1歳につき30円、31歳以上40歳迄は1歳につき20円加給
家族給　最初の1人は200円、1人増す毎に150円加給
能力給　各人の技術、能力、経験、学識等を総合加味したる一定の基準額より査定を行う。能力給は平均800円程度とする
勤続給　電気産業の勤続年数1年につき10円を加給
b) 地域賃金
地域により生活保証給の30%以内を支給する。
寒冷地の勤務者に冬営手当として地域により生活保証給の30%以内を支給する。」

以上の電産労の要求は、中央労働委員会による調停、ストライキの実施等を経て、図表11－3の「電産型賃金体系（第一次協定）」に結実され、能力給が要求の800円から平均400円に減額された他は賃金に関する思想も含めて労働組合の主張が受け入れられる形で協定が締結され、協定は昭和30年まで維持されました。

図表11－3　電産型賃金体系（第一次協定）

実施時期	昭和21年11月
平均賃金額	1,854円
本人給	17歳以下　　　　　　500円 18歳以上30才以下　　1歳毎に30円アップ 31歳以上40歳以下　　1歳毎に20円アップ 41歳以上　　　　　　1,090円
家族給	最初の1人　　　　　200円 それ以上　　　　　　1人につき150円
能力給	1人平均　　　　　　400円
勤続給	1年につき　　　　　10円
地域給	地域手当　1号地　生活保証給の30% 　　　　　2号地　同　　　　20% 　　　　　3号地　同　　　　10% 冬営手当　1号（200円）～10号（30円）

以上の電産型賃金体系は、生活費を基準とする最低賃金の確保を「生活保証給」（年齢の上昇とともに増加する賃金「年齢給」と扶養家族の数に応じて支給される「家族給」から構成される。）で行い、これに「能力給」と「勤続給」をプラスするものでした。

この電産型賃金体系には、賃金が労働に対する対価となっていない等の批判もありましたが、労働組合が独自に考え出した賃金理論であり、賃金要求活動に理論的根拠を与えた者として、低賃金に喘ぐ労働者を基盤とする多くの労働組合に受け入れられました。

さらに、この「電産型賃金体系」は昭和25年7月に結成された「日本労働組合総評議会（総評）」が、昭和27年7月に採択した「賃金要領」の中での

・「全物量方式」（理論生計費の算定方法の1つ、以下のミニ知識6参照）による実質賃金要求の達成
・最低保障を基礎とする合理的賃率による「職階給制」打破

との主張に結びつき、その後の日本の正社員の賃金制度に多大な影響を与え現在に至っています。

ミニ知識6　生計費

「生計費」

　生活に要する費用のことで、家計の単位である世帯が生活のために必要とする費用を意味します。そして、その必要となる額は、所得水準、世帯規模、物価水準、社会環境などの条件により異なります。

　生計費の把握の方法には、「実態生計費」による方法と「理論生計費」による方法があります。

「実態生計費」

　現実に幾ら掛かっているのかを調べ、その額を生計費とするもので、現実の額の把握は一般的には「家計調査」の結果が用いられますが、「電産型賃金体系」の要求では、電気事業各社が電気料金決定のために行っていた原価資料作成のためのデータの1つである電気産業労働者の生計費調査を労働組合がより詳細に行い、その結果を基に年齢別、扶養家族数別の生活保証給を算出しました。

「理論生計費」

　一定の生活を維持するためには幾らくらい必要かを理論的に示したもので、求め方としては、一定の消費品目（物やサービスなど）を生計費算定の目的に即して決定し、その品目に適正な価格を乗じて、一定期間の生計費を理論的に産出するものです。

　このなかで、必要な品目の質と量をセットし、組み合わせものを「マーケット・バスケット」といい、この「マーケット・バスケット」方式には「全物量方式」と「半物両方式」があります。

「全物量方式」と「半物量方式」

　「全物量方式」とは、生活に必要な全品目についてマーケット・バスケットを編成し生計費を求めるもので、「半物量方式」とは、食料費についてのみマーケット・バスケットを編成し、その額を生計費の算定の目的に応じたエンゲル係数（消費支出に占める食料費の割合のこと）で除して求めたものです。

第12章　基本給の決め方「年齢給」

1　年齢給の歴史

　この章からは、正社員の基本給の決め方を基本給の項目ごとに検討していきます。
　まずは、「年齢給」です。「年齢給」とは、前章（第11章）で触れたとおり、「名前の如何にかかわらず、年齢のみによって決定されるものですが、年齢毎の必要生計費に基づき決定されるものを含むもの」とされています。
　現在、「年齢給」のみで基本給を決定している企業はごく少数となっていますが、第14章以下に触れる「職能給」と並存させている企業は大企業を中心にかなりあります。
　年齢給の歴史を遡ってみますと、戦前の「労働者とその扶養する家族の生計費を基に賃金を決定しようとした思想」に行き着きます。
　このような賃金の考え方は、戦中の昭和15年10月16日に公布された賃金統制令（第2次賃金統制令）の年齢階層別の最低賃金と最高初給（初任給）の決定に繋がりました。
　しかし、日本で初めて登場した「年齢給」は前章（第11章）の5で触れた電産型賃金体系の「本人給」で、これは将に「年齢給」でした。
　この電産型賃金体系（第一次協定）の本人給を年齢別の一覧表で示しますと図表12－1となります。

図表12－1　電産型賃金体系（第一次協定）の本人給（＝年齢給）

年齢	本人給	年齢	本人給	年齢	本人給
17歳以下	500円	25歳	740円	33歳	950円
18歳	530円	26歳	770円	34歳	970円
19歳	560円	27歳	800円	35歳	990円
20歳	590円	28歳	830円	36歳	1,010円
21歳	620円	29歳	860円	37歳	1,030円
22歳	650円	30歳	890円	38歳	1,050円
23歳	680円	31歳	910円	39歳	1,070円
24歳	710円	32歳	930円	40歳	1,090円
				41歳	1,090円

　この図表で分かるとおり、この「本人給」は、生活費を基準とする所得の確保のため40歳までは毎年上昇するもので、かつ、早期の生活の安定や結婚による家族の扶養のため若年時の昇給額が大きくなっており、その後の日本の労働組合の賃金要求や企業の賃金制度に大きな影響を与え、今日に至っています。
　なお、年齢給の定義で触れた「名称の如何にかかわらず」とあるとおり、「年齢給」は電産型賃金体系では「本人給」と呼ばれているように、各企業において「年齢別基準賃金」、

「資格給」、「本給」、「最低保障給」など様々な名称で呼ばれており、名称だけで「年齢給」であるか否かを判断することはできません。

2　企業における導入状況とタイプ

　厚生労働省（旧労働省）の調査による年齢給の各企業における導入率は、昭和25年15.8%、その後は徐々に減少し、30年には7.2%、37年には4.1%となりましたが、その後も規模の大きな企業を中心に脈々と存続し、平成11年8月に（財）雇用情報センターが実施した調査では、企業規模300人以上の企業の66.9%で導入されています。

　また、導入率の調査ではありませんが、厚生労働省の平成21年就労条件総合調査によると、「年齢・勤続年数など」を基本給の決定要素にしている企業（30人以上）の割合は管理職以外では63.7%、管理職では56.6%となっています。

　なお、年齢給とは直接関係しませんが、同じく平成21年就労条件総合調査によると、「学歴」を基本給の決定要素にしている企業（30人以上）の割合は管理職以外では20.5%、管理職では16.5%となっています。

　採用の中心を新規学卒者とし、内部での昇進を原則としている日本の大企業では、年齢、勤続年数、学歴は基本給の決定において無視でない要素となっているようです。

　次に、年齢給のタイプ（年齢の上昇と基本給の関係）をみておきます。

　1つ目の分類は、年齢の上昇と基本給の上昇との関係で以下の3つに分けられます。

① 雇用期間中は年齢の上昇とともに年齢給が上昇し続けるタイプ
② 一定の年齢まで上昇し、その後は一定額であるタイプ
③ 一定の年齢まで上昇し（その後一定期間一定額である場合を含む）、その後は下降するタイプ

電産型賃金体系の「本人給」は②のタイプで、日本の年齢給は通常このタイプとなっています。

　2つ目の分類は、1歳ごとの基本給の上昇幅との関係で以下の2つに分けることができます。

① 1歳ごとの上昇、下降額が同じタイプ
② 1歳ごとの上昇、下降額が異なるタイプ

以下の3で説明する「年齢給単一型」の45歳までが①のタイプで、「他項目との並存型」が②のタイプとなっていますが、一般的には②のタイプが多くみられ、生計費のカーブに準拠して若年時の昇給額を大きくしているタイプが多くなっています。

　次に、上でも触れましたが基本給の項目で以下の2つに分けることができます。

① 年齢給単一型
② 年齢給と他項目（例えば、職能給）との並存型

上で触れましたが、3の年齢給単一型の45歳までが①のタイプで、3の他項目との並存

型が②のタイプとなっています。

最後に、年齢の取り扱いで以下の3つのタイプに分けることができます。
① 実年齢で年齢給を設定するタイプ
② 学齢（前年の4月2日生まれから翌年の4月1日生まれまでの者を同一年齢として取り扱う）で年齢給を設定するタイプ
③ 学卒標準（ストレート入学、ストレート卒業）で年齢給を設定（例えば、25歳で大学を卒業した者を採用した場合、22歳の年齢給を適用する。）するタイプ

3　年齢給を設計する

「年齢給単一型」を設計する

年齢給のみで基本給を構成することは可能です。

この場合に何を根拠として、従業員の納得を得られる年齢給を設計できるのかを考える必要があります。

この根拠して考えられるデータの1つが厚生労働省の「賃金構造基本統計調査」で、平成21年の標準労働者・高校卒業・男性の企業規模計（10人以上）の所定内給与額の結果を見ると次頁のとおりとなっています。

なお、「標準労働者」とは、学校卒業後直ちに企業に就職し、同一企業に継続勤務しているとみなされる労働者のことです。

また、所定内給与額とは、月々の給与で超過労働に対する給与額を除いたもので、通常、基本給と諸手当から構成されています。

この結果からは、18歳の平均所定内給与額は167.5千円、45歳の平均所定内給与額は398.9千円で、年齢の上昇（勤続年数の増加）とともに賃金は上昇しており、1歳ごとの上昇額は平均8,570円となっていることが分かります。

（398.9千円－167.5千円）÷27年＝8.57千円

また、所定内給与額のピークは54歳の464.7千円となっています。

このことを参考に、各年齢に1万円を乗じた年齢給が理論的には考えられます。

図表12－2　年齢給単一型の事例

年齢	基本給	年齢	基本給	年齢	基本給	年齢	基本給
18歳	18万円	25歳	25万円	32歳	32万円	39歳	39万円
19歳	19万円	26歳	26万円	33歳	33万円	40歳	40万円
20歳	20万円	27歳	27万円	34歳	34万円	41歳	41万円
21歳	21万円	28歳	28万円	35歳	35万円	42歳	42万円
22歳	22万円	29歳	29万円	36歳	36万円	43歳	43万円
23歳	23万円	30歳	30万円	37歳	37万円	44歳	44万円
24歳	24万円	31歳	31万円	38歳	38万円	45歳	45万円

この年齢給であれば、年齢に基本給の額がリンクしていますので、とてもシンプルな基本給表であるといえます。

そして、45歳までの各年齢で統計の数値を上回っており、1歳ごとの昇給額も統計を上回っています。なお、ピーク時の基本給の額は統計を若干下回っていますが、ピーク到達年齢は早くなっています。

図表12-3　標準労働者・高校卒業・男性の企業規模計（10人以上）の所定内給与額

年齢	企業規模計（10人以上）単位：千円	年齢	企業規模計（10人以上）単位：千円	年齢	企業規模計（10人以上）単位：千円
18歳	167.5	34歳	295.0	50歳	443.3
19歳	175.6	35歳	307.3	51歳	446.5
20歳	182.8	36歳	312.3	52歳	457.9
21歳	188.3	37歳	325.9	53歳	462.1
22歳	201.4	38歳	326.2	54歳	464.7
23歳	201.5	39歳	333.6	55歳	450.5
24歳	214.5	40歳	350.4	56歳	445.1
25歳	217.0	41歳	359.0	57歳	450.0
26歳	223.7	42歳	365.7	58歳	443.4
27歳	233.0	43歳	379.3	59歳	452.8
28歳	246.7	44歳	386.0	60歳	286.2
29歳	256.8	45歳	398.9	61歳	287.0
30歳	262.2	46歳	403.2	62歳	280.1
31歳	267.7	47歳	414.9	63歳	286.0
32歳	273.1	48歳	431.9	64歳	328.1
33歳	289.3	49歳	432.6	65歳	269.7

このように、基本給は属人給である年齢給一本としても、例えば、

①　諸手当の支給に当たっては、生活関連手当を支給しない。

②　賞与の支給に当たっては、企業、グループ、個人の業績のみを根拠として支給する。

などの工夫を加えることにより、賃金の属人的要素を薄めることも可能です。

「年齢給と他項目（例えば、職能給）との並存型」

年齢給と他の基本給の項目とで基本給を構成することも可能です。

この場合に根拠してよく利用されているのが、前出の「賃金構造基本統計調査」の「初任給」と人事院が毎年発表している「標準生計費」です。

なお、このうち標準生計費の求め方の概要は人事院が公表していますが、ミニ知識7（114

頁）で解説します。

初任給と標準生計費による年齢給の設計には様々なものがありますが、その一例として以下の方法を紹介します。

なお、ここでの年齢給の設計には以下のことが前提とされています。

① 基本給の設計では18歳を出発点とする。
② モデルは自分の基本給で家族全員を扶養する。
③ 結婚をし、配偶者を被扶養者とする。
④ 子供3人を養育する。
⑤ 40歳で5人世帯となる。

以上のことを前提として年齢給を設計すると、手順は以下のようになります。

① まず、18歳の高校卒業・男性の初任給160.8万円をベースとします。
② この初任給160.8万円のうち、20%は他の基本給項目（例えば、「職能給」、「職務給」など）でカバーすることとして、80%を18歳の「年齢給」とします。
　　こうして求められる18歳の年齢給は128,640円となります。
　　18歳の年齢給＝160.8万円×0.8
③ 40歳での生活費は5人世帯の標準生計費266,160円とします。このうち40%は他の基本給項目でカバーすることとして、60%を「年齢給」とします。
　　こうして求められる40歳の年齢給は159,700円となります。
　　40歳の年齢給＝266,160円×0.8
④ 40歳の年齢給と18歳の年齢給との差を求めます。
　　こうして求められる差額は31,060円となります。
　　差額＝40歳の年齢給159,700円－18歳の年齢給128,640円
⑤ 18歳から40歳までの年数22年で40歳の年齢給と18歳の年齢給との差額を除します。
　　こうして求められる1歳ごとの年齢給の昇給額は1,412円となります。
　　1歳ごとの年齢給の昇給額＝差額31,060円÷22年
⑥ ⑤で求めた昇給額を各年齢に振り分けます。
　　このときに、若年時の昇給額（大学卒初任給との調整が必要ですが）を大きくすると、世帯形成を早める効果がありますが、企業にとってはコスト増となります。
　　図表12－4の「年齢給と他項目との並存型の事例」では、31歳までの昇給額を10円高くし、40歳への昇給額で全体を調整しています。
⑦ これで40歳までの年齢給は完成ですが、4人の子供たちが独立するためには更に20年以上が必要です。特に、高学歴化や子供に仕事をさせる習慣がなくなっていること、さらに、教育に多額の費用が必要となっていることを考慮すると、その後も年齢給の昇給は必要かも知れませんが、ここでの事例では40歳以降の年齢給の昇給はゼロとしています。

図表12-4 年齢給と他項目との並存型の事例

年齢	年齢給	昇給額	年齢	年齢給	昇給額
18歳	128,640		29歳	144,260	1,420
19歳	130,060	1,420	30歳	145,680	1,420
20歳	131,480	1,420	31歳	147,090	1,410
21歳	132,900	1,420	32歳	148,500	1,410
22歳	134,320	1,420	33歳	149,910	1,410
23歳	135,740	1,420	34歳	151,320	1,410
24歳	137,160	1,420	35歳	152,730	1,410
25歳	138,580	1,420	36歳	154,140	1,410
26歳	140,000	1,420	37歳	155,550	1,410
27歳	141,420	1,420	38歳	156,960	1,410
28歳	142,840	1,420	39歳	158,370	1,410
			40歳以上	159,700	1,330

4　年齢給導入のメリット・デメリット

　年齢給を導入することのメリットとしては以下のようなことが考えられます。
① 年齢という万人に共通する自然的現象を基礎としているため分かりやすい。
② 「長幼の序」（年長者を敬うこと）を重んじる儒教的な精神にふさわしい。
③ 基本給の計算・管理が容易である。
④ 従業員のライフステージごとの最低生計費（労働力の再生産に必要となる生活費）が保障されている。
⑤ 従業員に安心感を与え、長期勤続を促進する効果がある。
⑥ 仕事と賃金額が一致しないため配置転換が容易である。
逆に、年齢給を導入することのデメリットとしては以下のようなことが考えられます。
① 仕事と基本給の額が一致しない（同じ仕事をしていても賃金が異なる。）。
② 従業員の働き振り（業績、成績、発揮能力など）と基本給が一致しない。
③ 企業の業績と無関係に賃金コストが増減する。
④ 従業員の平均年齢の上昇（一定年齢までの場合もある。）が賃金コストの上昇に直結する。
⑤ 職業能力の向上と基本給の額が一致しない。
⑥ 賃金水準の低くなる若年従業員に不平が生じる。
などがあげられますが、最大の問題は国際的には、この考え方は以下の理由で理解を得られないと考えられることです。

⑦　同一価値労働同一賃金でない。
⑧　アメリカで事業を展開する場合には「雇用における年齢差別禁止法（Age Discrimination in Employment Act=ADEA）」が40歳以上の者に対する雇入れ、解雇、昇進、賃金その他の雇用の場における年齢による差別を禁止していることに配慮する必要がある。
⑨　アメリカ以外の諸外国で事業を展開する場合や国籍にかかわりなく人を採用する場合には、それぞれの国の法令や習慣に配慮する必要がある。

ミニ知識7　人事院が公表している標準生計費（平成21年4月）

費用別、世帯人員別標準生計費

費目＼世帯人員	1人	2人	3人	4人	5人
	円	円	円	円	円
食　料　費	30,680	33,370	44,790	56,210	67,640
住居関係費	34,610	57,360	52,370	47,390	42,400
被服・履物費	9,110	5,810	8,000	10,200	12,400
雑　費　1	34,610	41,260	61,640	82,030	102,410
雑　費　2	17,240	21,260	27,940	34,620	41,310
計	126,250	159,060	194,740	230,450	266,160

＜参考＞　費用別、世帯人員別生計費換算乗数

費目＼世帯人員	2人	3人	4人	5人
食　料　費	0.452	0.607	o.762	0.917
住居関係費	1.035	0.945	0.855	0.765
被服・履物費	0.370	0.510	0.650	0.790
雑　費　1	0.289	0.432	0.575	0.718
雑　費　2	0.284	0.374	0.463	0.553

平成21年4月の標準生計費算定方法
　国民一般の標準的な生活の水準を求めるため、「家計調査」（総務省）に基づき、標準生計費を次の方法により費用別、世帯員別に算定した。
（1）標準生計費の費用
　標準生計費は、次の5つの費用別に算定している。核費用の内容は、それぞれ次に掲げる家計調査等の大分類に対応する。
　　食　料　費・・・・・・・・食料

　　　　住居関係費　・・・・・・・・　　住居、光熱・水道、家具・家事用品
　　　　被服・履物費　・・・・・・・・　　被服及び履物
　　　　雑　費　Ⅰ　・・・・・・・・　　保健医療、交通・通信、教育、教養娯楽
　　　　雑　費　Ⅱ　・・・・・・・・　　その他の消費支出（諸雑費、こづかい、交
　　　　　　　　　　　　　　　　　　　　際費、仕送り金）

（2）費用別、世帯人員別標準生計費の算定

　2人～5人世帯については、家計調査（全国・勤労者世帯）における平成21年4月の費目別平均支出金額（日数を365/12日に、世帯人員を4人に調整したもの）に、費目別、世帯人員別生計費換算乗数を乗じて算定した。

　なお、1人世帯については、平成16年の「全国消費実態調査」（総務省）の勤労単身世帯について、並数階層の費目別支出金額を求め、これに消費者物価、消費水準の変動分を加味して、平成21年4月の費目別標準生計費を算定した（従前18歳～21歳の勤労単身世帯を基に算出していたが、本年から、18歳～24歳の勤労単身世帯を基に算出した。）。

（参考）費目別、世帯人員別生計費換算乗数

　平成20年1月～12月の家計調査の調査世帯（全国・勤労者世帯）のうち、就業人員が1人で夫婦のみ又は夫婦とその子で構成される標準世帯について、世帯人員別に並数階層の費目別支出金額を求め、これをそれぞれ4人世帯の費目別平均支出金額で除して費目別、世帯人員別生計費換算乗数を求めた。

ミニ知識8　並数

　統計に利用される「平均」の1つです。

「並数（Mode）」とは、最も、頻繁に出現する値または度数のことで、例えば所定内給与であれば、最も多くの人が貰っている額のことです。

　なお、「平均」には、外に「算術平均」、「中位数」などがあります。

「算術平均（Arithmetic Mean）」とは、全てのデータを加算して、そのデータの個数で割った値のことで、一般的な平均とは「算術平均」を意味します。

「中位数（Median）」とは、データを大きさの順番に並べたときの中央の値のことです。

第13章　基本給の決め方「勤続給」

1　勤続給の歴史

　この章では、正社員の基本給を「勤続給」とすることを検討します。
　「勤続給」とは、第11章で触れたとおり、「名前の如何にかかわらず、同一企業または関連企業における勤続年数のみによって決定される」ものとされています。
　現在、「勤続給」のみで基本給を決定している企業は皆無であると考えられますが、第14章以下に触れる「職能給」と並存させている企業は大企業を中心にかなりあります。
　勤続給の歴史を遡ってみますと、明治時代にまで行き着きますが、当時は長期勤続を奨励する意味で、勤続3年、5年、7年や10年目に奨励金や物品などが支給されるようになったのが、勤続給の始まりであると考えられます。
　勤続給が毎年支給されるようになった企業の事例としては、横浜船渠㈱が昭和4年8月26日に導入を決定した年齢と勤続年数とがマトリックスとなっている「年齢給」が最初のものと考えられます。
　この「年齢給」は、図表13－1のとおりとなっており、同一年齢でも勤続年数で基本給の額が異なることから「勤続給」であるともいえます。
　この年齢給は、年期職工、女工を除く職工に適用される日給で、資格給、採点給と合わせて平均2円21銭を保障しようとするものでした（「年功賃金の歩みと未来」孫田良平編著、「社会政策時報　昭和4年10月号」）。

図表13－1　横浜船渠㈱の年齢給

年齢		勤続年数						
		0年	1年	2年	3年	4年	5年	…
	21歳未満	1円21銭	1円22銭	1円23銭	1円24銭	1円25銭	1円26銭	1円27銭
	21歳以上	1円22銭	1円23銭	1円24銭	1円25銭	1円26銭	1円27銭	1円28銭
	22歳以上	1円23銭	1円24銭	1円25銭	1円26銭	1円27銭	1円28銭	1円29銭
	23歳以上	1円24銭	1円25銭	1円26銭	1円27銭	1円28銭	1円29銭	1円30銭
	24歳以上	1円25銭	1円26銭	1円27銭	1円28銭	1円29銭	1円30銭	1円31銭
	25歳以上	1円26銭	1円27銭	1円28銭	1円29銭	1円30銭	1円31銭	1円32銭
	26歳以上	1円27銭	1円28銭	1円29銭	1円30銭	1円31銭	1円32銭	1円33銭
	27歳以上	1円28銭	1円29銭	1円30銭	1円31銭	1円32銭	1円33銭	1円34銭
	28歳以上	1円29銭	1円30銭	1円31銭	1円32銭	1円33銭	1円34銭	1円35銭
	29歳以上	1円30銭	1円31銭	1円32銭	1円33銭	1円34銭	1円35銭	1円36銭
	30歳以上	1円31銭	1円32銭	1円33銭	1円34銭	1円35銭	1円36銭	1円37銭
	…	1円32銭	1円33銭	1円34銭	1円35銭	1円36銭	1円37銭	1円38銭

次に、田中要人著「工員賃銀処遇実務編」によると、戦中の勤続給の例として図表13－2の工員勤続手当月割表のような勤続給がありました。

図表13－2　工員勤務手当月割表

勤続年数	工長	工員	掃夫
満1年後	2円50銭	2円	1円50銭
満2年後	3円50銭	2円70銭	2円
満3年後	4円50銭	3円40銭	2円50銭
満4年後	5円50銭	4円10銭	3円
満5年後	6円50銭	4円80銭	3円50銭
満6年後	7円50銭	5円50銭	
満7年後	8円50銭	6円20銭	
満8年後	9円50銭		

そして、戦後は第11章の5で触れた電産型賃金体系では、「勤続給」が取り入れられ、電産型賃金体系の勤続給は1年につき10円増えるものとなっていましたが、この電産型賃金体系の勤続給はその後の日本の賃金制度に影響を与えました。

2　企業における導入状況、支給理由、タイプ

厚生労働省（旧労働省）の調査による勤続給・経験給の各企業における導入率は昭和25年で22.8％、その後は徐々に減少し、30年には15.6％、37年には12.0％となりましたが、その後も規模の大きな企業を中心に脈々と存続し、平成11年8月の（財）雇用情報センターが実施した調査では、企業規模300人以上の企業の36.0％で導入されています。

また、導入率の調査ではありませんが、厚生労働省の平成21年就労条件総合調査によると、「年齢・勤続年数など」を基本給の決定要素にしている企業（30人以上）の割合は管理職以外では63.7％、管理職では56.6％となっています。

次に、勤続給を支給する理由としては以下のことが考えられます。
①　同一企業での長期勤続の奨励する目的で導入する。
②　同一企業での技能習得や熟練度の向上を勤続年数として評価する。

次に、勤続給のタイプ（勤続年数の上昇と基本給の関係）をみておきます。
1つ目の分類は、年齢の上昇と基本給の上昇との関係で以下の2つに分けられます。
①　雇用期間中は勤続年数の上昇とともに勤続給が上昇し続けるタイプ
②　一定の年齢まで上昇し、その後は一定額であるタイプ

横浜船渠㈱の年齢給と電産型賃金体系の「勤続給」は①のタイプで、工員勤続手当月割表は②のタイプとなっています。

2つ目の分類は、1歳ごとの基本給の上昇幅との関係で以下の2つに分けることができます。

① 1歳ごとの上昇額が同じタイプ
② 1歳ごとの上昇額が異なるタイプ

なお、これまで見てきた勤続給は全て①のタイプとなっています。

最後に、基本給の項目で以下の2つに分けることができます。

① 勤続給単一型
② 勤続給と他項目（例えば、職能給）との並存型

上の横浜船渠㈱の年齢給、工員勤務手当月割表が、①のタイプで、電産型賃金体系の「勤続給」が②のタイプとなっています。

3 勤続給を設計する

理論的に勤続給のみで基本給を構成することは可能ですが、企業における従業員の役割、仕事やり方、能力形成などの実情を考えますと、勤続給のみで基本給を構成することは現実的ではないと考えられますので、ここからは他の基本給の項目との並存を前提として検討することとします。

勤続給の導入目的を長期勤続の奨励とする場合には、小額を長期に亘り支給することになります。

この様な考え方で設計した勤続給の例として、以下では1年勤続すると300円増加するものと、500円増加するものを示しました。

図表13-3

勤続年数	勤続給
0年	0円
1年	300円
2年	600円
3年	900円
4年	1,200円
5年	1,500円
6年	1,800円
7年	2,100円
8年	2,400円
...	...

図表13-4

勤続年数	勤続給
0年	0円
1年	500円
2年	1,000円
3年	1,500円
4年	2,000円
5年	2,500円
6年	3,000円
7年	3,500円
8年	4,000円
...	...

次に、勤続給の導入目的を技能習得や熟練殿向上を奨励するものとする場合には、その習得のための期間や習得効果を考慮して勤続給を設計することとなります。

この様な考え方で設計した勤続給の例を示すと、次頁のようになります。

1つ目の事例は、7年間で技能を修得することが求められているようなケースでは7年間のみ、勤続給毎年10,000円上昇します。

2つ目の事例では、初期の能力の伸びが大きい場合のものとなっており、最初の3年間の昇給額が7,000円となっており、その後の4年間は700円となっています。

図表13-5

勤続年数	勤続給
0年	0円
1年	10,000円
2年	20,000円
3年	30,000円
4年	40,000円
5年	50,000円
6年	60,000円
7年以降	70,000円

図表13-6

勤続年数	勤続給
0年	0円
1年	7,000円
2年	14,000円
3年	21,000円
4年	21,700円
5年	22,400円
6年	23,100円
7年以降	23,800円

4　勤続給導入のメリット・デメリット

勤続給を導入することのメリットとしては以下のようなことが考えられます。
① 勤続年数という万人に共通する自然的現象を基礎としているため分かりやすい。
② 「長幼の序」（年長者を敬うこと）を重んじる儒教的な精神にふさわしい。
③ 基本給の計算・管理が容易である。
④ 長期勤続を促進する効果がある。
⑤ 技能習得や熟練度の向上を基本給に反映できる。

逆に、勤続給を導入することのデメリットとしては以下のようなことが考えられます。
① 仕事と基本給の額が必ずしも一致しない（同じ仕事をしていても賃金が異なる。）。
② 従業員の働き振り（業績、成績、発揮能力など）と基本給の額が一致しない。
③ 企業の業績と無関係に賃金コストが増減する。
④ 従業員の平均勤続年数の上昇（一定年齢までの場合もある。）が賃金コストの上昇に直結する。
⑤ 中途採用者に不利となる。

第14章　基本給の決め方「職能給」

1　職能給の歴史

　この章では、正社員の基本給を「職能給」とすることを検討します。
　「職能給」とは、第11章で触れたとおり、「名前の如何にかかわらず、職務を遂行する能力を基準にして決定される」ものですが、「職能給の要素に成績、業績、成果を加味して決定される「職能・業績給」を含む」ものとされています。
　職能給においては、「能力」がキーワードとなります。
　職能給における「能力」とは、実際に従業員が職務で発揮している能力、つまり発揮能力＝顕在能力のみならず、それ以外のあらゆる職務に必要とされる能力＝潜在能力を基に基本給を決定するものです。
　「職能給」は、各企業で本給、資格給、能力給など様々な名称で呼ばれており、基本給の名称のみで「職能給」であるか否かを判断することは困難な場合があります。
　日本では、「職能給」の前身として、「能力給」が第11章の5で触れた電産型賃金体系に登場しています。
　この電産型賃金体系の能力給とは、「各人の技術、能力、経験、学識等を総合加味したる一定の基準額より査定を行う。」ものとされていました。
　この能力給は、その後の日本の賃金制度に以下で触れるとおり大きな影響を与えましたが、能力給における「能力」の概念が不明確であったことなどを理由として徐々に各企業における導入率は低下しましたが、職務遂行能力との概念の開発により、昭和40年代から増勢に転じ、日本における特有な基本給項目として現在も大きな影響を与えています。

2　企業における導入状況

　厚生労働省（旧労働省）の調査では、昭和25年から昭和37年までは「能力給（名前の如何にかかわらず、知力、熟練度、技能等個人の能力に応じて決定される）」の導入率が調査されており、各企業における導入率がもっとも高かったのは昭和26年の13.7%、その後は徐々に減少し、32年には1%になった後、再び上昇に転じ37年には4.2%となりました。その後、調査項目は「能力給」から「職能給（名前の如何にかかわらず、職務を遂行する能力を基準にして決定される。職能給の要素に成績、業績、成果を加味して決定される「職能・業績給」を含む）」に変更され、昭和44年まで調査が実施されました。この調査による「職能給」の導入率は41年の4.1%が最低で、44年の14%が最高となりました。
　その後、同種の調査は実施されていませんが、「職能給」は規模の大きな企業を中心に脈々と存続し、平成11年8月に（財）雇用情報センターが実施した調査では、企業規模300人

以上の企業の71.6%で導入されています。

また、導入率の調査ではありませんが、厚生労働省の平成21年就労条件総合調査によると、「職務遂行能力」を基本給の決定要素にしている企業（30人以上）の割合は管理職以外では67.5%、管理職では68.5%となっています。

3 職能給を設計する―職能給の特徴―

「職能給の設計の難しさ」

ここからは職能給と職務給とを比較して検討します。

その理由としては、戦後発達した「能力給」に次章で解説する「職務給」の「職務分析」、「職務調査」の技法を応用したものが厳格な意味での「職能給」といえるからです。

「職務給」における分析、評価の対象は現実に従業員が従事している「仕事（職務）」です。仕事は現実にあるものですから、評価基準さえ明確にできれば、比較的把握しやすく、仕事間の比較も簡単です。

一方、能力は眼で見ることも、手で触れることもできません。能力で処遇し、能力で基本給を決めることには、能力をどのようにとらえるのか、各人の能力の格差をどのように評価するのかなどというきわめて難しい問題が横たわっています。

特に、本来、人間にはあまり差がないと考える傾向が強いと考えられる日本では、能力による差の見極めは非常に困難になり、事実上職能給が年功的に運用される温床となります。

したがって、評価基準としての能力は、仕事（職務）基準と比較するとその取り扱いは困難であり、能力基準人事の最大の問題点となっています。

「日本の人事慣行にフィットした職能給」

一方、人事処遇システムは、その国の雇用慣行と不離一体であるということもいわれています。

日本の人事処遇制度、基本給の設計においては日本の雇用慣行の特徴である以下の2点を考慮する必要があります。

① 使用者の解雇権が制限されており、職種間の異動権が豊富であること（逆にアメリカでは解雇に寛大であり、仕事毎に人を採用していることから職種間の異動権はない。）

② 人が仕事を造る（欧米、特に、アメリカでは仕事に人をつける。）

つまり、職種間の異動権が経営側にあり、配置転換や職種転換が頻繁に行われ、解雇が制限されている日本においては仕事で賃金（基本給）を決めない方が合理的であるとも考えられます。

「職能給における従業員と企業の接点」

職務給においては、従業員と企業とは直接的には結びつきません。

従業員は仕事（職務）と結びつき、仕事のみで基本給は決まります。
　一方、職能給では従業員の仕事は流動的ですから、従業員は企業と「企業が期待する人物像（職務遂行能力）」で結びつきます。

4　職能給を設計する―職務調査―

　職能給では、従業員の職務遂行能力のみに着目して基本給を決定するものですから、その能力とは職務の遂行に必要な能力に限られ、職務とまったく関係のない能力は、評価の対象外となります。
　そこで、職能給では従業員が現に身に着けているか、身に着けるべき職務遂行能力を賃金決定の指標とします。
　職務遂行能力を最初に把握することは困難です。
　企業が必要とする職務遂行能力は、現実に各企業で行われている仕事（職務）の中で発揮されているはずです。
　そこで、まず全従業員が従事している仕事（職務）の種類と内容を調査する必要があります。
　そして、この調査のことを「職務調査」と呼びます。
　職務調査の対象となる仕事（職務）をどこまで細かく把握するのかについては様々な考え方がありますが、代表的な考え方として以下の2つがあります。
　①　1つの目的にまとめることができる業務＝単位業務＝課業の段階まで把握する。
　②　1つの目的にまとめることができる業務＝単位業務＝課業を、更に、分割して課業を構成している「単位作業」まで把握する。
　「仕事（職務）」と「単位業務＝課業」と「単位作業」との関係を図示すると以下のようになります。

　　図表14－1　「仕事（職務）」と「単位業務＝課業」と「単位作業」との関係

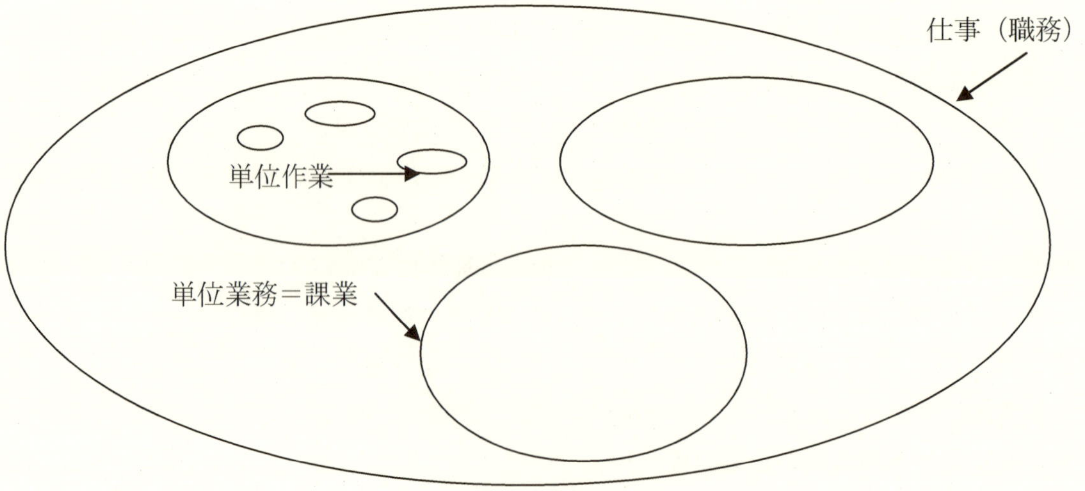

前頁の課業とは以下の2つの要件を満たしたものである考えられています。
① これ以上分割・分担できないもの
② 1つの単位として評価が可能なもの

仕事（職務）とは、課業の幾つかが束になったもので、仕事（職務）とは幾つかの課業の塊であると考えられます。

日本においては、職位や役割が一定であっても、実際にやっている仕事（職務）の内容は、かなり変化をしているのが実態で、各人の仕事（職務）を構成する課業の内容は、その時々の状況で変化しています。

一方、課業自身は大きく変化することはないと考えられていますが、課業を構成している単位作業のやり方はIT化の進行などで大きく変化しています。

ここでは、経理の仕事の課業の一つである「現金出納」の例を示すと以下のようになります。

	単位作業（課業の内容）
課業「現金出納」	①各課の売上伝票と現金を確認し、入金伝票を起票する。
	②現金残高のチェックと両替状況のチェックをする。
	③小口の現金の支払をする。
	④現金の支払をする。
	⑤取引金融機関への現金の預け入れと引き出しをする。
	⑥伝票をパソコンで現金出納帳に記帳する。
	⑦取引金融機関の預金残高の確認をする。
	⑧小切手、手形等の振出しを行う。
	⑨販売計画に基づき両替をする。
	⑩資金計画に従って金融機関等との折衝を行う。
	⑪資金計画の作成を行う。

5　職能給を設計する―職能調査―

それぞれの仕事に含まれている課業と単位作業（課業の内容）の調査の次に、職能調査を行います。

職能調査とは、単位作業（課業の内容）を担当するのに必要な能力＝「職務遂行能力」の種類とレベルを確定する作業を意味しています。

職務遂行能力の捉え方（評価要素）についても、様々な考え方がありますが、代表的なものとして「知識」、「技能」、「問題解決力」、「企画力」、「判断力」、「対人折衝能力」、「指導力」があります。

評価要素が決まると、単位作業（課業の内容）ごとに評価要素の作業に必要な能力のレベルを決めます。

例えば、知識であれば

レベルⅠ「基礎的な知識（高等学校卒業程度）」

レベルⅡ「やや高度な知識（大学卒業程度）」

レベルⅢ「高度な知識（一定の職業経験を要する程度）」

レベルⅣ「専門的な知識（作業の専門性による）」

レベルⅤ「より高度な専門知識（課業全般に及ぶ専門知識）

以下では前頁の「現金出納」の職能調査の結果を一覧表としています。

この一覧表は一般的に「職能要件書」と呼ばれています。

図表14－2「現金出納の職能要件書」

単位作業	知識のレベル				
	レベルⅠ	レベルⅡ	レベルⅢ	レベルⅣ	レベルⅤ
①	・数学の基礎知識 ・パソコン操作の基礎知識				
②		・現金管理ができる知識 ・パソコンソフトの応用知識			
③		・簿記の基礎知識			
④			・中程度の簿記の知識		
⑤			・接客マナーの知識 ・ビジネス文書作成の知識		
⑥			・高度な簿記の知識 ・税務の知識		
⑦			・銀行取引の知識		
⑧				・会社法の知識 ・小切手、手形法の知識	
⑨				・経営学の知識	
⑩					・管理会計の知識
⑪					・経営戦略立案の知識 ・高度の経営学の知識

「職能要件を職掌ごとにまとめる」

　課業ごとの職能要件書の作成が終わると、これを大きな業務の単位でまとめます。

　業務の単位のことを、一般的には「職掌」と呼びます。

　「職掌」は、企業ごとに異なりますが、代表的なものとして、「生産」、「技術」、「管理」、「営業」などがあります。

「職能等級表（基準書）」

　次に、分類された「職掌」ごとに職務遂行能力の発達段階に応じて幾つかの能力レベルに区分します。

　このようにして作成された一覧表を「職能等級表（基準書）」と呼びます。

　この場合、「職掌」ごとに別々なものとする場合がありますが、職掌横断的な人事異動を行う場合には、職掌横断的な「職能等級表（基準書）」を作成します。

　ここでは、技能職掌の「職能等級表（基準書）」の例を示しておきます。

　なお、瑣末なことですが、能力レベルが最も高い等級を1等級とする命名する方法と、その逆の方法がありますが、以下の例は後者の例となっています。

　また、以上のプロセスを経ずに、直ぐに「職能等級表（基準書）」を作成し、職務調査や職能調査を行わない方法、「職能等級表（基準書）」を作成した上で、上記の作業に入る方法などがあります。

　更に、職務調査と職能調査の全体を職務調査と称している場合があります。

図表14－3　技術職掌の職能等級表（基準書）

職能等級	職能基準
1等級	細部にわたる指示の下、コンピュータの基礎知識を駆使して業務を処理することができる。
2等級	専門知識とコンピュータの応用知識を駆使して、上司の一般的な指揮の下、業務の処理をすることができる。
3等級	高度な専門知識とコンピュータの応用知識を駆使して、技術的に比較的高度の特定業務の処理をすることができる。
4等級	より高度な専門知識とコンピュータの最先端の応用知識を駆使して、業務全般の処理をすることができる。
5等級	経営方針で包括的に指示されている単位の業務を独自の判断で処理することができる。
6等級	経営方針の企画立案に参画し、定められた方針に基づきグループの業務の推進を図ることができる。

6　職能給表を設計する

「単一給型と範囲給型」

　以上で職務遂行能力別の等級は決定できましたので、その等級に対応した賃金＝基本給の額を決定します。

　職能等級に対応した基本給の種類としては、以下の2種類が考えられます。

①　1つの等級の賃金額を同額とする。
②　1つの等級の賃金額でも金額に差がある。

　①のタイプの基本給表のことを「単一給型」といいます。また、②のタイプの基本給表のことを「範囲給型（同一等級の賃金額に上限がなく青天井の場合も含む。）」といいます。

　現実に、各企業で導入されている職能給「範囲給型」が圧倒的に多くなっています。

　職能給が範囲給型となる理由としては、同一等級にいるときでも仕事に対する熟練により能力が伸びることと、職能給のシステム自身が能力の伸びを期待しているシステムだからです。

図表14－4　単一給型と範囲給型のイメージ図

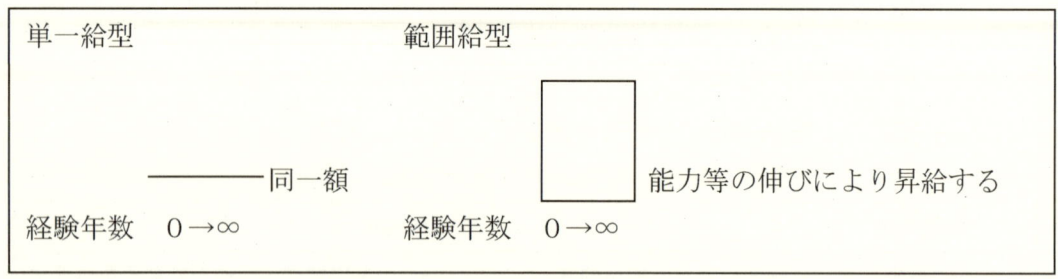

```
単一給型                    範囲給型

                             ┌──┐
                             │  │
                             │  │──能力等の伸びにより昇給する
          ────同一額      └──┘
経験年数　0→∞         経験年数　0→∞
```

　単一給型の基本給表では、等級により基本給の額に差があります。

　範囲給型の基本給表でも、等級により基本給の額に差があります。

図表14－5　「単一給型」と「範囲給型」基本給表のイメージ図

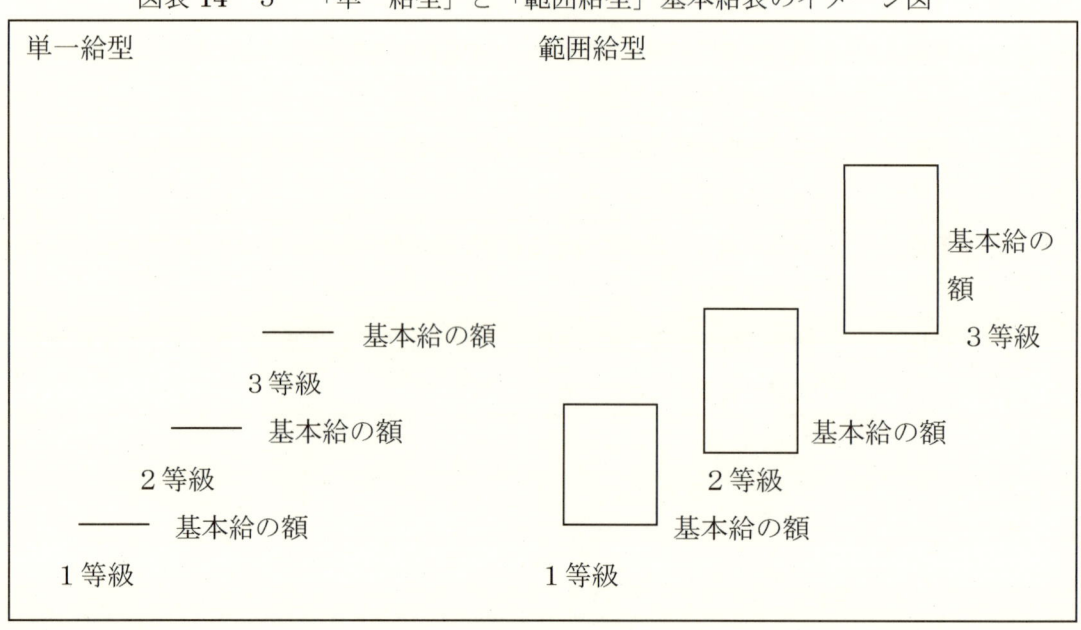

```
単一給型                          範囲給型

                                                    ┌──┐
                                                    │  │
                                                    │  │基本給の
                                                    │  │額
                                                    └──┘
                                                     3等級
         ────基本給の額
          3等級                        ┌──┐
         ────基本給の額             │  │基本給の額
          2等級                        │  │
                                       └──┘
         ────基本給の額              2等級
          1等級                        基本給の額
                                        1等級
```

「等級間の基本給の格差」

次に、範囲給表について等級間の基本給の格差について設計します。

範囲給の下位等級（例えば、1等級）の上限基本給額と上位等級（例えば、2等級）の下限基本給額との関係については、以下の3種類が考えられます。

① 開差型
② 接続型
③ 重複型

このうち、「開差型」とは、下位等級の上限額より上位等級の下限額が高いタイプで、「接続型」とは、下位等級の上限額と上位等級の下限額が同額のタイプで、「重複型」とは、下位等級の上限額より上位等級の下限額が低いタイプのことです。

図表14―6　等級間の基本給の格差の設計のイメージ図

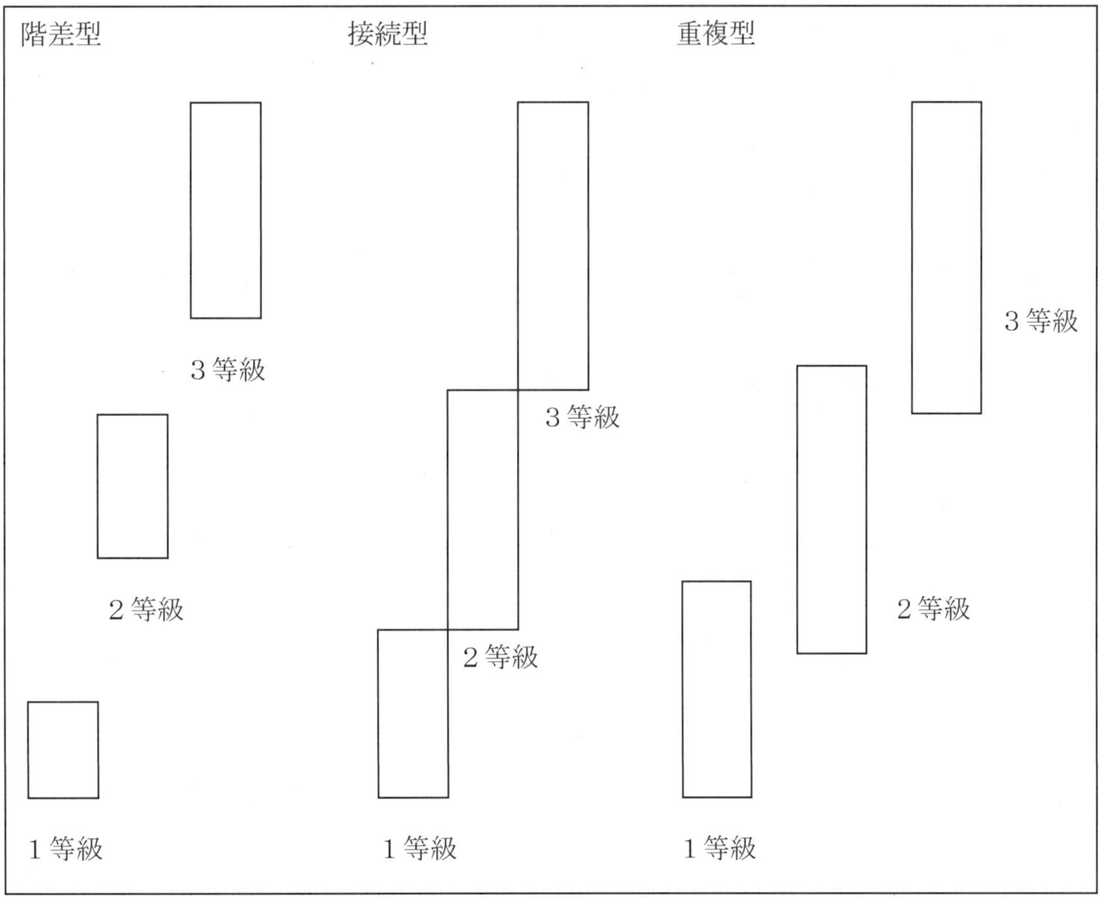

「同一等級内での昇給の仕方」

ここからは、範囲給型について同一等級内での昇給の仕方について検討します。

同一等級での昇給の仕方としては以下の2種類が考えられます。

① 定額昇給
② 定率昇給

日本の職能給を初めとする基本給表（賃金表）では、①の「定額昇給」が一般的でした。一方、アメリカに代表される職能給では②の「定率昇給」が一般的です。このうち「定率昇給」については、第15章で解説します。

ここからは、定額昇給の仕方について検討します。

職能給における定額昇給の方法には以下の2種類が考えられます。

① 全員、毎年一定額昇給する方式
② 能力の伸び等によって、昇給額に差がつく方式

このうち、①の方式による基本給の昇給のやり方を表にしたものを「号俸表」と呼び、②の方式による基本給の昇給のやり方を表にした一形式を「段階号俸表」と呼びます。

「号俸表の設計」

以下では、「号俸表」の具体例を示します。

図表14―7　号俸表（1等級）の例

1号俸	158,000円	昇給額	1年目
2号俸	168,500円	10,500円	2年目
3号俸	179,000円	10,500円	3年目
4号俸	189,500円	10,500円	4年目
5号俸	200,000円	10,500円	5年目

この「号俸表」では平成21年の賃金構造基本統計調査の高校卒（男女計）の初任給の額（157,800円）に相当する額を1等級1号俸としています。そして、入社して5年目の基本給額を平成21年の賃金構造基本統計調査の大学卒（男女計）の初任給の額（198,800円）に相当する額としています。

「段階号俸表の設計」

以上の号俸表を基に「段階号俸表」を作成します。

図表14―8　段階号俸表（1等級）の例

1号俸	158,000円	号俸表の1号俸	8号俸	172,700円	
2号俸	160,100円		9号俸	174,800円	
3号俸	162,200円		10号俸	176,900円	
4号俸	164,300円		11号俸	179,000円	号俸表の3号俸
5号俸	166,400円		12号俸	181,100円	
6号俸	168,500円	号俸表の2号俸	13号俸	183,200円	
7号俸	170,600円		14号俸	185,300円	

この「段階号俸表」では、図表14－7の「号俸表」の1号俸の昇給額を5分割しています（10,500円÷5=2,100円）。

段階号俸表では、従業員個々人の能力の伸び等により昇給額に差がつきますが、差のつけ方に関する考え方は、第20章の「評価」で解説します。

「昇給額の設計」

号俸表でも、段階号俸表でも、更に他の方式でも1号俸ごとの昇給額の設定については以下の2種類が考えられます。

① 1号俸の昇給額が同額であるタイプ
② 1号俸の昇給額が逓減する（徐々に少なくなる）タイプ

前頁の図表14-7と図表14-8は、①の「1号俸の昇給額が同額であるタイプ」です。
②の「1号俸の昇給額が逓減する（徐々に少なくなる）タイプ」の例を示すと以下のようになります。

図表14-9　昇給額が逓減する号俸表（1等級）の例

1号俸	158,000 円	昇給額	1年目
2号俸	170,000 円	12,000 円	2年目
3号俸	181,000 円	11,000 円	3年目
4号俸	191,000 円	10,000 円	4年目
5号俸	200,000 円	9,000 円	5年目

この図表は、図表14-7を昇給額が逓減するタイプにしたものとなっています。

昇給額を逓減させることの理由としては、能力の伸びは仕事に就いたときに最高となり、その後は、時の経過とともに能力の伸びは低下するとの経験則によることにあります。

なお、職能給の基本給表には、以上のほかにも

① 同一等級に在籍している間も永久に昇給するタイプ（青天井型）
② 昇給額が一定額であるが、数年経過後は昇給額が半減する（張り出し号俸と呼ばれています。）タイプ
③ 昇給額が一定額であるが、数年経過後の昇給額を減額するタイプ
④ 同一等級内に複数の基本給表があるタイプ
⑤ 同一等級内で昇給号数が逓減するタイプ

等々様々なタイプがあります。

7　人事考課（評価）

職能給においても、第15章で解説する「職務給」、第16章で解説する「役割給（職位給・職階給）」、第17章で解説する「コンピタンシー給」、第19章で解説する「賞与」においても、各等級への格付けや昇給の際に能力の伸びや仕事の成果等を評価する必要があります。

この「評価」は、「人事考課」とも呼ばれ仕事と人の管理では最も重要なことになります。

そのため、「評価」については基本給表の運用の問題も含めて、第20章（本書の終章）でまとめて解説することとします。

8　職能給と経営戦略との結びつき

　職能給は直接仕事に対してではなく、仕事に就く人をみて基本給を決めています。
　この点が、職能給の強みでもあり、弱みでもあります。
　このため、基本給を職能給のみで決定する
　① 職能給単一型
ではなく、他の基本給項目と並存させる
　② 職能給と他項目（例えば、役割給）との並存型
として、職能給を戦略的に活用することが考えられます。
　これからの企業の経営においては、通常の仕事のほかに、企業戦略的なプロジェクトチームやタスクフォースを戦略目標別（例えば、新規顧客開拓、新製品開発、技術革新等）に組織の壁を越えて人材を結集させる必要があります。
　このときに、通常の基本給として「職能給」を保障した上で、それぞれのチームやフォースでの役割に応じた「職務給」や「役割給」を支払い、目標達成時には成功報酬として「業績賞与」を支給することが考えられます。

図表14—10　職能給と企業戦略

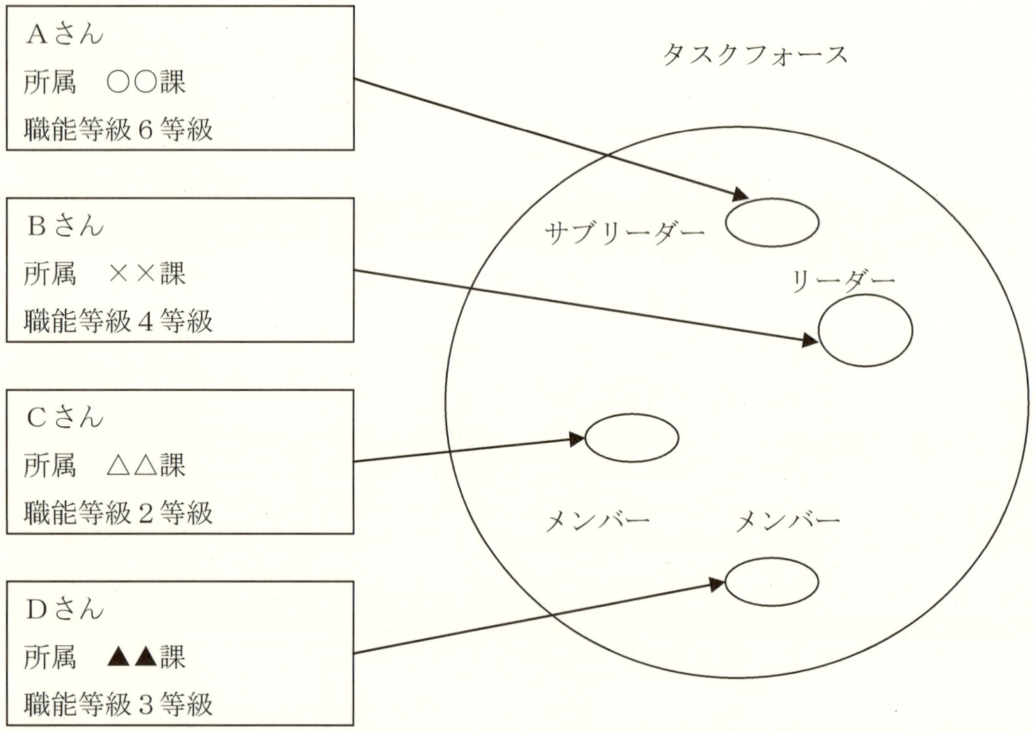

Aさん 所属　〇〇課 職能等級6等級	→ サブリーダー
Bさん 所属　××課 職能等級4等級	→ リーダー
Cさん 所属　△△課 職能等級2等級	→ メンバー
Dさん 所属　▲▲課 職能等級3等級	→ メンバー

（タスクフォース）

基本給　「職能給」＋「職務給」または「役割給」＋「業績賞与」

9　職能給導入のメリット・デメリット

職能給を導入することのメリットとしては以下のようなことが考えられます。
① 仕事と基本給額が一致しないので職掌、職種を超えた人事異動が容易である。
② 従業員個々人の能力開発を動機付けることができ（多能工化）、企業の長期的な発展に寄与する。
③ 保有能力が低下しない限り基本給は下がらないので、従業員に安心感を与え、長期勤続を促す効果がある。
④ 昇進と昇格を分離することによりポストが不足しても昇格が可能となり労働意欲の向上に効果がある。

逆に、職能給を導入することのデメリットとしては以下のようなことが考えられます。
① 仕事という労働の価値と基本給の額が必ずしも一致しない。
② ポストがなくとも、昇格できることから人件費のコストアップに繋がるおそれがある。
③ 企業を巡る状況の変化や技術革新のスピードアップに対応するため、職能資格制度を随時見直す必要がある。
④ 既存の能力の陳腐化に対応できない。

そして、最大のデメリットは
⑤ 職務遂行能力の定義が抽象的であることなどにより、その運用が年功的になる。

ミニ知識9　「タスクフォース」

　元々はアメリカの軍事用語で特殊任務を帯びた「機動部隊」のことを意味しましたが、経営学の世界では、タスクフォース（Task Force）とは、プロジェクトチームより小さな単位の集団で、ある一定の目的を短期間で達成するための組織のことを意味します。

第15章　基本給の決め方「職務給」

1　職務給の歴史

　この章では、正社員の基本給を「職務給」とすることを検討します。
　「職務給」とは、第11章で触れたとおり、「名前の如何にかかわらず、職務毎にその重要度、困難度、責任度などによる職務の価値を評価し、その価値に応じ決定される」もので、職務給の要素に職務遂行能力や成績、業績、成果を加味して決定される「職務・職能給」「職務・業績給」を含むものとされています。
　職務給においては、「職務の価値」がキーワードとなります。
　「職務給」は、各企業で本給、資格給、能力給など様々な名称で呼ばれており、基本給の名称のみで「職務給」であるか否かを判断することは困難な場合があります。
　日本における職務給の導入の契機としては以下の3つの時期が考えられます。
　① 　終戦直後の時期で、アメリカ軍を中心とする連合軍総司令部（GHQ）が、合理的な賃金制度として職務給の導入を日本の政府に要求した時期でした。しかし、当時の著しく低い賃金水準の下では、職務給の導入はそもそも不可能でした。
　② 　次は、経営者で組織する日本経営者団体連盟（日経連）が、賃金管理について「学歴や年齢、勤続年数などにとらわれず、適材適所主義に基づいて活用・処遇していくという、能力別職務主義を基準とする個別管理」を主張した昭和44年前後の時期でしたが、この主張に能力別職務主義とあるとおり、実際に大企業を中止に導入された基本給制度は職務給ではなく、職能給でした。
　③ 　次は、グローバリゼーションいう言葉に象徴しているように、旧ソ連の崩壊等により経済活動の国際化が進展し、日本の企業においても国際的に活動する企業が増加し、外資系企業の国内市場への参入が増加した結果、欧米諸国、特に、アメリカの企業で導入されている職務給を無視できなくなった、ここ20年ほどの期間で、年俸制の導入で象徴されます。
　なお、諸外国での導入状況については、アメリカにおいて1900〜1930年代にかけて職務評価の手法が開発されたことにより、アメリカでは1930年代に企業で採用されるようになり、戦時の国家統制の下で発展し、戦後のアメリカでの賃金決定の基本とされるに至りました。
　この職務給は、先進ヨーロッパ諸国でも賃金決定の基本となっていますが、イギリスがアメリカと同様に職務給が主流となっていますが、フランスやドイツの賃金は必ずしも職務のみで決定されているわけではありません。

2 企業における導入状況

　厚生労働省（旧労働省）の調査では、昭和25年から昭和37年までは「職務給（名前の如何にかかわらず、職務毎にその重要度、困難度、責任度などによる職務の価値を評価し、その価値に応じ決定される。職務給の要素に職務遂行能力や成績、業績、成果を加味して決定される「職務・職能給」「職務・業績給」を含む）」の導入率が調査されており、各企業における導入率が最も高かったのは昭和28年の9.4％、その後は徐々に減少し、33年に最も低くなり1.6％になった後、2％台を維持し、43年に4.3％、44年に4.9％になりました。
　その後、同種の調査は実施されていませんが、「職務給」は規模の大きな企業の一部で採用されており、平成11年8月に（財）雇用情報センターが実施した調査では、企業規模300人以上の企業の31.1％で導入されていますが、この導入率は「職能給」の71.6％、「年齢給」の66.9％、「職位・職階給」の58.8％、「勤続給」の36.0％より低いものとなっています。
　また、導入率の調査ではありませんが、厚生労働省の平成21年就労条件総合調査によると、「職務・職種など仕事の内容」を基本給の決定要素にしている企業（30人以上）の割合は管理職以外では71.8％、管理職では77.1％となっており、他の調査項目よりその割合は大きくなっていますが、「職種給（名前の如何にかかわらず、職種、職業を基準として決定される）」を含んでいますので、純粋な意味での職務給の数字ではありません。

3　職務給を設計する―職務分析―

「職務分析（Job Analysis）の目的」
　職務を基に基本給を決定する職務給では、第一に職務そのものを把握する必要があり、この職務そのものを把握するための手法として「職務分析」があります。
　「職務分析」とは、観察と研究とによって特定の職務の性質に関する適切な情報を決定し、報告書にまとめる手法です。
　職務分析は以下の3つの視点から行われます。
　① 職務全般の把握
　② 職務を構成している課業（Task）（職能給における「単位業務、課業」）
　③ 職務を遂行するために従業員に要求される要件（熟練、知識、能力、責任など）の明確化
　職務分析は、職務全般の目的と課業ごとの目的、内容、方法を明らかとし、「職務の困難度」を決定するために行われます。

「職務分析の方法」

　職務分析の方法としては、観察（Observation）法、質問（Questionnaires）法、面接（Interviews）法、作業チームによる分析（Work Team Analysis）法などがあります。

　このうち、「観察法」とは、分析者が被分析者のそばで観察し、記録する方法で、製造現場での作業などに適しているとされています。

　「質問法」とは、分析者が質問表を作成し、被分析者に回答してもらう方法で、あらゆる職務に利用できるとされています。

　「面接法」とは、分析者が被分析者と面接し、記録する方法で、管理・監督的業務や事務的な業務に利用できるとされています。

　なお、これらの方法は、単独で用いられることもありますが、多くは組み合わせて用いられます。

「職務分析表（Job Analysis Schedule)」

　職務分析では、予め調査結果を整理するための「職務分析表」を用意することが多くなっています。

　ここでは、かなり古いものですが、昭和33年に翻訳された『職務分析　労務管理者のてびき』（アメリカ労働省編、富士本喜八・田中慎一郎共訳）から、アメリカ労働省が作成した職務分析表を紹介すると次頁のとおりとなっています。

　次頁の図表15－1は職務分析表の1頁目です。

　図表15－1の1～10の項目は、職務に関する確認事項となっています。

　次に、11は「遂行されるべき業務（Work Performed）」欄となっており、職務の全貌がよく理解できるように記載します。なお、11の文中の％は遂行すべき職務を100％としたときの個々の課業に要する時間を％で表示しており、その（％）右側の数字は課業に必要とされる熟練度を示しており、1はその職務における最低の熟練度を示しており、3は最高の熟練度を現しています。

　次に、次頁以下の図表15－2は図表15－1の続紙で、「作業者の源泉」(Sources Workers)、「業務遂行上の要件」(Performance Requirements)、「注釈」(Comments)で構成されています。

　このうち、「作業者の源泉」では、その職務に就く作業者に必要とされる経験と訓練が記載されています。

図表15－1　職務分析表（1頁）

1.	職務名	時間記録係	2. 番号	
3.	作業者数	男3　女0	4. 工場番号	O-700-21
5.	日付	1943年8月15日	6. 職務の別名	現場書記、賃率記録係
7.	職業名とコード	1.26	8. 産業	飛行機製造業
9.	部門	2次組立部	10. 課名	機械職場

11. 遂行されるべき業務

機械職場内の諸職務に対する奨励金制度の賃率算定用のタイム・シートに記録をつける。

(1)タイム・シートに作業者の作業開始時間、職務番号または部品番号、職務賃率、従業員の賃金台帳の番号などを記録する：その職務を割当てられた作業者から職務指示書を受取る。指示書を読んで上記事項を決定し、白紙のタイム・シートにタイプで打込む。職務指示書を作業者に返却し、部品番号またはピース番号に従って整理し整理箱の中に綴り込む。(40%-3)

(2)職務完了の時間をタイムシートに記録する：作業が終了したときに、作業者から職務指示書を受取り、タイム・シートに終了時間、全所要時間、完成部品の数を記録する。タイム・シートに頭文字を署名し、これを既決箱に入れて賃金台帳部に送るようにする。職務指示書を作業者に返却し、それを完成部品につけさせる。(35%-2)

(3)職長（機械職場）を助けるため雑多な書記的な仕事をする。職場事務所の電話を受け、職場内の他部門に伝言を伝える。ファイルされたタイム・シートに目を通して、進行中の職務を探し、その職務とそれを割当てられた作業者の所在を確かめる。また、既決箱のなかから完了職務を調べる。(25%-1)

図表15－2　作業者の源泉、業務遂行上の要件、注釈のうちの「作業者の源泉」

〔作業者の源泉〕

12. 経験：不要　　受入可能職種／限定なし
13. 訓練資料：最低訓練期間

    a. 未経験作業者　1週間以内で最低訓練レベルに到達

    b. 普通程度の熟達と評価

訓練	訓練によって得られる職務熟練
企業内訓練　不要	なし
職業的訓練　不要	なし
技術的訓練　不要	なし
英語を話し、読み、書ける、一般教養が必要タイプを打てることが望ましい	タイプの能力が要求されるが、商業コースまで完了している必要はない

14. 養成制度：正規／なし　　非正規／なし　　所用期間／なし
15. 他職務との関係

    a. 昇進経路、配置転換、その他　　昇進前職務　最適職種なし、昇進職務　機械職場の知識を有することが判明すれば、工具係に昇進可能

    b. 受ける監督：一般的　該当する　厳重　該当しない

    c. 与える監督：なし　監督人数　なし　職務名　なし

以下の項目は補充要旨に記入すること

「業務遂行上の要件」では、職務の困難程度を述べることによって、その職務の全貌を明らかにする方法を示すことを目的としており、以下の4つの要件で示されます。

①責任（Responsibility）
②職務知識（Job Knowledge）
③精神的な動き（Mental Application）
④器用さと正確さ（Dexterity and Accuracy）

分析係は、「業務遂行上の要件」という観点から、「遂行されるべき業務」欄の1つ1つの課業を注意深く調べ、その課業に含まれる要件と要因に留意する必要があります。

図表15-2　作業者の源泉、業務遂行上の要件、注釈（続き、補充用紙）

〔業務遂行上の要件〕

16. 責任（材料または製品、他人の安全、設備または工程、他人との協力、他人の指導、公衆との接触などを考慮する）

　　一定の仕方で簡単な記録を記入すること、および賃金台帳用のタイム・シートに時間を正確に転写することに対して責任がある。

17. 職務知識（設備、材料、作業手順、技術および工程に関する雇用前および従業中に得た知識を考慮する）

　　タイプライターの使用法を知っていなければならないが、高速は要求されない。簡単な数字（加算および減算）の知識が必要である。機械職場の専門語に精通していなければならない。

18. 精神的な働き（積極性、順応性、独立の判断および精神的機敏さを考える）

　　正確な記入を十分保証できるほど機敏でなければならない。

19. 器用さと正確さ（速度と精密度、器用さ、正確さ、協力、老練さ、注意、操縦操作の手際よさ、使用される材料、工具、器具、測定具の取扱いを考える）

　　タイム・シートに記録を正確に転写することだけが要求される。簡単な整理箱のなかの綴り込みを整理、整頓する能力が必要である。タイプライテングは正確でなければならないが、速度は問題でなく、消し直しがあっても差し支えない。

〔注釈〕

20. 設備、材料、消耗品　　設備／なし　　材料／なし　　消耗品／タイム・シート：奨励給制度による給与計算のために使用する小さい用紙で作業者の氏名、職務で消費した時間、生産された部品の数、部品番号を記入する。

21　用語の定義.

　　奨励給制度：一定の生産基準を超過した分に対して、作業者が加給を受ける賃率制度である。この工場のこの制度の奨励給計算法は、各ピースに対して標準時間を設定し、節約に基づく超過労働に対して賃金を支払うものである。（以下、省略）

22.　一般的注釈

　　遂行されるべき業務：用語の混同をされるために、この職務分析表の職務という言葉は、所定時間になされる製品または部品という意味に解してもらいたい。すなわち、単一の割り当てという意味であり、1つの課業とか一群の課業を指しているわけではない。

以下の図表15－3は、図表15－1、図表15－2の職務分析表の続紙で、作業者に必要とされる「身体的要件」(Physical Demands)を記述します。身体的要件もまた「業務遂行上の要件」の4つの要素に関連して職務の姿を描き出すのに重要である場合があります。

　図表15－3の1～30の項目は、身体的な動きの有無をチェックするもので、28～30の項目は他の動作があれば記入します。また、該当する項目の右に○を付けます。51～77の項目は、最も普通に出会うような条件と78～80の項目は出会うかも知れない他の条件を記入します。

図表15－3　身体的要件表（職務分析表の続き）

身体的活動		作業条件	
1 歩く　○	16 投げる	51 室内　○	66 機械的危険
2 跳ぶ	17 押す　○	52 屋外	67 動く対象物
3 走る	18 引っ張る　○	53 暑い	68 退屈な持場
4 平均をとる	19 手で持つ　○	54 寒い	69 高所
5 よじ登る	20 指でつまむ○	55 突然の温度の変化	70 火傷
6 はう	21 感じる	56 湿っぽい	71 電気的危険
7 立つ　○	22 話す　○	57 乾いた	72 爆発的
8 回す　○	23 聞く　○	58 濡れた	73 放射エネルギー
9 かがむ　○	24 見る　○	59 埃っぽい	74 有毒条件
10 ける	25 色を見る	60 汚らしい	75 他人との共同作業　○
11 ひざまずく	26 深さの知覚	61 臭い	76 他人にとりかこまれての作業
12 すわる　○	27 作業の早さ	62 そうぞうしい　○	77 単独作業
13 さし伸ばす○	28 なし	63 適度の照明　○	78 なし
14 持ち上げる	29 なし	64 適当な換気　○	79 なし
15 運ぶ	30 なし	65 振動	80 なし

〔身体的活動の詳細〕
　毎日約6時間半机に向かって座っている。職務指図書を受取ったり返却したりするため、1日に数百回腕を差し出す。書類に綴り込むために、1日に5回机から5フィート歩く。片手に書類を持ち、別の手で書類を整理箱に差し込むとき、立ち、体の向きを変え、肩の高さまで手を伸ばし、ひざの高さにかがむ。どちらかの片手で机の引出しを開閉する際、10～15ポンドの圧力がかかる。電話の受付け、伝言のため各現場に歩いて行く。タイプを打つとき、1フィートの距離で原稿を見る。

〔作業条件の詳細〕
　照明、換気ともに良好な室内で、他の人と絶えず接触しながら仕事をする。近くの機械のため騒がしい。

〔危険の詳細〕
　なし。

図表15-4は、図表15-1から図表15-3の職務分析表の続紙で、「作業に必要な特質」(Characteristics Required Worker)を記述するもので、作業者特質表として、分析係によって評定されます。

この作業者特質表には、分析係によって評定される項目が47項目あります。

図表15-4　作業者特質表（職務分析表の続き）

職務を申し分なく遂行するために、作業者に要求される各特質の必要程度を、該当欄に〇印を付けて示す。

各必要程度の定義は次のとおりである。

0：その特質はその職務を申し分なく遂行するために必要とされない。

C：職務のある単位作業またはいくつかの単位作業において、その特質は中位ないしごくわずか必要とされる。

B：その職務の多数の単位作業または主要な単位作業ないし最も熟練を要する単位作業で、その特質は平均程度以上に必要とされる。

A：職務のある単位作業において、その特質が最高度に必要とされる。

AとBとの間に疑問がある場合には、Bと評定する。BとCとの間に疑問がある場合には、Bと評定する。Cと0との間に疑問がある場合には、Cと評定する。このリストにない特質が必要である場合には、本表の末尾に記入し、評定し、簡潔に定義を記すること。

程　度				必　要　特　質
0	C	B	A	
	〇			1．長期にわたり早く仕事をする
	〇			2．手の強さ
	〇			3．腕の強さ
〇				4．背中の強さ
〇				5．脚の強さ
	〇			6．指の強さ
	〇			7．手と腕の器用さ
〇				8．足と脚の器用さ
	〇			9．目と手の共同動作
〇				10．足と手の目の共同動作
	〇			11．両手の共同動作
〇				12．対象物の大きさの目測
〇				13．対象物の数量の目測
〇				14．対象物の形態の知覚
〇				15．動く対象物の早さの目測

図表 15-4　作業者特質表（続き）

程度				必　要　特　質
O	C	B	A	
	○			16. 視覚の鋭敏さ
	○			17. 聴覚の鋭敏さ
○				18. 臭覚
○				19. 味覚
	○			20. 触覚の弁別
○				21. 筋肉感覚の弁別
		○		22. 細部の記憶（物）
	○			23. 細部の記憶（抽象）
	○			24. 口頭命令の記憶
	○			25. 文書命令の記憶
	○			26. 算術計算
	○			27. 知能
	○			28. 順応力
	○			29. 決断の能力
	○			30. 計画の能力
○				31. 積極性
	○			32. 機械的諸道具に対する理解
		○		33. 多くの事項に対する注意
	○			34. 口頭表現
	○			35. 文書表現の熟練
	○			36. 公衆取扱いの気転
	○			37. 名前と人の記憶
	○			38. 容姿
	○			39. 気の散る状況のなかで注意集中
	○			40. 情意の安定性
○				41. 危険な状況下での仕事
○				42. 対象物の性質の評定
○				43. 身体的に不愉快条件下での仕事
○				44. 色彩弁別
○				45. 公衆に面接し、これを取扱う能力
○				46. 身長

図表15-4　作業者特質表（続き）

程　度				必　要　特　質
O	C	B	A	
○				47. 体重
				48. なし
				49. なし
				50. なし

「職務記述書（Job Description）」

　「職務記述書」は、職務分析の結果、把握された職務の内容を整理してまとめたものです。

　職務記述書は、通常、1つの職務ごとに作成されますが、連合職務記述書として作成される（例えば、旋盤工のように技能によって職務レベルが異なる場合）こともあります。

　職務記述書には、主に「職務の概要」、「職務の内容」、「職務遂行のための要件」が記入されます。

　職務記述書の事例として、「The Compensation Handbook」第4版（Lance A. Berger, Dorothy R. Berger 共著　1999）の68頁から、ABC社の「職務記述書」の例を邦訳し、要約して示すと以下のとおりとなっています。

　なお、図表からは、「身体的な条件の調査」と「必要不可欠な要素」は省略をしています。

　また、職務の記述を特定の管理目的に使用するため、主として職務遂行に必要な条件をまとめたものを「職務明細書（Job Specification）」といいます。

図表15-5　ABC社の職務記述書

課：		職名：外勤応用技術者、上級応用技術者
職務コード：5831-5834		レベル：1, 2, 3, 4
日付：	改定：1997年3月11日	除かれる地位：イグゼンプト／監督を受けない者

本来の責務
　会社の営業担当者と顧客に対して技術的な援助を行うこと。設計、応用、利用に関する情報の提供、提案、解釈をすること。特別な顧客に対して有益な仕様、特注の製品を開発すること及び一般の市場でのビジネスの可能性を探ること。
報告に関すること
　なし
（次頁に続く）

必須の役割
　顧客からの技術的な質問に回答すること。テスト用応用回路、説明用のボードまたはソフトウエアーを設計、構築すること。顧客に必要とされるセミナーと販売力養成用教材を開発すること。製品の利用状況報告書を作成すること。新製品と競争会社の製品を評価すること。

共同作業
　なし

職務レベル
上級レベル：同一の要素と評価できるデータの分析結果から、様々な視点の問題解決を図る。定型的な業務全般の実施方法を選択し、解決策を入手するための技術の判断ができる。オンラインとデータ転換についての詳細で応用的、構成要素のテスティングの完全な知識を実現できる。

教育／経験の要素
　電気または機械工学の理学士と最低でも５年間のエンジニアとしての経験が必要である。電流の増幅、増幅器、Ａ／Ｄ変換機の取扱いを実証できる。口頭と文書での優れた表現技術がある。商業用テスト設備の取扱いを実証できる。

環境
　全ての業務は快適な照明のある場所で行われる。カジュアルな服装でよい。騒音、温度は普通のレベルである。姿勢は時々ストレスを感じるものである。

身体的な要件
　この職位では、１日に４時間以上反復的ではない両手の動きが必要である。１日を通じ、頻繁な作業の中断がある。時々0～10ポンドのものを持ち上げることが必要である。作業中は絶えず座っていることが必要で、断続的に立ち、歩く。優れた鋭敏な視覚が必要である。

監督者の署名	日付：
在職者の署名	日付：

4　職務給を設計する―職務評価―

「職務評価（Job Evaluation）の目的」

職務評価とは、1つの企業または組織のなかにある個々の職務の序列を決定することです。

職務には、職務評価をするか否かにかかわらず、その価値は客観的に存在するので、職務評価は職務の価値を割り出す作業ではなく、職務の相対的な秩序を決定する作業であると考えられています。

「職務評価の方法」

職務評価の主要な方法としては以下の4種類があります。
① 分類法（Classification method）
② 序列法（Ranking method）
③ 点数法（Point method）
④ 要素比較法（Factor comparison method）

「分類法」

この方法は、アメリカの公務、サービス業、標準化の容易な各種の職務を有する製造業で用いられています。

この分類法の特徴は、実際の全職務の特徴を検討する前に職務の等級とその等級の定義を定めることで、最初に等級とその定義が先行する点が次に触れる「序列法」と異なります。

分類法による職務評価の手順は以下のようになります。

① 職務評価の対象となる職位の範囲を各職種（例えば、事務職、営業職、技能職、技術職など）ごとに明確にし、それぞれについて等級の上限と下限を明確にします。
② 等級とその定義を決定するために、職務評価の対象となる職位の範囲の中から以下の条件を満たす基準職務を選定します。
　a. その職種を代表し、職務の定義の差を表現できること。
　b. 対象労働者が比較的多く、職務内容が安定し、企業内で広く理解されている職務であること。
③ 職種ごとに基準職務の序列を等級として決定すると共に、各職種間の均衡を図る。なお、基準職務の数は、全職務の10％程度が必要とされています。
④ 等級ごとの職務に共通の評価要素を抽出し、その特徴点を明確にし、特徴点を総合して、その定義を明確にします。
⑤ 以上の作業が終了した後、他の職務についての職務記述書を作成し、それらの職務と等級の定義を比較して各職務の等級を決定します。
　なお、この方法では職務を各要素に分割せずに職務全体を考察します。

「序列法」

　この方法は、職務全体を考察し、各職務の職務価値によって職務と職務とを相対的に比較して職務秩序を決定するもので、この職務秩序の決定には簡単な職務記述書が用いれらます。

　序列法による評価の手法としては以下の3種類があります。
① 全ての職務の中から2つの職務ごとに評価する方法。
② 最も職務価値の低い職務を最初に決定し、高いものへと積み上げる方法。
③ 職務価値の最も高いものと最も低いものを決定し、中間を埋めていく方法。

　なお、これらの方法は職務を各要素に分割せずに職務全体を考察するという意味において、前出の「分類法」と同じとなっていますが、直接、職務と職務を比較する点で「分類法」とは異なっています。

「点数法」

　この方法は、アメリカで最も広く用いられています。

　この点数法の特徴は、次に触れる「要素比較法」と同様に職務を評価要素に分けて比較分析しようとすることですが、「要素比較法」では各要素に直接基本給を割り付けるのに対し、この「点数法」では、各要素をまず一連の「等級（degrees）」に区分して、職務については職務相互の関係よりも、職務が要素ごとの等級の定義に照らし分析され、各要素の等級の合計点数と基本給が結び付けられます。

　分類法による具体的な職務評価の手順は以下のとおりです。

〔ステップ1〕
① 職務の評価に使用される諸要素（知識、熟練、肉体的負荷、精神的負荷など）を選出し、これらに明確な定義を与えます。
② 評価要素ごとに評価レベルの差を表す等級を設けます。
③ 各評価要素の各等級に明確な定義を与えます。
④ 各評価要素の各等級に点数を振り当てます。

〔ステップ2〕
① 各職務について職務記述章を作成します。
② 職務ごとに各評価要素の等級を決定します。
　　なお、この場合には以下の2通りの方法があります。
　a．各評価要素の等級の数は同じとし、全ての等級の点数も同じ値とする方法。
　b．各評価要素の重要度に差を付け、要素の重要度を加味した値とする方法。
　　また、等級間の点数に差をつける方法には、以下の2通りの方式があります。
　a．等差方式（等級間の点数の差が同じもの）
　b．等比方式（等級間の点数の差が同じ比率であるもの）

以下の図表は、各評価要素の重要度に差を付けたタイプで等差方式と等比方式を比較したものとなっています。

図表15－6　重要度を加味した等差方式と等比方式の点数法の例

評価要素	等差方式					等比方式				
	1等級	2等級	3等級	4等級	5等級	1等級	2等級	3等級	4等級	5等級
知識	20	40	60	80	100	20	40	80	160	320
熟練	10	20	30	40	50	10	20	40	80	160
肉体的負荷	5	10	15	20	25	5	10	20	40	80
精神的負荷	8	16	24	32	40	8	16	32	64	128

〔ステップ3〕
① 職務ごとの各評価要素の点数を一定のルールに従って合計します。
② 合計した点数と職務等級を結び付けます。
③ 職務等級と基本給を結び付けます。

職務評価で得られた点数をそのまま基本給に反映させる方法もありますが、通常は評価結果を幾つかの等級に束ねます。

以下の図表は、点数法で得られた点数(6～25点)を4つの等級とした例となっています。

図表15－7　職務評価の点数（ポイント）と職務等級

職務評価の点数（ポイント）	職務等級
6～10点	1等級
11～15点	2等級
16～20点	3等級
21～25点	4等級

「要素比較法」

この方法は、広範には利用されていません。

この要素比較法による職務評価の手順は以下のとおりです。
① 基準職務を選びます。
② 職務評価の要素を決定します。
③ 基準職務を評価要素ごとに順位付けします。
④ 基準職務に現に支給されている基本給の額を各評価要素に振り分けます。
⑤ ③の順位と④の順位を比較します。
⑥ ⑤の結果が一致していれば、全ての職務と基準職務の順位、賃率と比較して各職務の基本給を決めます。

以上の職務評価の方法に対するメリット、デメリット等は7で触れることとしますが、従来、職務評価の方法は肉体的労働については可能であるが、精神的労働には導入できないとの批判がありましたが、次に紹介する「ヘイ　コンサルティング　グループ」の手法は精神的な労働にも応用できるものとしてアメリカを中心に高く評価されています。

5　ヘイ　コンサルティング　グループの手法

「ヘイ　コンサルティング　グループの手法の概観」

　「ヘイ　コンサルティング　グループ」の手法については、アメリカの賃金のテキストには必ず紹介されています。一方、日本においてこの手法を紹介している書としてヘイ　コンサルティング　グループ編「評価と新賃金制度策定マニュアル」（日本能率マネジメントセンター　1994）があります。

　以下では、これらの書物から得られる情報を基に、ヘイ　コンサルティング　グループの手法のあらましを紹介します。

　ヘイ　コンサルティング　グループの職務評価の手法は、要素比較法から派生したとされています。

　この手法は1950年代の初めに、Edward N. Hay と Dale Purves により開発されました。

　そして、この手法は「職務評価のガイド　チャートプロファイル法（Guide Chart-Profile Method of Job Evaluation）」と呼ばれています。

　ヘイは要素比較法を開発したベング（Eugene J. Benge）の友人であり、同僚でもありました。

　ヘイの手法の革新的な点は以下の2点と言われています。

① 測定手法の作成からの基礎から賃率を排除したこと。
② プロファイルを採用（要素比較法がそれぞれの評価要素に対して賃率を割当てていたところを職務のパーセンテージに置き換えた）こと。

　現在、ヘイの開発した手法は世界的に用いられています。

「職務分析」

　ヘイにおける「職務分析」は、本章の3の職務分析と大きく異なる訳ではありません。

　ヘイによる職務分析は、企業その他の組織の成員が担当する仕事の内容について、その本質が浮き彫りになるような形で、一定のフォーマットやプロセスに従って明らかにするというものです。

　この手法では、仕事の本質は職務を担っている者に求められる成果であると考えており、組織が、その職務を担当している者に対して担当業務活動を通じて生み出すことを期待している成果であると考えています。

　従って、職務分析の中心は、この成果を明確化することになります。

　従来の職務分析では、何をどうやっているのかという業務活動に焦点を当て、何（what）は所与のものと考えられていましたが、この手法では何のために（Hay）その職務を行っているのかを考えることにより、より企業の創造価値と直結した形で職務を捉え直すことを特徴としています。

　そして、この考え方を「成果＋業務活動（Accountability）」と呼んでいます。

　以上のとおり、職務分析の中心はアカンタビリティーですが、職務分析の用途に応じて

種々のフォーマットが用意されています。

以下の図表は前出の「評価と新賃金制度策定マニュアル」に掲載されている職務記述書の書式です。

図表15－8　職務記述書の書式

| 職務記述書

標題

職務の目的

量的データ

-1- | 主要なアカンタビリティー
1
2
3
4
5
6
7
8
9
-2- | 職務の性質と範囲

-3- | 組織上の位置

-4- |

資料出所　「評価と新賃金制度策定マニュアル」

「職務評価」

この手法では、職務分析の結果である「職務記述書（図表15－8）」に基づいて職務評価を行います。

この時の評価基準として3つの要素が用いられ、さらにこの3つの要素は8の次元で分析され、3枚の「ガイドチャート」にまとめられます。

上記の3つの要素とは、仕事に必要とされるインプット、プロセス、アウトプットで、これらの要素の評価については以下の考え方によっています。

① インプットには仕事を遂行する上で必要とされる「ノウハウ」
② プロセスにはそのノウハウを用いて仕事上遭遇する問題を解決する力である「問題解決力（Problem Solving）」
③ アウトプットに仕事の成果である「アカンタビリティー」

を用います。

さらに、「ノウハウ」の評価については、以下の3つの次元が使用されます。

① 実務的・専門的ノウハウ
② マネジメント・ノウハウ
③ 対人関係スキル

このノウハウのガイドチャートである「ノウハウチャート」のフォーマットは次頁のようなものになっています。

図表15—9　「ノウハウ」チャートのフォーマット

		マネジメント・ノウハウ			
		\multicolumn{4}{l}{小さなものから広範で高度なものに順位付けされる}
	対人関係スキル→	1	2	3	
実務的・専門的ノウハウ	定型的なものから専門的・熟練を要するものへと順位付けされる				

　このフォーマットには点数を入れていませんが、「ノウハウ」チャートには点数が入っており、最小の点数から15％の等比方式で点数が増加します。

　次に、「問題解決力」の評価については、以下の2つの次元が使用されます。

①　思考環境
②　思考の挑戦度

　この問題解決力のガイドチャートである「問題解決チャート」のフォーマットは以下のようなものになっています。

図表15—10　「問題解決」チャートのフォーマット

		思考の挑戦度	
		\multicolumn{2}{l}{簡単なものから高度なものへ順位付けされる}
思考環境	詳細なルールのあるものから抽象的なものへと順位付けされる	10%　　12%	

　問題解決チャートのレベルは2段階となっており、各レベルはパーセントで表示され、最小の10％から15％の等比方式で率が増加します。

　そして、最終的な「問題解決力」の点数は

　「ノウハウ」チャートの点数×「問題解決」チャートのパーセント＝問題解決力の点数

となります。

次に、「アカンタビリティー」の評価については、以下の3つの次元が使用されます。
① 行動の自由度
② インパクトの態様
③ マグニチュード（インパクトの大きさ）

このアカンタビリティーのガイドチャートである「アカンタビリティーチャート」のフォーマットは以下のようなものになっています。

図表15―11 「アカンタビリティー」チャートのフォーマット

	マグニチュード→					インパクトの小さなものから大きなものへと順位付けされる
	インパクト→	R	C	S	P	
行動の自由度		5	7	9	12	
		6	8	10	14	
		7	9	12	16	
	単純な作業から大きな方針へと順位付けされる					

アカンタビリティーチャートのうち、行動の自由度のレベルは3段階となっており、各レベルはパーセントで表示され、最小の点数から15%の等比方式で点数が増加します。

インパクトのレベルは4段階で、Aは「関係の薄い（Remote）」、Cは「寄与的な（Contributory）」、Sは「一部を担っている（Shared）」、Fは「重要な（Primary）」となっており、最小の点数から15%の二乗で点数が増加します。

「ヘイポイント」

以上で求められた「ノウハウ」の点数、「問題解決力」の点数、「アカンタビリティー」の点数を合計したものが、ヘイポイント（職務評価ポイント）となります。

ヘイポイント（職務評価ポイント）＝「ノウハウ」の点数＋「問題解決力」の点数
　　　　　　　　　　　　　　　　　＋「アカンタビリティー」の点数

「職務等級」

以上により求められたヘイポイント（職務評価ポイント）は、そのまま職務等級となるわけではなく幾つかに分けられて職務等級が決定されます。

　ヘイポイント（職務評価ポイント）　　　　　職務等級
　〇〇ポイント〜〇〇ポイント　　　　　　　　〇〇等級
　××ポイント〜××ポイント　　　　　　　　××等級

6　職務給表を設計する

　職務分析、職務評価を経て、職務等級が決定するといよいよ職務給表の設計になります。
　ここからはアメリカのD社の職務給表を基に検討を加えることとしますが、その前にアメリカの賃金制度の特徴を見ておきます。
　アメリカでは、日本と異なり、手当というものは原則ありません。賃金は「基本給」のみです。
　そして、従業員は、イグゼンプト（exempt）とノン、イグゼンプト（non-exempt）に明確に区分されて管理されることが原則となっています。
　イグゼンプトとは、アメリカの公正労働基準法の労働時間と最低賃金の規定の適用が除外される者のことで、ミドルマネージャー、エンジニア、マーケティングスタッフ、専門職、コミッションの営業職などのプロフェッショナル社員で構成され、幹部候補社員は入社時からイグゼンプトとして処遇されます。
　一方、ノンイグゼンプトは、アメリカの公正労働基準法の労働時間と最低賃金の規定の適用を受ける者のことで、生産現場の労働者や秘書などの補助的業務に従事する者のことです。
　イグゼンプトもノンイグゼンプトも基本給は職務等級に応じ支給されますが、その計算の単位は、イグゼンプトは年俸、ノンイグゼンプトは時間給となっています（一部例外はあります。）。つまり、別の基本給表で賃金は管理されています。
　なお、支払いはイグゼンプトもノンイグゼンプトも1週間に1回か2週間に1回となっています。
　D社におけるイグゼンプトの基本給の決め方を図表15―12で解説します。

図表15―12　D社におけるイグゼンプトの俸給の範囲（exempt salary ranges）

Salary Grade	Minimum	Midpoint	Maximum
1	$45,000	$56,250	$67,500
2	$49,504	$61,880	$74,256
3	$54,452	$68,065	$81,678
4	$59,896	$74,870	$89,844
5	$65,856	$82,320	$98,784
6	$72,792	$90,990	$109,188
7	$80,464	$100,580	$120,696
8	$88,888	$111,110	$133,332
9	$98,708	$123,385	$148,062
10	$109,608	$137,010	$164,412

　アメリカでは、職務別に賃率が市場横断的に決められていますから、企業は定期的に賃金の相場を調べ、この賃金と自社の基本給の高さとを範囲給表の中央の金額で比較します。

そして、適正と判断した中央の値から上下に賃金の幅を設け、範囲給表とします。

このとき、グレードごとの賃金の幅の設定には率が用いられ、具体的な率としては、10％、15％、20％、25％、30％などが用いられますが、グレードが高くなるほどその幅が大きくなるタイプもあります。図表のD社は上下20％で範囲給が設定されています。

次に、ノンイグゼンプトの基本給の決め方を図表15―13で解説します。

図表15―12　D社におけるノンイグゼンプトの俸給の範囲（non-exempt salary ranges）

Salary Grade	Minimum	Midpoint	Maximum
1	$9.32	$10.96	$12.60
2	$10.25	$12.06	$13.87
3	$11.27	$13.26	$15.25
4	$12.44	$14.64	$16.84
5	$13.76	$16.19	$18.62
6	$15.20	$17.88	$20.56
7	$16.87	$19.85	$22.83
8	$18.82	$22.41	$25.46

アメリカでは、ノンイグゼンプトについても、職務別に賃率が市場横断的に決められていますから、企業は定期的に賃金の相場を調べ、この賃金相場と自社の基本給の高さとを範囲給表の中央の金額で比較します

ノンイグゼンプトの基本給は、単一給（同一等級内では基本給は１つ）となっている場合が多く見られますが、D社は範囲給となっており15％で展開されています。

なお、実際のD社の基本給表はイグゼンプトもノンイグゼンプトもともに４つのクオーターに分けて管理がされていますが、その理由は第20章（終章）の「評価」で解説します。

図表15―14　D社におけるイグゼンプトの基本給表（年俸）

Salary Grade	Minimum	Midpoint Q1	Q2	Q3	Q4	Maximum
1	$45,000	$50,625	$56,250	$61,875		$67,500
2	$49,504	$55,692	$61,880	$68,068		$74,256
3	$54,452	$61,259	$68,065	$74,872		$81,678
4	$59,896	$67,383	$74,870	$82,357		$89,844
5	$65,856	$74,088	$82,320	$90,552		$98,784
6	$72,792	$81,891	$90,990	$100,089		$109,188
7	$80,464	$90,522	$100,580	$110,638		$120,696
8	$88,888	$99,999	$111,110	$122,221		$133,332
9	$98,708	$111,047	$123,385	$135,724		$148,062
10	$109,608	$123,309	$137,010	$150,711		$164,412

図表 15—15　D社におけるノンイグゼンプトの基本給表（時間給）

Salary Grade	Minimum	Q1	Midpoint Q2	Q3	Q4	Maximum
1	$9.32	$10.14	$10.96	$11.78		$12.60
2	$10.25	$11.16	$12.06	$12.97		$13.87
3	$11.27	$12.27	$13.26	$14.26		$15.25
4	$12.44	$13.54	$14.64	$15.74		$16.84
5	$13.76	$14.98	$16.19	$17.36		$18.62
6	$15.20	$16.54	$17.88	$19.22		$20.56
7	$16.87	$18.36	$19.85	$21.34		$22.83
8	$18.82	$20.62	$22.41	$23.94		$25.46

7　職務給導入のメリット・デメリット

職務給を導入することのメリットとしては以下のようなことが考えられます。
① 仕事という労働の価値と基本給の額が一致する。
② 企業横断的に必要な人材を募集できる。
③ 企業を巡る状況の変化や技術革新のスピードアップに対し、新しい職務を作り、古い職務を廃止することで対応できる。

そして、最大のメリットは
④ 国際的に広く使用されている。

逆に、職務給を導入することのデメリットとしては以下のようなことが考えられます。
① 企業内での職掌、職種を超えた人事異動が困難である。
② 従業員個々人の企業内での能力開発を動機付けること（多能工化）ができない。
③ 基本給が一定以上上昇しないので長期勤続を促す効果がない。
④ 組織が硬直化し、従業員の協調性が育たない。

そして、最大のデメリットは
⑤ 制度の設計、維持にコストが掛かること。

第16章　基本給の決め方「役割給（職位給・職階給）」

1　役割給の歴史と導入の容易さ

　この章では、正社員の基本給を「役割給（職位給・職階給）」とすることを検討します。
　「役割給」は、第11章で触れた統計においては「職位・職階給」とされており、「名前の如何にかかわらず、役割を基準に決定される」ものとされています。
　従って、「役割給」という言葉は比較的新しい言葉で、過去は「職位・職階給」と考えられていました。
　近代的な意味での賃労働が発達したのは江戸時代と考えられますが、江戸時代の職人の賃金は職種別に日給で決まっていましたが、例えば、大工の賃金をみると熟練度で金額に違いがありましたし、棟梁や親方の賃金は別格でした。
　ですから、古くから日本の職人の賃金は職種別、役割別に決められていたと考えられます。

2　組織の実態にマッチした役割給の設定

　第10章で事業の拡大とともに、製品やサービスを提供する従業員も増え、企業では信頼できる従業員に権限を委譲する必要が生じ、自然と横に部門、縦に階層というような組織が作られます（第10章の図表10-2を次頁に再掲します。）。
　この図表に示すように組織は、事業範囲の拡大や従業員の増加に従って縦横に広がりを持ち、通常はピラミッド型（近年はネットワーク型等も考えられます。）になると考えられることに触れました。

「職位 Position」
　組織の中での従業員には各部門、各階層での役割が与えられます。
　この役割は組織の中で縦横に組み込まれていますから各従業員には仕事の守備範囲、つまり職位（ポジション Position）が与えられたことになります。
　地位の与え方には英米流の「硬い組織」で各自の地位を分析的、合理的に解釈しようとして各地位における職務（job）を厳格、明確に規定し、各階層の職務の大きさを揃えようとする方法と、従来からの日本型のように各地位の職務は曖昧で、主たる任務が明示的または暗黙裡に決まっているだけで、各人は互いに協力しながら仕事を進め、職務の範囲は不明確で同じ階層に属していても職務の範囲は異なる「柔らかい組織」で仕事を進める方法があります。このやわらかい組織では各人、各部門間の連携は密になると考えられますが、責任の所在が曖昧になるという欠点があります。
　以上のような特徴から、欧米では（特に、アメリカでは）仕事を厳格に定義した職務給

が発達し、仕事の範囲のあいまいな日本では職能給が発達したものと考えられます。

図表16−1 組織構成

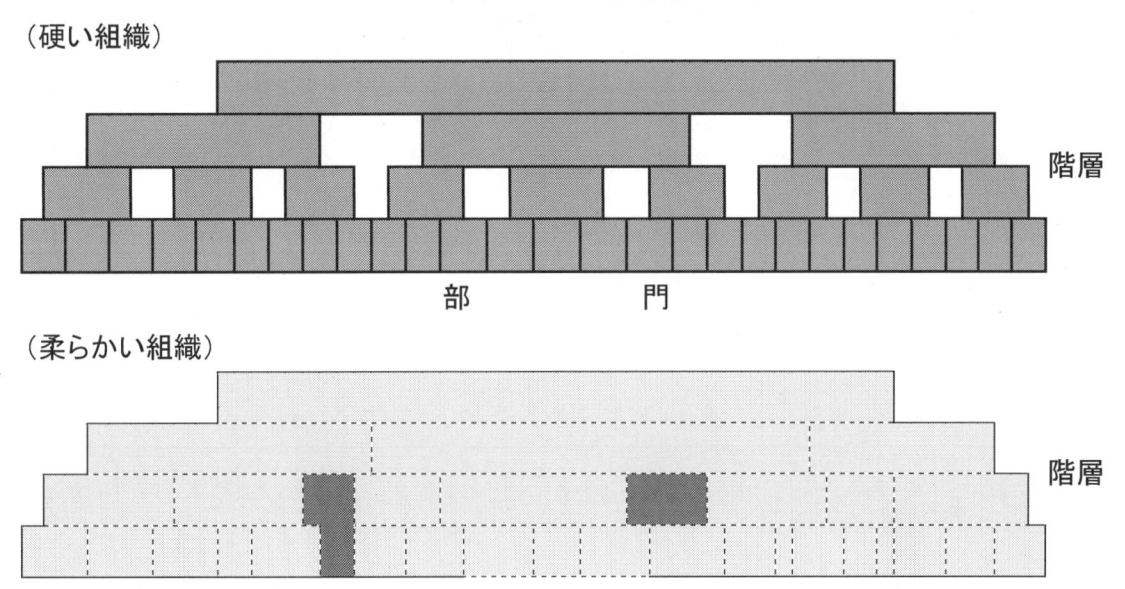

（硬い組織）

（柔らかい組織）

以上により組織は形作られました。

　企業の仕事は、この組織を通じて実施されますから、この組織の実態に従って基本給が支給されることが素直な形です。

　ところが、日本においては役職への昇任が年功的に行われていたことを受けて、これを打破するための目的もあり職能給が発達したとの経過があります。

　しかし、その後の職能給制度についての運用の実態をみると、職能給についても年功的な運用が行われているとの批判があります。

　このため、「職位給・職階給」を見直す動きや「役割給」を導入する動きがみられるようになっています。

3　企業における導入状況

　平成11年8月に（財）雇用情報センターが実施した調査によりますと、「職位給・職階給」と「役割給」は別の基本給項目と認識されており、この調査での「職位・職階給など」＝「役職で決まる賃金」、「職務・役割・職責給など」＝「仕事の価値で決まる賃金」となっていますが、このうち「職位・職階給など」の企業規模300人以上の企業での導入率は、①「職能給」71.6％、②「年齢給」66.9％に次いで58.8％で第3位となっています。また、「職務・役割・職責給など」は31.1％で第5位となっています（次頁図表16−2）。

　次に、同調査で今後導入を予定している賃金項目を調べた結果によると、「職務・役割・職責給など」は、①「業績給など」に次いで第2位、「職位・職階給など」は③「職能給」、④「職種給」に次いでは第5位となっています。

図表16-2　基本給に導入されている賃金項目

職能給	年齢給	職位・職階給など	勤続給	職務・役割・職責給など	職種給	本人・総合決定給など	業績給など	能率・出来高・歩合給など
71.6%	66.9%	58.8%	36.0%	31.1%	26.7%	20.5%	15.6%	10.1%

図表16-3　基本給に導入を予定している賃金項目

業績給など	職務・役割・職責給など	職能給	職種給	職位・職階給など	年齢給	能率・出来高・歩合給など	本人・総合決定給など	勤続給
23.0%	17.0%	7.2%	4.4%	2.7%	2.2%	2.2%	1.7%	1.5%

4　職位・職階等級を設計する

　従来型のピラミッド構造の組織となっている企業で、「職位給・職階給」を基本給とすることは比較的容易なことです。

　まずは、職位・職階の定義を現実にある組織の形に添って定めますが、一般的には以下のような一覧表にします。

図表16-3　職位・職階別等級一覧表

等級	職位・職階	業務の内容
1等級	係員	1　管理、技術、研究部門において、業務の方針及び処理方法について指示を受けて通常の作業を行う職位 2　生産、営業部門において、普通の技能、知識に基づいて通常の作業、活動を行う職位
2等級	主任	1　管理、技術、研究部門において、業務の方針及び処理方法について指示を受けるが、経験と知識に基づき複雑な作業を行う職位 2　生産、営業部門において、比較的高度の熟練、知識を要する作業、活動を行う職位
3等級	係長	係や班の業務運営について具体的な計画を立て、日常の業務遂行について責任を負う職位
4等級	課長	幾つかの係を統括する課の長として、課の業務運営について具体的な計画を立て、日常の業務遂行について責任を負う職位
5等級	部長	幾つかの課を総括する部の長として、独立した事業体としての部の運営について具体的な計画を立て、日常の業務遂行について責任を負い、企業の経営戦略の策定に参画する職位

5　役割等級を設計する

4では、ピラミッド型の組織を前提としていますが、ここで再度本章の2の図表16-1下段（やわらかい組織）を見ていただきたいと思います。

この図表では面積の大きさが役割の大きさになっています。

日本では、職位（階層）が同じでも人によって役割の大きさが違うことが分かるようにしています。

例えば、下から2番目にある濃い色の付いて人の役割は、その直ぐ下の職位（階層）の人の役割と同じとなっています。

また、1番下と2番目の職位にまたがって濃い色の付いている人がいます。この人の場合、職位は1番下ですが、役割は下から2番目の職位になっています。

日本の企業の多くでは、このように役割は職位に一致しません。

そこで役割で基本給を決定するとの考えが生じます。

このような考えで役割別等級一覧表を作成すると以下のようになります。

図表16-4　役割別等級一覧表

等級	役割	業務の内容
1等級	初級クラス	普通の技能、知識に基づいて、業務の方針及び処理方法について指示を受けて通常の作業を行うクラス
2等級	中級クラス	比較的高度の熟練、知識を必要となる業務に独立して従事するクラス
3等級	上級クラス	高度の熟練、知識を必要となる業務に独立して従事するクラス チーム、プロジェクトのサポートを行うクラス
4等級	管理、専門クラス	より高度の熟練、専門知識を必要となる業務に従事するクラス チーム、プロジェクトのリーダーとなるクラス
5等級	総括、戦略策定クラス	企業の重要な分野を統括するクラス 企業の経営戦略の策定に参画するクラス

以上のような役割中心の組織のあり方を、従来型のピラミッドではない図表で表しますと次頁のようになります。

6　職位給表、役割給表を設計する

次に、この図表にある職位の基本給表を作成することになりますが、この際に参考となる統計資料に厚生労働省の「賃金構造基本統計調査」があります。

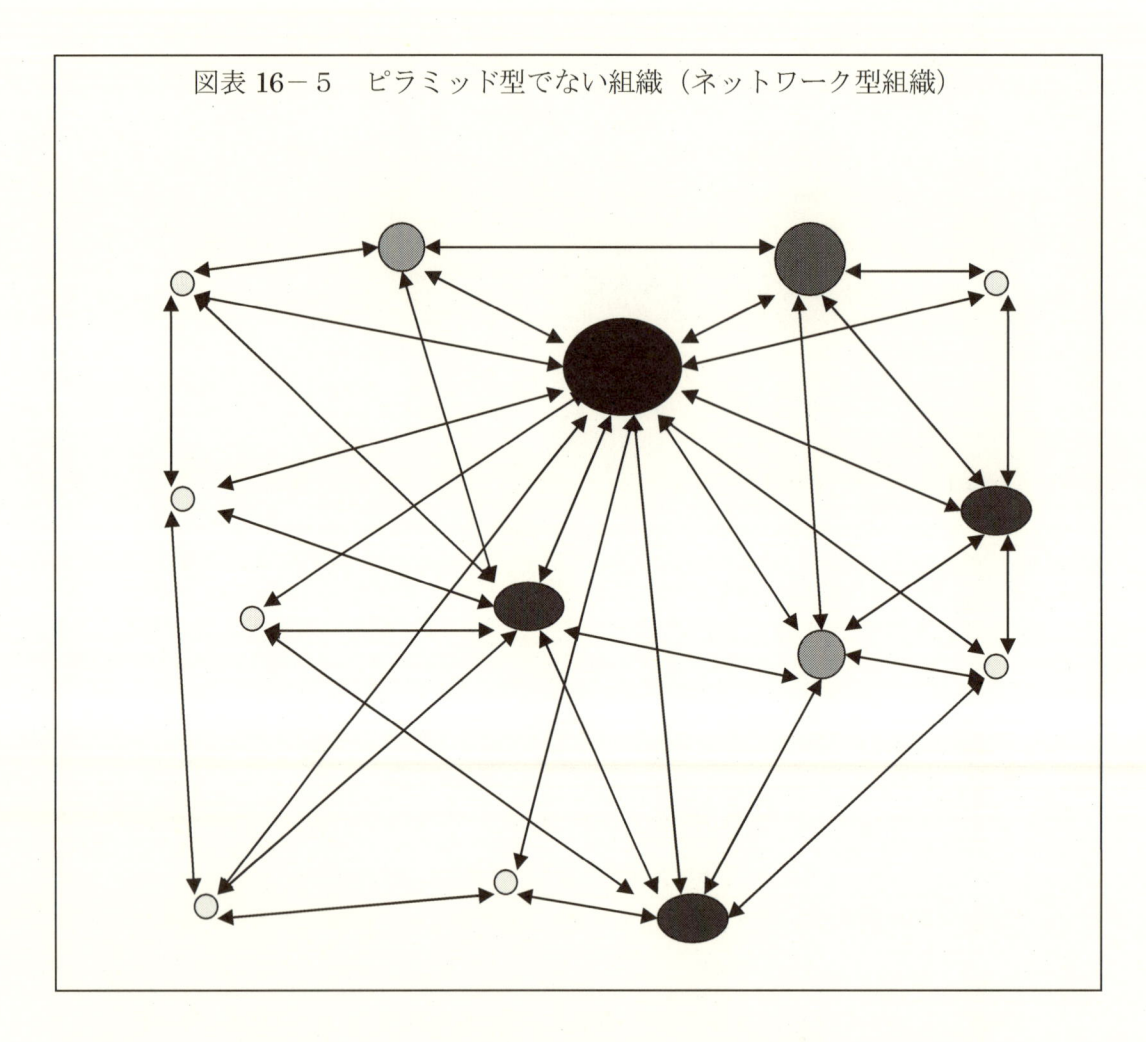

図表16-5　ピラミッド型でない組織（ネットワーク型組織）

この調査結果の直近のものは「平成21年賃金構造基本統計調査」となりますが、この調査結果からは、「部長級」、「課長級」、「係長級」、「非役職」の結果が得られます。

この結果を参考に各等級とも8等級の（単純）号俸表を作成すると以下のようになります。

図表16-5　職位給表の例

等級	1等級	2等級	3等級	4等級	5等級
職位	係員	主任	係長	課長	部長
1号俸	200,000円	250,000円	312,000円	380,000円	500,000円
2号俸	208,000円	260,000円	324,000円	395,000円	530,000円
3号俸	216,000円	270,000円	336,000円	410,000円	560,000円
4号俸	224,000円	280,000円	348,000円	425,000円	590,000円
5号俸	232,000円	290,000円	360,000円	440,000円	620,000円
6号俸	240,000円	300,000円	372,000円	455,000円	650,000円
7号俸	248,000円	310,000円	384,000円	470,000円	680,000円
8号俸	256,000円	320,000円	396,000円	485,000円	710,000円

前頁では、「(単純)号俸表」を示しました。また、第14章では、(単純)号俸表のほかに「段階号俸表」を紹介しました。

ここでは、「複数賃率表」を紹介します。

「複数賃率表」の過去の評価の結果が累積しない点で、「洗い替え方式」の賃金表と呼ばれています。

以下の図表で示すものが最も単純な「複数賃率表」です。

図表16-6　複数賃率表　その1

評価（人事考課）による基本給額の違い					
S	A	B	C	D
455,000円	440,000円	425,000円	410,000円	395,000円

この図表は、図表16-5の4等級・課長・3号俸を標準のB評価として複数賃率表にしたものです。

この複数賃率表では前年の成績がSの場合には翌年の基本給は455,000円になりますが、翌年の成績がDの場合には翌々年の基本給は395,000円になり、過去の評価結果が蓄積しません。この単純な「複数賃率表」に定期昇給の要素を加味したのが以下の図表の「複数賃率表」です。

図表16-7　複数賃率表　その2

号俸	評価（人事考課）による基本給額の違い				
	S	A	B	C	D
1号俸	300,000円	306,000円	312,000円	318,000円	324,000円
2号俸	324,000円	330,000円	336,000円	342,000円	348,000円
3号俸	348,000円	354,000円	360,000円	366,000円	372,000円

7　役割給導入のメリット・デメリット

役割給（職位給・職階給）を導入することのメリットとしては以下のようなことが考えられます。

① 仕事と基本給が一致する。
② 役割の変化に対応できる。

逆に、役割給（職位給・職階給）を導入することのデメリットとしては以下のようなことが考えられます。

① 年功的な運用に流れるおそれがある。
② 役割の評価基準を開発する必要がある。

第17章　基本給の決め方「コンピテンシー給等」

1　コンピテンシー給

「コンピテンシー（Competency）とは」

　この章では、比較的新しい概念や人事制度の運用の方法を検討します。

　まず、「コンピテンシー給」ですが、コンピテンシー給を理解する前提としてコンピテンシーとは何かを理解する必要があります。

　コンピテンシーとは、コンピテンス（Competence）と同義語で、ハーバード大学の心理学者デービッド・マクレランド（David McClelland）らが個々人の仕事における成果を測定するにはコンピテンシーが重要であることを発見したことを契機として発達をしました。

　コンピテンシーを邦訳すると「仕事で成果をあげるために必要とされる知識、技能、取組み姿勢を含む個々人の論証可能な行動特性」ということになります。

　また、コンピテンシーとは「分析的な思考のような認識能力、価値観、自信というような自己観念などの個人の特性」を意味します。

「コンピテンシー給」

　アメリカでは、コンピテンシーのみを基に基本給制度を構築することは難しいと考えられていますが、仕事のやり方や評価が硬直的過ぎると考えられている「職務給」（第15章）に付加する評価要素として取り入れられています。

　また、日本では年功的な運用に流れているとされる「職能給」（第14章）を活性化するために用いられており、最も簡便な導入の仕方としては、第14章の6の「職能等級表（基準書）」に掲載されている図表14－3「技能職掌の職能等級表（基準書）」（124頁）を次頁の図表のように書き換える方法があります。

　この図表で明らかなように職能給では「・・・できる。」と表記されている表現を「・・・している。」または「・・・する。」に書き換える方法です。

　この方法は、単に表現を変えただけのように思われるかも知れませんが、表現を変えることには大きな意味があります。

　従来の職能給では、発揮されていない潜在能力も評価の対象としていたものを表現を変えることにより、仕事を通じ発揮されている能力が基本給の基となることを示しているからです。

　なお、日本においてもコンピテンシーのみで基本給を決めることは難しいと考えられており、前章（第16章）の「役割給（職位給、職階給）」や「職種給」に取り入れるとの考え方が多くなっています。

図表17-1 技術職掌のコンピテンシー等級表（基準書）

職能等級	職能基準
1等級	細部にわたる指示の下、コンピュータの基礎知識を駆使して業務を処理している。
2等級	専門知識とコンピュータの応用知識を駆使して、上司の一般的な指揮の下、業務の処理をしている。
3等級	高度な専門知識とコンピュータの応用知識を駆使して、技術的に比較的高度の特定業務の処理をしている。
4等級	より高度な専門知識とコンピュータの最先端の応用知識を駆使して、業務全般の処理している。
5等級	経営方針で包括的に指示されている単位の業務を独自の判断で処理している。
6等級	経営方針の企画立案に参画し、定められた方針に基づきグループの業務の推進を図っている。

「コンピタンシー・ディクショナリー（辞書）」

　コンピテンシーが広く用いられるようになっている領域は、仕事への適任者の配置（配置転換）、採用、昇進、昇格等です。

　このような場面にコンピテンシーを活用するためには、従業員個々人のコンピタンシーを把握する必要があります。

　そして、各人のコンピテンシーの現状を登録したものを「コンピタンシー・ディクショナリー（辞書）」と呼んでいます。

　コンピタンシー・ディクショナリー（辞書）には、従業員が保有している「専門知識、技能、ノウハウ」、「基礎的な能力、知識、スキル」、「性格、行動特性」などを項目別に、そして、レベル別に記載されており、そこに記載された内容を考慮して、適任者の配置（配置転換）、採用、昇進、昇格等に利用されます。

2　ブロードバーンディング

　近年、日本においてはＩＴの発達により従業員の情報の共有化が進み、特殊な能力がなくとも困難な仕事ができるようになり、また、人の管理の重要性も薄れ、かつ、情報化による熟練に対する評価の低下などにより、基本給を多くの等級に分けて管理をすることの意味が低下してきていることから、等級を束ねる動きがみられます。

　一方、アメリカでは職務を細かく分けすぎたことへの反省と多能工の必要性の認識から、やはり、職務給の等級をいくつかに束ね広い範囲の等級を作る動きがあり、このことをブロードバーンディング（broad-banding）と呼んでいます。

　そして、このようにして作られた賃金制度のことを広域型賃金制度（Broad banding Pay

System）と呼んでいます。

この広域型賃金制度のイメージを図表で示すと以下のようになります。

図表17－2　ブロードバーンディングのイメージ

単一給のブロードバーンディング　　　範囲給のブロードバーンディング

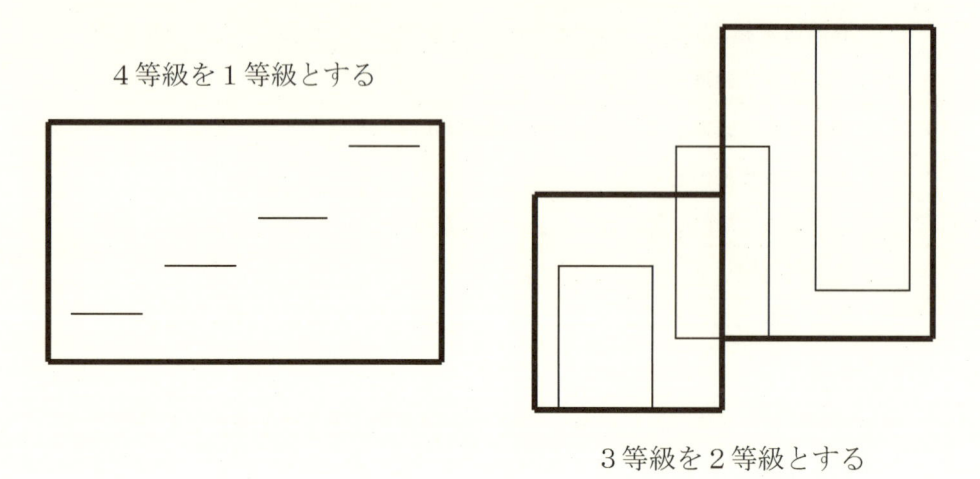

4等級を1等級とする

3等級を2等級とする

3　総報酬（Total Rewards）の重視

本書の第9章でも触れていますが、従業員の勤労意欲を刺激するものは、金銭的な報酬のみではありません。

第9章の2の図表9－4を再掲すると以下のとおりです。

図表17－3　報酬と賃金との関係と報酬の種類

報酬	賃金（金銭的な報酬）	直接的なもの	基本給
			昇給
			ボーナス
			ストックオプション・自社持ち株
			手当
		間接的なもの	保険
			休暇
			年金・退職金
			その他の福利厚生
	非金銭的な報酬		名声、地位、役職
			雇用の保障

この図表に示すとおり、報酬には様々なものがあり、それらの項目を企業の目的や従業員の希望に沿うよう適切に組み合わせることの重要性が認識されつつあります。

そして、このような報酬全体のことを「総報酬」とも呼びます。

この総報酬を4つの分野に分けて図表にしますと次頁のようになります。

図表17―4　総報酬の4分野

金銭的なもの	非金銭的なもの
【直接的なもの】 基本給 昇給 ボーナス ストックオプション・自社持株 手当	【属人的なもの】 自己実現 やりがい 適性 能力開発のチャンス キャリア形成
【間接的なもの】 保険 休暇 年金・退職金 その他の福利厚生	【集団的なもの】 働きやすさ 社風・企業文化 仕事と生活との調和 職場環境

第18章　諸手当の決め方

1　諸手当の歴史

　この章では、諸手当について検討します。

　諸手当の歴史を遡ると大正時代に遡ります。

　大正3年（1914年）に勃発した第一次世界大戦は、日本の工業のスピードを速めることになりましたが、これと同時に大幅なインフレが発生しました。

　この大戦（大正7年終結）の間に生産も物価も3倍近くまで急上昇しました。

　一方、大戦終結後は慢性的な不況となりました。

　このような時代背景の下で、各企業は賃金水準の引上げを基本給の引上げではなく、その他の給与でカバーしようとしたため、日本の賃金制度は複雑なものとなっていきました。

　図表18−1は、大正11年に内務省社会局が公表した賃金制度の調査報告書である「大正11年に於ける工場鉱山従業員の賃金大要」の賃金項目です。

図表18−1　「大正11年に於ける工場鉱山従業員の賃金大要」の賃金項目

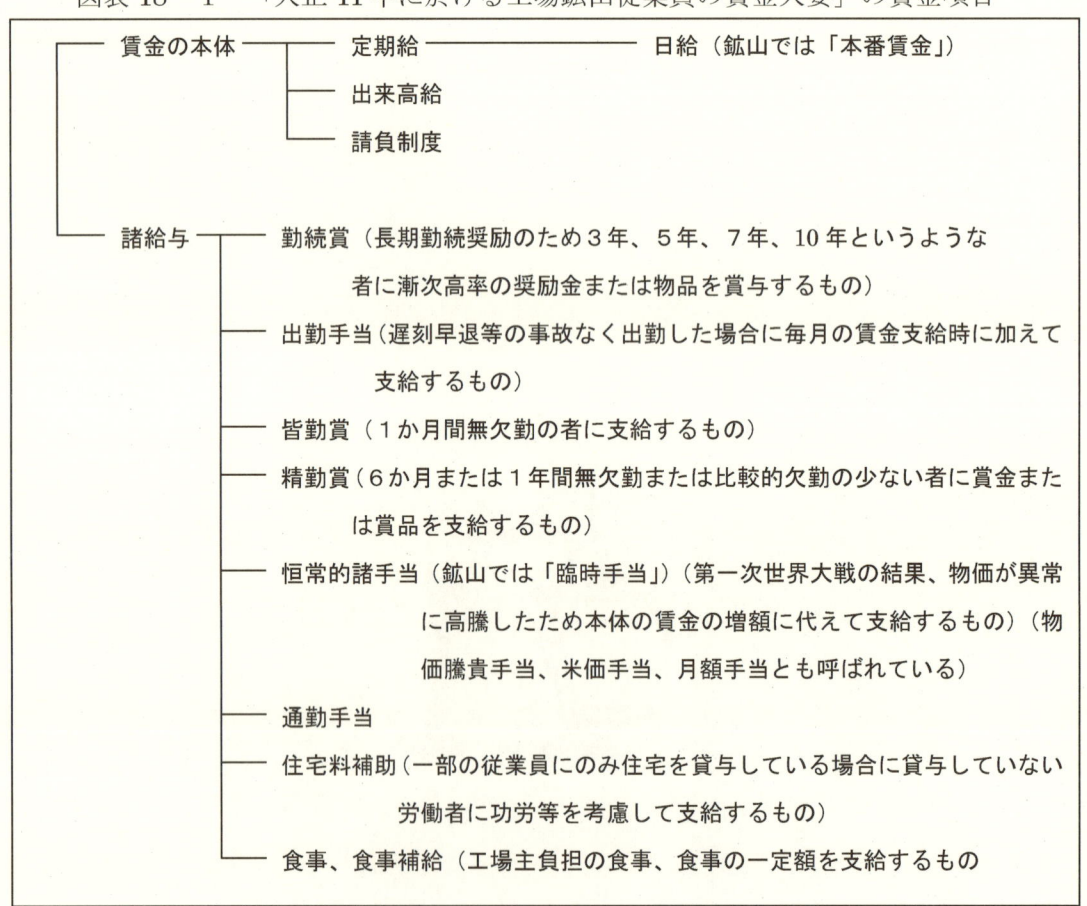

```
賃金の本体 ─┬─ 定期給 ──────────── 日給（鉱山では「本番賃金」）
            ├─ 出来高給
            └─ 請負制度

諸給与 ─┬─ 勤続賞（長期勤続奨励のため3年、5年、7年、10年というような
        │         者に漸次高率の奨励金または物品を賞与するもの）
        ├─ 出勤手当（遅刻早退等の事故なく出勤した場合に毎月の賃金支給時に加えて
        │           支給するもの）
        ├─ 皆勤賞（1か月間無欠勤の者に支給するもの）
        ├─ 精勤賞（6か月または1年間無欠勤または比較的欠勤の少ない者に賞金また
        │         は賞品を支給するもの）
        ├─ 恒常的諸手当（鉱山では「臨時手当」）（第一次世界大戦の結果、物価が異常
        │               に高騰したため本体の賃金の増額に代えて支給するもの）（物
        │               価騰貴手当、米価手当、月額手当とも呼ばれている）
        ├─ 通勤手当
        ├─ 住宅料補助（一部の従業員にのみ住宅を貸与している場合に貸与していない
        │             労働者に功労等を考慮して支給するもの）
        └─ 食事、食事補給（工場主負担の食事、食事の一定額を支給するもの
```

　この図表からは、現在も支給されている手当のうち「精皆勤手当」、生活手当の「住宅手

当」、「食事手当」が見られるほか、「通勤手当」も広く支給されていたことが分かります。

やがて歴史は第二次世界大戦へと向かっていきましたが、これに伴って、賃金については統制が行われましたが、「賃金統制令」により設置された中央賃金専門委員会が昭和18年6月に決定した「賃金形態に関する指導方針」には、諸手当の存在がはっきりと以下のとおり認識されていました。

賃金形態に関する指導方針

「賃金は労務者及びその家族の生活を恒常的に確保するとともに勤労業績に応ずる報償たるべきものとす」「賃金は定額給をもって賃金の基本とし生活の恒常性を保持せしむるものとす。成績加給金は生産能率及び勤務成績に応じ、<u>手当は特別の職務、作業勤務もしくは生活事情に対しそれぞれ支給するものとす</u>。賞与は経営業績及び勤労業績に応ずる褒賞とす」

2　企業における導入状況

厚生労働省の平成17年就労条件総合調査によると、企業別にみた手当の種類別、制度の導入割合は以下の図表のとおりで数多の手当が企業にあることが分かります。

なお、導入率の高い手当としては、「通勤手当」が約9割、勤務手当も約9割、生活手当が約8割の企業で導入されています。

図表18－1　手当の種類別・制度有企業数割合（平成16年11月分）

業績手当など（個人、部門・グループ、会社別）		18.3%
勤務手当	計	88.5%
	役付手当など	81.6%
	特殊作業手当など	13.9%
	特殊勤務手当など	23.7%
	技能手当、技術（資格）手当など	48.8%
	精皆勤手当、出勤手当など	37.3%
	通勤手当など	89.4%
生活手当	計	79.5%
	家族手当、扶養手当、育児支援手当など	69.6%
	地域手当、勤務地手当など	13.8%
	住宅手当など	43.8%
	単身赴任手当、別居手当など	18.5%
	寒冷地手当、食事手当など	19.2%
調整手当など		26.7%
上記のいずれにも該当しないもの		13.5%

次に、同調査で手当の種類別支給企業の割合をみると、以下の図表のとおりで、支給している企業が多い手当としては、①「通勤手当など」が９割超、②「役付手当など」が８割強、③「家族手当、扶養手当、育児支援手当など」が７割強、④「技能手当、技術（資格）手当など」が５割弱、⑤「住宅手当など」が４割強となっています。

図表18－2　手当の種類別支給企業数割合（平成16年11月分）

	業績手当など（個人、部門・グループ、会社別）	17.0%
勤務手当	役付手当など	83.8%
	特殊作業手当など	13.1%
	特殊勤務手当など	24.1%
	技能手当、技術（資格）手当など	49.8%
	精皆勤手当、出勤手当など	37.9%
	通勤手当など	91.3%
生活手当	家族手当、扶養手当、育児支援手当など	71.1%
	地域手当、勤務地手当など	13.6%
	住宅手当など	44.8%
	単身赴任手当、別居手当など	16.1%
	寒冷地手当、食事手当など	18.2%
	調整手当など	26.1%
	上記のいずれにも該当しないもの	13.8%

諸手当が、各企業の支給している所定内賃金に占める割合は、既に第２章の１（13頁）でみたとおり15%となっていますが、諸手当ごとの占める割合は次頁の図表18－3のとおりとなっており、多い順に①「役付手当など」が2.7%、②「通勤手当など」が2.5%、③「業績手当など（個人、部門・グループ、会社別）」が1.8%、③「家族手当、扶養手当、育児支援手当など」が1.8%、⑤「住宅手当など」1.2%となっています。

最後に、手当の支給対象となる従業員１人当たりの平均支給額をみると、次頁の図表18－4のとおりとなっており、多い順に①「業績手当など（個人、部門・グループ、会社別）」が61,451円、②「単身赴任手当、別居手当など」が42,730円、③「役付手当など」39,609円、④「調整手当など」33,641円、⑤「特殊勤務手当など」28,361円となっています。

図表18－3　賃金及び手当の種類別構成比（平成16年11月分）

基本給				85.0%
手当	計			15.0%
	業績手当など（個人、部門・グループ、会社別）			1.8%
	勤務手当	計		4.5%
		役付手当など		2.7%
		特殊作業手当など		0.2%
		特殊勤務手当など		0.9%
		技能手当、技術（資格）手当など		0.7%
	精皆勤手当、出勤手当など			0.4%
	通勤手当など			2.5%
	生活手当	計		4.0%
		家族手当、扶養手当、育児支援手当など		1.8%
		地域手当、勤務地手当など		0.5%
		住宅手当など		1.2%
		単身赴任手当、別居手当など		0.3%
		寒冷地手当、食事手当など		0.3%
	調整手当など			0.7%
	上記のいずれにも該当しないもの			0.6%
	不明			0.4%

図表18－4　手当の種類別支給対象労働者1人平均支給額（平成16年11月分）

	業績手当など（個人、部門・グループ、会社別）	61,451 円
勤務手当	役付手当など	39,609 円
	特殊作業手当など	15,234 円
	特殊勤務手当など	28,361 円
	技能手当、技術（資格）手当など	18,901 円
	精皆勤手当、出勤手当など	9,645 円
	通勤手当など	11,689 円
生活手当	家族手当、扶養手当、育児支援手当など	18,515 円
	地域手当、勤務地手当など	15,613 円
	住宅手当など	17,047 円
	単身赴任手当、別居手当など	42,730 円
	寒冷地手当、食事手当など	7,755 円
	調整手当など	33,641 円

3　諸手当の役割

　諸手当は1でみてきたとおり、基本給を上げずに賃金水準を上げるものとして登場し、特別の職務や勤務に対するもの、生活費を補完するものとして認識され、現在に至っています。

　第2章の1（13頁）で触れたとおり、「手当に多くの種類があり、特に属人的要素で決まる項目が多いこと、更に、月額給与に占める割合が大きいこと」が日本の賃金制度の特徴となっています。

　このうち、金額の大きさは2で触れましたので、ここではなぜこれほど多くの諸手当が存在しているのか、そして、その役割は何であるのかを考えることとします。

　諸手当には2でみてきたとおり様々なものがあります。これだけ多くの諸手当が過去から現在に至るまで存在しているということは労使にとって必要であったということを示しています。

　前出の平成17年就労条件総合調査を基に、諸手当をその役割ごとに分けて考えますと、以下の7種となります。

① 仕事の量や業績に報いるために支給する手当
② 担当している職務に関連した要素に対し支給する手当
③ 人事管理上の効果を狙って支給する手当
④ 実費弁償的な手当
⑤ 生活費を配慮して支給する手当
⑥ 個々の従業員の基本給額を調整するために支給する手当
⑦ 上記以外の目的で支給する手当

「仕事の量や業績に報いるために支給する手当」

　一般的に、基本給は仕事の量や、個人の業績、グループの業績、企業の業績などとは無関係に時間額、1週間の額、2週間の額、月額、年俸などの定額で支給されます。

　仮に、基本給が労働時間を単位とする「定額制」で決まっておらず、仕事の出来高で決まっている場合には、この手当の支給は必要とされません。

　上記の調査では、「業績手当など（個人、部門・グループ、会社別）」＝「労働者個人、部門・クループを単位として達成した労働の量的効果及び会社全体として達成した業績に対して支給」がこの手当に相当します。

　この手当は、個人の業績の把握が比較的容易な産業の特定の職種の従業員に多く見られますが、基本給が別途保障されている場合には手当として支払われます。

「担当している職務に関連した要素に対し支給する手当」

　日本の基本給の多くは、第2章（13～16頁）で触れたとおり、さまざまな要素を総合勘案して基本給を決める「総合決定給」が主流となっています。また、そうでなくても職能給など直接担当している仕事で決定しているわけではないのが実情です。

このため、仕事の要素を支給条件とする手当が発達しました。

これらの手当については、以下の「4 勤務関連手当」で解説します。

「人事管理上の効果を狙って支給する手当」

欠勤を防止し、出勤を奨励する「精皆勤手当、出勤手当」＝「出勤奨励のため出勤日数を基準として支給」が代表的なものですが、この手当の導入率は減少傾向にあります（前出の調査の結果では、平成2年56.3%→平成17年37.9%）。

その理由として考えられることは、日本の労働者の仕事へのモラルが高いこと、年次有給休暇の取得できる日数が増加していること、各種の休暇制度が拡充してきていることなどが考えられます。また、手当の額も平均額も9,645円と「寒冷地手当、食事手当など」に次いで、手当の支給額としては低いものとなっています。

なお、後に触れる「技能手当、技術（資格）手当など」が、実際に従事している仕事に関係なく、資格取得を奨励することのみのために支給されている場合には、この手当に該当します。

「実費弁償的な手当」

企業への通勤には、交通機関を利用するなどの費用が生じます。

日本の大多数の企業では、「通勤手当など」＝「通勤費の全額又は一部支給（定期券で支給している場合も含む）」を支給しています。

このようなことが行われている背景には、過去、多くの従業員は寄宿舎に居住し、企業が用意した社宅に住んでいたことから、自宅や借家から通勤する従業員に手当を支給するようになったと考えられることと、税法上の優遇措置として、その一定額には実費弁償として税金の納付義務が免除されていることが最大の理由となっています。

なお、通勤手当の税制上の取り扱いは以下の図表のとおりです。

図表18―5　税制上の非課税限度額（合理的な運賃当の額の範囲）（概略）

① 交通機関又は有料道路を利用している人に支給する通勤手当　　最高限度額100,000円
② 自転車や自動車などの交通用具を使用している人に支給する通勤手当

・片道45ｋm以上	24,500円
・片道35〜45ｋm未満	20,900円
・片道25〜35ｋm未満	16,100円
・片道15〜25ｋm未満	11,300円
	最高限度額100,000円
・片道10〜15ｋm未満	6,500円
・片道　2〜10ｋm未満	4,100円
・片道　2ｋm未満	全額課税

③ 交通機関を利用している人に支給する通勤用定期乗車券　　最高限度額100,000円
④ 交通機関又は有料道路を利用するほか交通用具も使用している人に支給する通勤手当や通勤用定期乗車券　　②の金額との合計額　最高限度額100,000円

「生活費を配慮して支給する手当」

　既に触れたとおり、日本の基本給の多くは従業員の属人的要素を考慮したものとなっていますが、従業員ごとの家庭の事情、住宅事情、地域別の物価水準、広域異動に伴う必要経費の増大などに対処できません。また、個々の従業員がライフサイクルに応じて必要となる経費を保障する公的な支援策も日本では十分でないこともあり、企業による手当の支給が多く行われています。

　これらの手当については、以下の「5　生活関連手当」で解説します。

「個々の従業員の基本給額を調整するために支給する手当」

　各企業では、様々な理由で基本給の額に調整を要する場合が生じます。その1つは出向した場合に、出向先の賃金水準が高いなど賃金額の調整が必要になりますが、いずれ出向元に変えることを考えると基本給を上げることができません。このようなときに支給されるのが「調整手当など」＝「出向などの諸事由により生じた賃金不均衡を調整し、均衡を図るため支給」です。

　基本給制度を改定した際にも新俸給表との調整が必要になります。また、長期にわたり支給することを予定していない場合にもこの手当が利用されます。

「上記以外の目的で支給する手当」

　以上の外に各企業では、従業員の利便を図るために様々な手当や負担が行われています。前記の調査にある「税、社会保険料などの労働者負担分を事業主が負担する」というのも例示の1つです。

4　勤務関連手当

「役付手当など」

　勤務関連手当の代表的なものが「役付手当」です。「役付手当」＝「管理、監督などの職制上の地位にある者に支給」するものが主流です。

　「役付手当」が支給される第1の理由は「基本給」が仕事に対応していないことで、役職に伴う責任や義務の重さに報いるものとして、仕事の難易度に応じ支給されます。

　第2の理由は、労働基準法第41条の「監督若しくは管理の地位にある者」に該当する場合には、残業手当（時間外労働に対する割増賃金）を支払う必要がありませんが、現実には長時間の労働を行っている管理・監督者が多くいます。そこで、この残業手当分を補完するものとして支給されています。

　第3の理由としては、日本においては企業の幹部ということ（特に、大企業）の社会的なステータスは高いものとなっています。このような高い地位に伴う出費を補填するものとして支給されています。

　支給の方法としては、役職ごとの定額と定率との方法があります。なお、額の設定では残業手当相当額を上回っている必要があります。

なお、労働基準法の管理、監督者に該当しない、例えば、主任、係長、課長補佐、課長代理などにも役付手当を支給する企業も多くありますが、勤労意欲を高める仕組みとして利用していると考えられます。

「特殊作業手当など」

製品や建築物等の製造の現場のみならず従業員は仕事において様々な過重な負荷に晒されています（精神的なものも含まれます。）。このような要素が基本給に含まれていない場合には、そのような特殊な作業に手当の支給が考えられます。「特殊作業手当など」＝「危険、有害業務などの特殊な作業環境において勤務する者に支給」はそのような手当です。

手当の額は従事する作業ごとに一定額を支給することが多いと考えられます。

「特殊勤務手当など」

看護や介護の現場など24時間稼動する必要がある現場が多数あります。このような従業員が従事することを好まない時間帯の作業への勤務を奨励するための要素が基本給に含まれていない場合には、そのような特殊な勤務に対する手当の支給が考えられます。「特殊勤務手当」＝「通常の労働者と異なる交替制勤務などの特殊な勤務についている者に支給」はそのような手当です。

手当の額は、勤務ごとに一定額を支給することが多いと考えられます。

「技能手当、技術（資格）手当など」

従業員が仕事に役立つ資格を取得した場合に支給するもので、従業員の能力向上を狙った手当です。日本では従業員の職務の範囲が明確とされていない場合が多く、セル生産方式や1人屋台生産方式のように1人で幾つもの仕事を行う多能工化が発達しており、この場合の資格取得を奨励するものが、「技能手当・技術（資格）手当など」＝「特定の技能、検定資格などを有する者に支給」です。

5　生活関連手当

「家族手当、扶養手当、育児支援手当など」

生活関連手当の中では最も導入率の高い手当で、通常は扶養する家族である配偶者、子供、両親、障害等により扶養を必要とする親族等のいる従業員に支給されます（なお、前記の調査は扶養関係の有無に関係なく支給されているものとなっています。）。

なお、図表18－1から3で紹介した「家族手当、扶養手当、育児支援手当」には不要の有無に関係なく支給されている場合が含まれています。

この手当が支給される理由としては、扶養者が多いと生活費が嵩むためですが、他の生活関連手当に共通している問題点は仕事と全く関係がないことです。

扶養手当の額は1人数万円から数千円の定額がほとんどで、配偶者と子供等とは金額に差がある場合が多く（但し、配偶者がいない場合の第1子の金額は高くする例が見られます。）、支給額に制限が設けられている場合が多くなっています。

なお、子供に対する支給については年齢や就労するまでというような制限を設けている場合がほとんどです。

「地域手当、勤務地手当など」

　この手当は、特定の地域に勤務又は居住している者に対して支給されるもので、この手当の支給理由としては、①地域間で物価水準が異なり、生活に必要となる費用が異なること、②山間部や僻地など生活に不便な地域に勤務し居住する必要があること、などによります。

　この手当は、全国的に事業を展開している企業が従業員の生活水準を揃えるためや転勤をスムースに行うために支給しているものです。

「住宅手当など」

　この手当は、住宅費の補助として支給されるもので、生活関連手当としては「家族手当、扶養手当、育児支援手当」に次いで企業での導入率が高くなっています。

　この手当は、そもそもは社宅や（独身）寮などに居住している従業員に比べ住宅を賃借している従業員の負担が大きかったことを理由としていましたが、その後は、住宅の取得を促進するためのものとなりました。しかし、持ち家であっても手当を支給する企業もあります。

　手当の支給額は、住宅事情により差を設けることが多く、大都市では住宅の家賃が高いことなどから支給額に上限を設けている企業が殆どとなっています。

「単身赴任手当、別居手当など」

　この手当は、単身赴任等を理由として家族と別居している従業員に支給されるもので、全国的に事業を展開している企業、全世界的に事業を展開している企業にみられます。

　この手当の支給理由としては、二重生活となるため生活費が嵩むこと、帰郷する際に交通費が嵩むことにあります。

　手当の支給額は任地により定額とするもの、自宅からの距離によるもの、交通費を基礎とするものなどがあります。

「寒冷地手当、食事手当など」

　この手当は、以上の生活関連手当に該当しないものとして、生活補助として支給されるもので、支給理由としては、「寒冷地手当」は著しく寒い地域では暖房用の燃料費が嵩むことによります。また、「食事手当」は昼食代の補助として支給されるもので、古くは住み込みでの労働などでは食費は企業が負担していたことの名残などと考えられます。

「電産型賃金体系にみられる手当」

　以上、数多の手当をみてきましたが、第11章の5で触れた電産型賃金体系では名前は手当ではない場合もありますが、ここで取り上げた手当の多くが含まれていますので、次頁にこの体系の「賃金構成」と「第一次協定」を再掲しておきます。

賃金構成

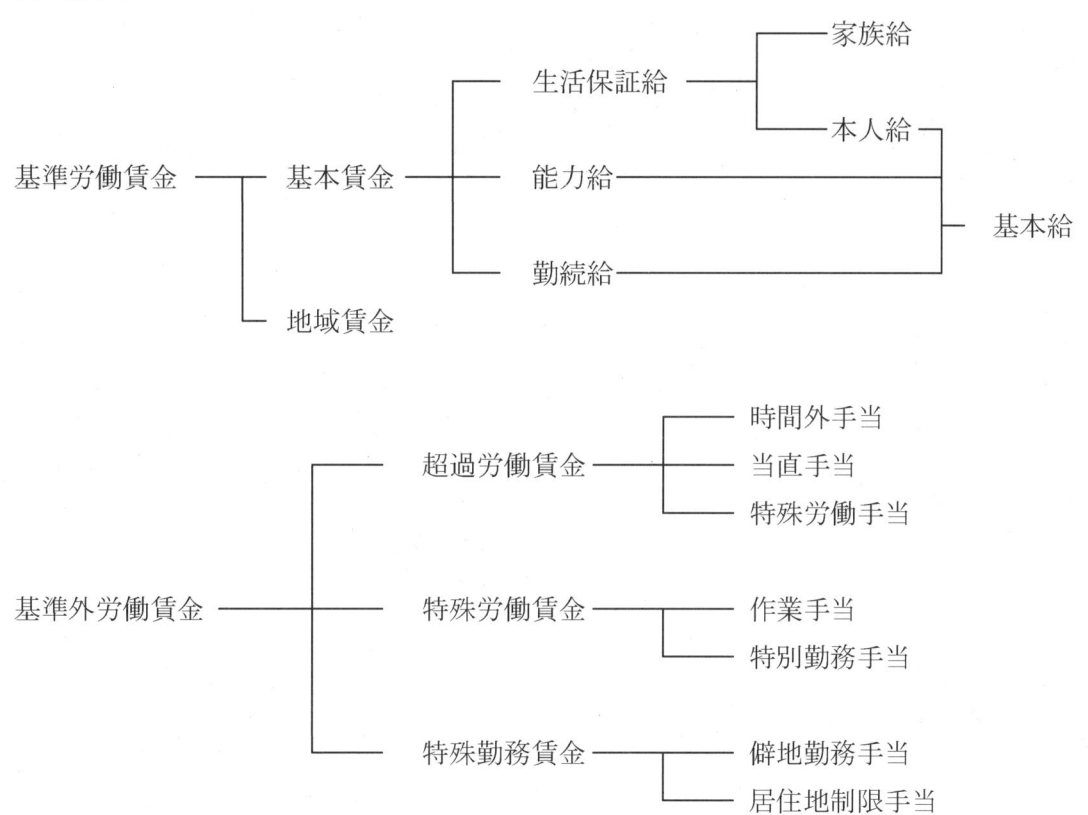

```
基準労働賃金 ─┬─ 基本賃金 ─┬─ 生活保証給 ─┬─ 家族給
              │            │              └─ 本人給
              │            ├─ 能力給ーーーーーーーーーーー ┐
              │            └─ 勤続給                      ├─ 基本給
              └─ 地域賃金
```

```
基準外労働賃金 ─┬─ 超過労働賃金 ─┬─ 時間外手当
                │                ├─ 当直手当
                │                └─ 特殊労働手当
                ├─ 特殊労働賃金 ─┬─ 作業手当
                │                └─ 特別勤務手当
                └─ 特殊勤務賃金 ─┬─ 僻地勤務手当
                                 └─ 居住地制限手当
```

図表 18-5　電産型賃金体系（第一次協定）

実施時期	昭和 21 年 11 月	
平均賃金額	1,854 円	
本人給	17 歳以下　　　　　　　500 円 18 歳以上 30 才以下　　1 歳毎に 30 円アップ 31 歳以上 40 歳以下　　1 歳毎に 20 円アップ 41 歳以上　　　　　　　1,090 円	
家族給	最初の 1 人　　　　　　200 円 それ以上　　　　　　　1 人につき 150 円	
能力給	1 人平均　　　　　　　400 円	
勤続給	1 年につき　　　　　　10 円	
地域給	地域手当　1 号地　生活保証給の 30% 　　　　　2 号地　同　　　　　　20% 　　　　　3 号地　同　　　　　　10% 冬営手当　1 号 (200 円)〜10 号 (30 円)	

6　割増賃金の算定基礎額との関係

　各企業が諸手当を多く導入している理由としては、基本給の額を低くすることができることと、時間外、休日、深夜労働の割増賃金の算定基礎に含まれないと考えていることが上げられます。

　しかし、労働基準法では時間外、休日、深夜労働の割増賃金の算定基礎に含まれない手当は以下に制限されていますので、その点を把握しておく必要があります。

　時間外、休日、深夜労働の割増賃金について定めているのは、労働基準法第37条でその第5条では「第1項（時間外労働に対する25％以上、月60時間超えた場合の50％以上、休日労働に対する35％以上の割増賃金の支払いを規定している。）及び前項（深夜労働に対する25％以上の割増賃金の支払いを規定している。）の割増賃金の基礎となる賃金には、家族手当、通勤手当その他厚生労働省令定める賃金は算入しない。」と定めています。

　そして、労働基準法施行規則第21条では「家族手当及び通勤手当のほか、次に掲げる賃金は、・・・割増賃金の基礎となる賃金には算入しない。」と規定し、算入しない賃金として、①別居手当、②子女教育手当、③住宅手当、④臨時に支払われた賃金、⑤1か月を超える期間ごとに支払われる賃金が規定されています。

```
　　　　割増賃金の算定基礎額に算入しなくともよい手当
　1．家族手当
　2．通勤手当
　3．別居手当
　4．子女教育手当
　5．住宅手当
　6．臨時に支払われた賃金
　7．1か月を超える期間ごとに支払われる賃金
```

　なお、家族手当、通勤手当及び規則第21条に掲げる別居手当、子女教育手当は名称にかかわらず実質によって照り扱う旨の通達が示されています。

7　諸手当のメリット・デメリット

諸手当を導入することのメリットとしては以下のようなことが考えられます。
①　基本給と比較すると諸手当の改定・廃止が容易であること。
②　諸手当を利用することにより賃金制度を弾力化できること。
③　生活費への配慮を基本給ですべて行わずに済むこと。
④　仕事と基本給との乖離を勤務手当で補えること。
⑤　ライフステージに応じ賃金額の調整ができること。

逆に、勤続給を導入することのデメリットとしては以下のようなことが考えられます。
① 仕事と関係なく諸手当の額が増減すること。
② 従業員の働き振り（業績、成績、発揮能力など）と関係なく諸手当の額が増減すること。
③ 企業の業績と無関係に関係なく諸手当の額が増減すること。

8　諸手当の見直しと見直しの考え方

以上で検討してきた諸手当について、企業はどのようにしたいと考えているのでしょうか。

平成11年8月に（財）雇用情報センターが実施した調査によりますと、基本給以外の賃金の問題点の内容として「諸手当の種類が多すぎる」として企業は39.6%でトップとなっています。

図表18－6　基本給以外の賃金の問題点

賞与の格差がつきにくい	賞与は企業業績をあまり反映しない	退職金が年功的すぎる	退職金が基本給に連動している	企業年金の負担が大きすぎる	諸手当の種類が多すぎる
28.8%	28.8%	34.5%	38.1%	27.3%	39.6%

この調査の後の企業を取り巻く経営環境には大きな変化がありましたから、現在、調査をした場合には別の結果となるかも知れませんが、今後は検討を要する手当が散見されることも事実のようです。

第19章　賞与の決め方

1　賞与の歴史

　今日、殆どの企業の正社員には賞与が支給されています。また、パートタイム労働者にも支給する企業もあります。
　このような賞与は、何時から支給されるようになったのかを探ると、江戸時代にまで遡ることができます。
　江戸時代の近江商人である日野の中井家で勤務した店員の報酬についての研究としては、江頭恒治著「近江商人　中井家の研究」（1965、雄山閣）があります。
　この書の861頁には「盆暮には若干の祝儀が出、髪結賃および病気の場合の薬代は、主人持ちとなっていた。」と記載されています。
　この盆暮れの若干の祝儀を「賞与」と考えますと、江戸時代から商家で働く店員には賞与が支給されていたことになります。
　また、第18章で触れた「賃金統制令」により設置された中央賃金専門委員会が昭和18年6月に決定した「賃金形態に関する指導方針」には、賞与の存在がはっきりと以下のとおり認識されていました。

> 賃金形態に関する指導方針
> 「賃金は労務者及びその家族の生活を恒常的に確保するとともに勤労業績に応ずる報償たるべきものとす」「賃金は定額給をもって賃金の基本とし生活の恒常性を保持せしむるものとす。成績加給金は生産能率及び勤務成績に応じ、手当は特別の職務、作業勤務もしくは生活事情に対しそれぞれ支給するものとす。<u>賞与は経営業績及び勤労業績に応ずる褒賞とす</u>」

　ただし、多くの従業員に広く賞与が支給されるようになったのは戦後からのことです。
　終戦直後、賃金水準が低かったことは第11章でも触れましたが、戦後急速に発達した労働組合は、毎月支給される賃金では生活が困難であるため、日本の生活習慣に即して盆と暮の特別な支出をカバーするものとして賞与の支給を求めました。
　なお、労働組合は賞与という言葉には使用者からの恩恵的な意味合いがあるとして、賞与のことを「一時金」と呼んでいます。

2　賞与に対する労使の考え方

　賞与に対する労使の考え方を見ます。
　まず、労働組合の考え方について、日本労働組合総連合（連合）の「2010年春季生活闘

争方針」でみますと、「生活の基礎である月例賃金の維持・改善を最優先した闘争を推進していくが、一時金を含めた年間収入の維持についても、生活防衛の観点からその水準の確保に努めるものとする。」としており、賞与は企業業績などとは関係なく、定期的に一定水準支給されるべきものとみていることが分かります。

一方、使用者側の考え方について、日本経済団体連合会（日本経団連）の「2010年版経営労働政策委員会報告」でみますと、「賞与・一時金については、需給の短期的変動による一時的な業績変動を反映させることが基本となる」としており、賞与は短期的企業業績を基に支給されるものであると考えていることが分かります。したがって、短期的な企業業績が悪い場合には支給額が大幅に低くなることがあると考えていることが分かります。

3　企業における賞与の支給状況

現実に各企業において支給されている賞与の額を、人事院の「平成21年職種別民間給与実態調査（企業規模人50人以上、かつ、事業所規模50人以上）」でみると以下の図表のとおりとなっています。

図表19－1　賞与及び臨時給与の支給状況

項目	業種	事務・技術等従業員	技能・労務等従業員
平均所定内給与月額	下半期（A₁）	376,501円	280,578円
	上半期（A₂）	371,848円	277,289円
特別給の支給額	下半期（B₁）	832,966円	570,204円
	上半期（B₂）	729,596円	454,547円
特別給の支給割合	下半期（B₁／A₁）	2.21月分	2.03月分
	上半期（B₂／A₂）	1.96月分	1.64月分
	計	4.17月分	3.67月分

（注）　下半期とは平成20年8月から平成21年1月まで、上半期とは同年2月から同年7月までの期間をいう。

また、厚生労働省の「平成21年賃金構造基本統計調査」によると、以下の図表のとおりとなっています。

図表19－2　所定内給与額、年間賞与その他特別給与額等

企業規模	所定内給与額（A）	年間賞与その他特別給与額等（B）	（B）／（A）
規模計	285.4千円	818.1千円	2.87月分
1,000人以上	342.5千円	1,389.0千円	4.06月分
100～999人	285.4千円	818.1千円	2.87月分
10～99人	260.1千円	501.0千円	1.93月分

以上のとおり、多くの企業で賞与は支給されていますが、支給額、所定内給与額に占め

る月分でみても規模間格差は大きく、大企業では4か月分、中小企業では2か月分が支給されていることになっています。

4　支給方法

「賞与の支給回数と支給時期」
　従業員に対する賞与は、賞与の歴史でも触れたとおり通常年2回、多くの企業では7月と12月に支給されていますが、一部の企業、一部の業界では、会計年度末に業績賞与が支給されることもあります。

「賞与の支給対象者」
　賞与の支給対象者については、支給日に在籍している従業員としている企業と、ある一定の日、例えば、夏季賞与であれば6月末に在籍している者とか賞与の計算期間の末日に在籍している者等とする企業が殆どです。

「個別の賞与額の算定」
　個別の従業員に対する賞与の額の算定には、以下の方法が考えられます。
　①　基礎給に連動させる方法
　②　全員、定額とする方法
　③　評価結果等により差の付いた定額とする方法
　④　賞与額の総額を決定した後、評価結果等に基づき各人に配分する方式
　⑤　以上の方法の中から、複数の組合せとする方式

　以上の方法の中で最も多くの企業で用いられている方法は、①で基礎給としては「基本給」としているところ、「基本給」＋「一部の手当」としているところ、「基本給」＋「諸手当」（通常、所定内給与額となります。）が殆どです。

　このため、賞与の調査では、図表19－1のように支給額と支給月数が調査項目となっています。

　なお、実際の支給額のうち、どこまでの額が一定率の支給で、どこまでの額が個人の評価による査定支給なのかについての人事院調査結果は以下のとおりとなっています。

図表19－3　平成20年冬季賞与の考課査定分の割合

企業規模＼項目	係員 一定率（額）分	係員 考課査定分	課長級 一定率（額）分	課長級 考課査定分
企業規模計	59.6%	40.4%	55.2%	44.8%
500人以上	60.7%	39.3%	49.4%	50.6%
100人以上500人未満	60.6%	39.4%	56.4%	43.6%
50人以上100人未満	57.6%	42.4%	56.0%	44.0%

前頁の図表からは、係員クラスでは約60%が定額・定率分で、残りの約40%が査定部分となっていることが分かります。

また、管理職クラスでは約55%が定額・定率分で、残りの約45%が査定部分となっていることが分かります。

なお、賞与の支給額の決定と個々の従業員の評価との結びつきについては第20章で触れることとします。

「賞与額の算定期間」

個別の賞与の支給に当たっては、中途採用者への賞与の支給などのため賞与額の算定期間が必要になります。

算定期間の定め方としては、例えば、夏季賞与については「5月末日（基準日）以前6か月の勤務日数（勤務月数）とその間の評価結果による」等の方法が考えられます。

なお、賞与額の算定期間における出勤状況（出勤率）を、賞与額に反映させる場合には出勤日の定義を定める必要があります。

通常は、企業が有給で取得を認めている休暇については、出勤日に含める企業が多数であると思われますが、無給としている休暇についても含める企業もあります。

なお、労働基準法第136条では、年次「有給休暇を取得した労働者に対して、賃金の減額その他不利益な取扱いをしないようにしなければならない」と定めていますので、年次有給休暇の取得日は出勤したものとして取扱う必要があります。

5　企業業績と賞与

企業の業績を賞与に反映させることについては、2で触れたとおり、労使の見解に違いがありますが、多くの企業では何らかの方法で企業の業績を賞与に反映させています。

しかしながら、賞与が従業員の生活費の一部となっており、毎年月額賃金の数か月分の賞与が企業の業績に関わりなく支払われてきていることも事実です。

また、企業にとっても賞与として支給することによる以下のメリットも享受していたことも事実です。

①　割増賃金の算定額が低くなること。
②　基本給を一旦上げてしまうと引き下げることが困難であること。
③　基本給を上げずに済むことから、退職金の引上げに繋がらないこと。

しかし、今後は月々の賃金の役割と賞与の役割は、しっかり分けて考える必要があると考えられます。

また、企業の業績を多くの従業員の賃金に反映させる仕組みは、企業の発展のためにも必要なことであるとも考えられます。

賞与に企業の業績を反映させる場合には、何をもって業績と判断するのかについての判断基準が必要となります。

企業業績の判断基準としては様々な方法が考えられますが、代表的な考え方は以下のようになります。

① 売上高を基礎とする方法
② 営業利益を基礎とする方法
③ 付加価値を基礎とする方法
④ 経常利益とする方法
⑤ 企業独自で開発した「原価」を基礎とする方法

以下では、以上の考えの基礎となるものが分かるように、第6章で取り上げたA社の損益計算書を再掲しています。

図表19-4　A社の損益計算書（金額：単位　万円）

	A社
売上高	200,300
売上原価	145,100
売上総利益	55,200
販売費及び一般管理費	51,500
営業利益	3,700
営業外収益	500
営業外費用	1,300
経常利益（損失）	2,900
特別利益	100
特別損失	100
税引前当期純利益	2,900
法人税、住民税及び事業税	300
税引後当期純利益	2,600

内訳⇒

売上原価（製造原価）	145,100
材料費	94,000
労務費	34,300
外注費	3,800
減価償却費	1,000
その他の経費	12,000

内訳⇓

販売費及び一般管理費	51,500
報酬・給与・手当等	23,900
法定福利費	2,500
福利厚生費	1,200
旅費交通費	2,100
通信費	1,190
交際費	1,360
運賃荷造費	6,800
地代家賃	5,900
水道光熱費	220
事務消耗品費	370
販売手数料	250
減価償却費	890
租税公課	10
諸雑費	800
その他の経費	4,010

以上の方法の中で、①、②及び④は容易に把握できます。なお、数字の把握に当たっては、当年度の「労務費」と「報酬・給与・手当等」には賞与が含まれていることを考慮に入れる必要があります。

　また、③の把握の方法には様々な考え方がありますが、第5章（37頁）で触れた付加価値の捉え方が参考になると考えられます。

　　　付加価値額＝経常利益－営業外損益＋労務費＋減価償却費＋人件費＋地代家賃＋減価償却費＋従業員教育費＋租税公課

　なお、①の考え方の1つに「スキャンロン・プラン」、③の考え方の1つに「ラッカー・プラン」、⑤の考え方の1つに「カイザー・プラン」があります。

6　賞与導入のメリット・デメリット

　賞与を導入することの企業にとってのメリットについては、既に5で触れたところですが、大局的な見地からは以下のようなメリットが考えられます。
① 業績賞与とすることにより、企業の目標と従業員の目標を一致させることができる。
② 一定額・一定率の賞与を保障することにより従業員の安定した生活を保障できる。
　逆に、賞与を導入することのデメリットとしては以下のようなことが考えられます。
① 賞与が支給されない非正社員の増大に繋がる。
② 所定内給与額、基本給の額を低くすることに繋がる。
③ 結果として、超過勤務労働の賃金額を引き下げることとなり、時間外、休日労働を増加させることになる。

第20章　評価

1　評価の目的

　この章で取り上げる「評価」とは、従業員を適正に処遇するための手段です。
　この評価とは、「人事考課」、「人事評価」とも呼ばれています。
　企業が人を雇用して仕事を行う場合には、様々な場面で評価が登場します。
　まず、最初に登場するのが、①採用面接時の評価です。
　採用が決まると一定の研修が行われ、基本給に「賃金表」があれば、何級の何号俸というように基本給の格付けが行われます。このときにも、②格付けのための評価が行われます。
　次に、日本の企業で登場するのが、③配置のための評価です。日本の多くの企業、多くの職種では、予め職種や職務を決めずに従業員を採用します。
　いわゆる日本の就職活動では、就職するのではなく、就社するといわれる所以です。
　但し、中小企業では欠員補充のための採用、つまり、職種や職位を定めた採用も多く行われています。この場合の評価基準は「経験」が第一となりますが、ここでは新規学卒者に焦点を定めています。
　やがて、試用期間が経過した頃には、半年ごとに支給される④賞与の支給のための評価が行われます。
　そして、1年が経過すると「基本給表」に定期昇給制度があれば、⑤定期昇給のための評価が行われます。
　ここからは企業によって異なるでしょうが、定期的な仕事のローテーション（ジョブ・ローテーション）を行っている場合には、⑥配置転換のための評価が行われます。
　また、全国的な組織では配置転換ではなく、職場の異動が行われることもあり、このときも⑦異動者を決定するための評価が行われます。
　やがて数年を経過すると賃金表の上位の等級に移動する⑧昇級のための評価が行われます。
　また、「職能給」制度を採用している場合には、⑨昇格のための評価が行われます。
　さらに、数年を経て、上位の職位に就く場合には、⑩昇任のための評価が行われます。
　そして、⑪特別の研修や留学を行わせるための評価が行われます。
　以上のとおり、企業においては様々な場面で、様々な目的をもって評価が登場します。
　そして、この場合の評価の基準は評価の活用目的により異なってきます。
　以上の評価と評価の目的との関係を図表にすると次頁のようになります。

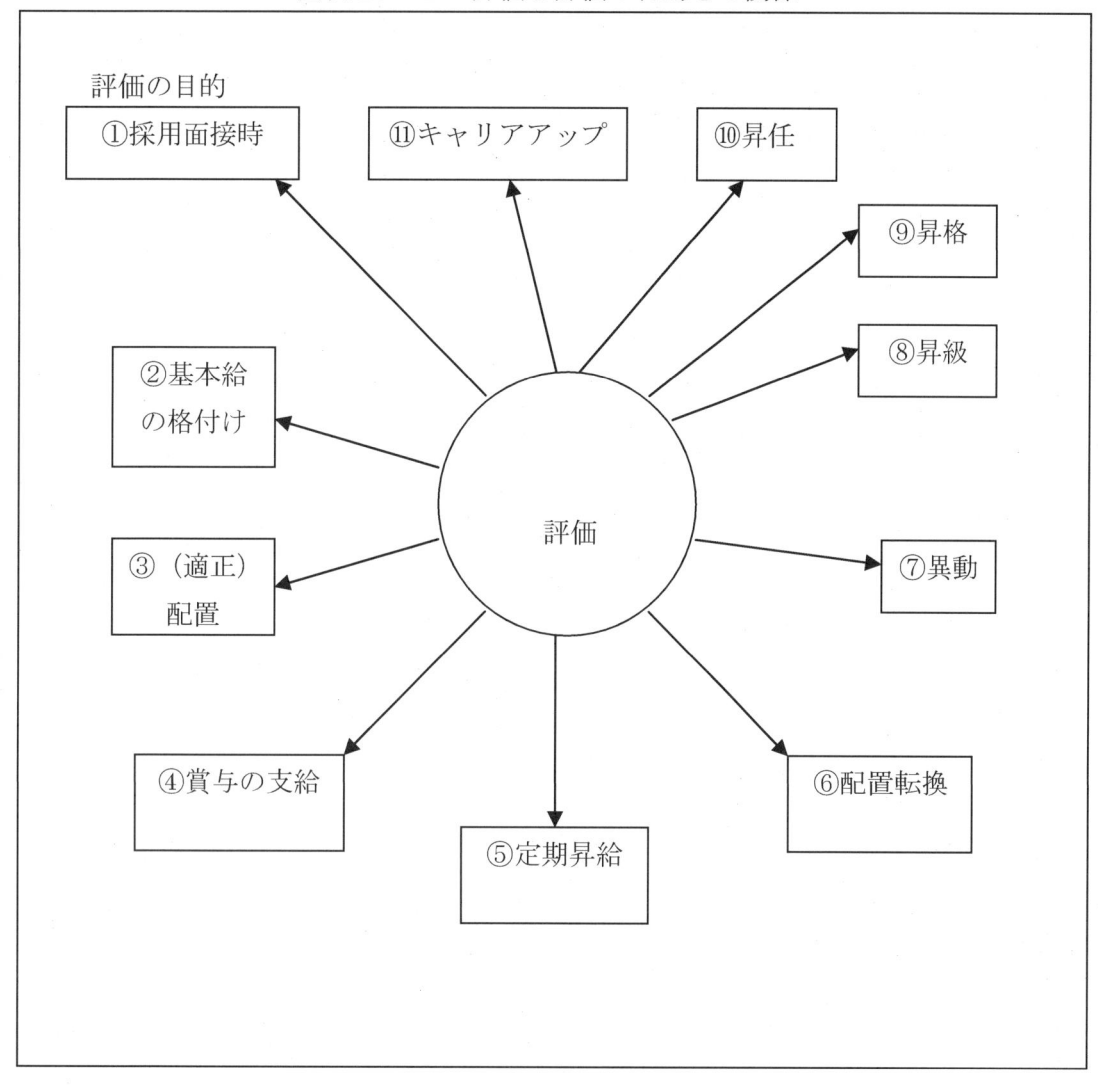

図表20-1　評価と評価の目的との関係

```
評価の目的
　①採用面接時　　⑪キャリアアップ　　⑩昇任
　　　　　　　　　　　　　　　　　　　⑨昇格
　②基本給　　　　　　　　　　　　　　⑧昇級
　　の格付け
　　　　　　　　　　　評価
　③（適正）　　　　　　　　　　　　　⑦異動
　　配置

　④賞与の支給　　　　　　　　　　　　⑥配置転換
　　　　　　　　　⑤定期昇給
```

2　評価の基準

「評価基準の設定」

　従業員を様々な場面で評価する必要性があることは1で理解できたとしても、次に評価の尺度を決める必要があります。

　つまり、どのような基準によって評価するのかということです。

　この評価基準としては、一般的に以下の3つが考えられます。

① 仕事の成果

② 取組み姿勢

③ 能力

　これらの評価基準の組み合わせは、評価の目的によっても異なっていますが、企業が従業員に望んでいることによっても大きく異なってきます。

今の仕事さえ行ってくれればよいと考えていれば①のみの評価となりますし、企業が従業員の姿勢を重んじる場合には①のほかに②も評価の対象になります。
　さらに、企業の発展は従業員の能力の伸びに負うところが多いと考えていれば③も重視することになります。
　また、従業員により役割が異なると考えていれば、異なる役割に従って評価基準も異なることとなります。
　①〜③の評価基準の中で、①の「仕事の成果」とは、担当している仕事（職務）において、企業から期待されている成果を上げることができたかどうかということで、より細かな項目で評価すると図表20－2のような項目が考えられます。
　次に、②の「取組み姿勢」とは、組織の中でチームワークを重んじ、仕事をやり易くすることにどれだけ貢献できたのかどうかということで、より細かな項目で評価すると図表20－2のような項目が考えられます。
　最後に、③の「能力」とは、仕事（職務）を行う上で必要とされる知識、技術、熟練をより高いレベルとしているかということで、より細かな項目で評価すると図表20－2のような項目が考えられます。

図表20－2　評価基準とその細目

評価基準	細目
仕事の成果	担当している仕事（職務）の量は充分か
	担当している仕事（職務）の質は充分か
	担当している仕事（職務）を効率よく実施しているか
	報告、連絡、相談に不足はなかったか
	部下の育成は充分であったか
取組み姿勢	積極的に職務の範囲を超えて仕事に取組んだか
	職場の規律を守っていたか（他の模範となっていたか）
	協調して取組んでいたか
	身の回りを清潔に保っていたか
	仕事（企業）の目的を理解して取り組んでいたか
能力	仕事に関する知識は高度なものとなっているか
	思考力、企画力は高度なものとなっているか
	対人折衝力はより優れたものとなっているか
	実行力はより優れたものとなっているか
	統率力はより優れたものとなっているか

　なお、これらの細目は企業の戦略や仕事の実態に即したものとすることが望ましいことはいうまでもありません。
　また、言葉が難解すぎて4で触れる評価者や被評価者が理解できないものとなっていないかチェックする必要があります。

さらに、評価項目は多ければ多いほど良いということはありません。特に、中小企業ではシンプルなものが良いでしょう。
　例えば、取組み姿勢の「職場の規律を守っていたか」は「ちゃんと挨拶はしていたか」などです。

「評価レベル（評価点）」

　次に検討しなければならないことは、評価の細目に従って、従業員を評価した場合の評価レベルを設定することです。
　例えば、「仕事の成果」の細目である「担当している仕事（職務）の量は充分か」については、最もシンプルなものとして3段階の評価が可能です。
　つまり、「基準を下回った」、「基準どおりであった」、「基準を上回った」です。
　この評価レベルは評価差を大きくしたい場合には細かい段階の設定となります。また、点数が中心に偏らないように中間の点数を設けない、例えば、6段階評価なども考えられますが、通常は5段階評価が用いられています。
　先の図表20－3に評価レベルを加えたものは以下のようになります。

図表20－3　評価基準・その細目・評価レベル

評価基準	細目	特優　優　普通　劣　特劣
仕事の成果	担当している仕事（職務）の量は充分か	
	担当している仕事（職務）の質は充分か	
	担当している仕事（職務）を効率よく実施しているか	
	報告、連絡、相談に不足はなかったか	
	部下の育成は充分であったか	
取組み姿勢	積極的に職務の範囲を超えて仕事に取組んだか	
	職場の規律を守っていたか（他の模範となっていたか）	
	協調して取組んでいたか	
	身の回りを清潔に保っていたか	
	仕事（企業）の目的を理解して取り組んでいたか	
能力	仕事に関する知識は高度なものとなっているか	
	思考力、企画力は高度なものとなっているか	
	対人折衝力はより優れたものとなっているか	
	実行力はより優れたものとなっているか	
	統率力はより優れたものとなっているか	

　図表中　特優は「特に優れている」、優は「優れている」、劣は「劣っている」、特劣は「特に劣っている」を意味しています。

「絶対評価と相対評価」

　前頁の図表20－3を使用して評価をすることとした場合に次に問題となることは、「絶対評価」とすべきか、それとも「相対評価」とするかということです。

　「絶対評価」とは、全員が優れていれば全員を「優」とし、全員が劣っていれば全員を「劣」とし、結果がバラバラであればそのまま評価することです。

　一方、「相対評価」とは被評価者に必ず評価差を設けるやり方で、例えば、「特に優れている」は同一等級の5％、「優れている」は10％、「普通」70％、「劣っている」10％、「特に劣っている」5％などと定めるやり方です。

　評価を「絶対評価」とするのか、「相対評価」とするのかについては識者により見解は分かれますが、仕事の成果を重んじる識者は「相対評価」を、能力を重んじる識者は「絶対評価」を選択する場合が多いようです。

　なお、アメリカの「職務給」の運用は相対評価で、その典型は元GEのCEOのジャック・ウェルチにより考案された「活性化カーブ」です。ジャック・ウェルチの考え方は「わが経営　上」（2001年、ジャック・ウェルチ著、宮元喜一訳、日本新聞社）に詳しい記載されていますが、要約して示すと以下のようになります。

　納得できる評価方法は、活性化カーブで、幹部職員を上位20％、中位70％、下位10％に分け、下位の者には会社を辞めてもらう、このやり方が残酷であるとの考えは間違いで、学校でもそうしている。という論旨になっています。

3　評価の基準と目的との関係

　評価基準が決まると、1で触れた評価の目的に合わせて評価基準を活用します。

　評価基準は企業の仕事の結果や従業員の能力の測定基準として重要なものです。

　例えば、従業員の採用基準とかけ離れたものとなっていては、効率的な従業員の採用はできず、適正な業務の運営はできないこととなり、経営目標も達成は不可能となります。

　従って、評価基準は企業の人材をトータルに評価するものである必要があります。

　1の①「採用面接時」の評価基準は2の②「取組み姿勢」が中心となります。新規学卒者については仕事の能力は未知ですから人柄を判断することになります。いわゆる社風に会う、または、企業が必要とする人材を選ぶことになります。

　1の②「基本給の格付け」では、募集時の採用条件と経歴から格付けをすることになります。

　1の③「（適正）配置」については、研修等で把握できた2の②「取組み姿勢」と適性で配置を判断することとなります。

　1の④「賞与の支給」においては、通常、評価の対象として「仕事の成果」と「取組み姿勢」が選択されます。

　この場合、それぞれの評価項目の結果を総合することになります。

結果の総合のやり方には、項目ごとにウエイトを付けたりするものなど様々なものがありますが、ここではシンプルに総合点とします。

図表20-3を使って具体的な総合点を計算すると以下のようになります。

図表20-3　Aさんの賞与の評価点

評価基準	細目	特優	優	普通	劣	特劣
仕事の成果	担当している仕事（職務）の量は充分か			2		
	担当している仕事（職務）の質は充分か	4				
	担当している仕事（職務）を効率よく実施しているか			2		
	報告、連絡、相談に不足はなかったか		3			
	部下の育成は充分であったか				1	
取組み姿勢	積極的に職務の範囲を超えて仕事に取組んだか			2		
	職場の規律を守っていたか（他の模範となっていたか）		3			
	協調して取組んでいたか				1	
	身の回りを清潔に保っていたか	4				
	仕事（企業）の目的を理解して取り組んでいたか			2		
合計点				24		

図表中　特優は「特に優れている」、優は「優れている」、劣は「劣っている」、特劣は「特に劣っている」を意味し、「特優」の評価点は4点、「優」は3点、「普通」は2点、「劣」は1点、「特劣」は0点としています。

Aさんの場合、24点が賞与支給のための基礎点数となり、各企業の分配方式に従って考課査定分の賞与が支給されることになります。

1の⑤「定期昇給」においては、通常、評価の対象として「仕事の成果」と「取組み姿勢」を選択する方法と「能力」も含めて評価する方法があります。

定期昇給と評価との関係は基本給の項目と賃金表のタイプで変わってきます。

まず、基本給が第12章（107～114頁）で触れた「年齢給」と第13章（115～118頁）で触れた「勤続給」の場合、成績とは無関係に昇給します。

基本給が第14章の「職能給」から第17章の「コンピテンシー給」まで（119～160頁）の場合、125頁と149頁で触れた「単一給型」であれば、同一等級での昇給はありません。

また、127頁の「号俸表」（次頁一部再掲）の場合も、評価に関係なく1年に1号俸昇給します。仮に、成績で差を設けるのであれば、優秀なものは2号俸昇給、優秀でない者は昇給なしというような運用がなされます。

一方、127頁の「段階号俸表」(以下に一部再掲) と 156 頁の「複数賃率表」(以下に一部再掲) では、評価によって昇給額に差が付きます。

「段階号俸表」の場合、例えば、「劣っている」3号俸昇給、「やや劣っている」4号俸昇給、「普通」5号俸昇給、「やや優れている」6号俸昇給、「優れている」7号俸昇給等となります。

図表20－4　(単純) 号俸表

1号俸	158,000円
2号俸	168,500円
3号俸	179,000円
4号俸	189,500円
5号俸	200,000円

1年に1号俸づつ昇給

図表20－5　段階号俸表

1号俸	158,000円
2号俸	160,100円
3号俸	162,200円
4号俸	164,300円
5号俸	166,400円
6号俸	168,500円
7号俸	170,600円

評価により昇給号俸が異なる

図表20－6　複数賃率表

評価 (人事考課) による基本給額の違い				
S	A	B	C	D
455,000円	440,000円	425,000円	410,000円	395,000円

次に、149～150頁で触れたアメリカの職務給 ((以下に一部再掲)) の場合には、そもそも定期昇給という考えはありません。

「成績昇給 (merit increase)」がシステムとして組み込まれています。

第15章で取り上げたD社の「成績昇給表」を示すと次頁とおりとなっています。

次頁の図表20－8と下の図表20－7を見比べると分かるとおり、このシステムでは各クオーターに意味があります。

図表20－7　D社におけるイグゼンプトの基本給表 (年俸)

Salary Grade	Minimum	Midpoint				Maximum
		Q1	Q2	Q3	Q4	
1	$45,000	$50,625	$56,250	$61,875		$67,500

この企業では採用時の職務給は過去の経歴評価で決まり、その後は「成績昇給表」に基き、成績と職務表におけるポジションにより昇給の有無が決まります。

例えば、「素晴らしく、ユニークな成績」を続けると最終的には職務給表の第4クオーターの上限まで達することができます。
「基準を超える成績」を続けると昇給率は低くなりますが、同じく第4クオーターの上限まで達することができます。
「普通の成績」を続けると昇給率はかなり低くなりますが、同じく第4クオーターの上限まで達することができます。
「殆ど職務の要求を満たしている成績」を続けると第2クオーターの上限まで達することができます。
「最低限の要求を満たさない成績」の場合昇給はありません。
「職務を変更すべき成績」の場合、昇給がないだけでなく、このままでは3か月後には解雇になります。
　なお、「成績昇給表」の各クオーターには、例えば4―6%というように2つの数字が入っていますが、これはそのクオーターの上限に近づくほど昇給率が下がることを意味しています。

図表20－8　成績昇給表

成績の定義 (Performance Definition)	第1クオーター	第2クオーター	第3クオーター	第4クオーター
素晴らしく、ユニークな成績	4－6％	3－5％	2－4％	0－3％
基準を超える成績	3－5％	2－4％	1－3％	0－2％
普通の成績	2－4％	1－3％	0－2％	0－1％
殆どの職務の要求を満たしている成績	0－2％	0－1％	0％	0％
最低限の要求を満たさない成績	0％	0％	0％	0％
職務を変更すべき成績	0％	0％	0％	0％

1の⑥「配置転換」、1の⑦「異動」の評価基準としては「能力」が使われますが、この能力の代わりに第17章の1の「コンピテンシーディクショナリー（辞書）」（158頁）を使用することもできます。

以下に示すものは「コンピテンシーディクショナリー（辞書）」の例です。

図表20－9　コンピテンシーディクショナリー（辞書）の例

集団マネジメント力	リーダーシップ	独自の長期戦略を作成し、浸透させ、動機付けを行っている。
	育成力	あらゆる機会に部下の育成に努め、随時ＯＪＴを行っている。
	チームワーク	協力を惜しまず。常に信頼を置かれている。
達成行動	達成意欲	より高度な成果を達成しようとし、粘り強くあきらめない。
	イニシアティブ	的確に変化を読み取り、事前の対応行動を起こす。
	顧客指向力	顧客の最新のニーズを察知し、応えている。
思考力	企画立案力	詳細に情勢を分析し、企画書に纏め上げ、対策を立てる。
	概念思考力	一見、関連性のない事項をつなぎ合わせて、新たな概念を作り出す。
	情報志向性	常識の範囲を超えた情報を収集している。
対人影響力	対人理解力	人の気持ち・感情を理解し、察知しコントロールする。
	関係構築力	仕事を通して、仕事上以上の信頼関係を築く。
	感知力	組織や集団のツボやクセを見抜き的確にアプローチする。
セルフマネジメント	自己貫徹力	周囲の状況に振り回されず、冷静に信念を貫く。
	セルフコントロール	ストレスを力に変えることができ、感情的にならない。
	フレキシビリティー	あらゆる手法を身に着けており、状況の変化に即応する。

1の⑧「昇給」、1の⑨「昇格」、1の⑩「昇任」への活用については、以下の点に留意することになります。

　まず、第14で触れた「職能給」では、昇進と昇格は分離されており、下の等級の職務遂行能力が完全に身について場合には、その等級を卒業する方式で、等級ごとの定員はありません。

　この「職能給」では、⑧「昇給」は⑨の「昇格」時に行われます。

　そして、「職能給」での「昇格」の評価は「仕事の成果」と「取組み姿勢」と「能力」で行われます。

　一方、第15章の「職務給」では内部登用でも、外部調達であろうと「ポスト」に空席がなければ、⑩の「昇任」はありません。

　この「職務給」では、⑧の「昇給」は⑩の「昇任」時に行われます。

　そして、「職務給」での「昇任」の評価は「仕事の成果」と「取組み姿勢」で行われます。

　また、第16章の「職位給・職階給」や「役割給」でも、⑨の「昇格」はありません。⑧の「昇給」は⑩の「昇任」時に行われます。

　第17章のコンピテンシー給では「職能給」の「能力」に替えて「コンピテンシーディクショナリー（辞書）」を「職能給」の「能力」に置き換えることが可能です。

　能力をコンピテンシーに置き換えた例を示しますと、次頁のようになります。

　最後に、1の⑪「キャリアアップ」の評価には、コンピテンシーを基に判断することが最もふさわしいと考えられます。

　いずれにしても、従業員の評価は強く企業業績に結びつきますから、企業戦略に合った報酬制度を構築し、構築された制度に則した評価制度とし、適正で明瞭な、そして、透明性の高い評価制度の運用がなされることが肝要です。

　従業員が評価に納得し、喜んで働いてくれる、能力の開発と発揮に本気になってくれるような「働きやすい企業」、「働き甲斐のある企業」となることが重要です。

　様々な調査でいつも上位に顔をだす企業の共通点は「活気があり、風通し良い」ことです。

図表20−10　評価基準・その細目（コンピテンシーバージョン）

評価基準	細目	特優　優　普通　劣　特劣
仕事の成果	担当している仕事（職務）の量は充分か	
	担当している仕事（職務）の質は充分か	
	担当している仕事（職務）を効率よく実施しているか	
	報告、連絡、相談に不足はなかったか	
	部下の育成は充分であったか	
取組み姿勢	積極的に職務の範囲を超えて仕事に取組んだか	
	職場の規律を守っていたか（他の模範となっていたか）	
	協調して取組んでいたか	
	身の回りを清潔に保っていたか	
	仕事（企業）の目的を理解して取り組んでいたか	
能力	集団マネジメント力を発揮しているか	
	達成行動力を発揮しているか	
	優れた思考力を発揮しているか	
	対人影響力を発揮しているか	
	セルフマネジメントはできているか	

図表中　特優は「特に優れている」、優は「優れている」、劣は「劣っている」、特劣は「特に劣っている」を意味しています。

4　評価者

「1次評価」

部下の評価を第一に行うのは、直接の上司となります。

直接の上司は、毎日、仕事の指示をし、作業を指揮し、結果に責任を負う立場にあります。

つまり、部下の仕事振り（職務の遂行状況）や結果という事実を詳細に把握しているはずです。

仕事を部下任せにしているか、部下に任せることができず自分で処理していない限り、部下の評価は容易なはずです。

ただ、評価結果をまとめる時期だけ、評価について考えているようでは、客観的で納得性の高い評価は不可能です。

7の評価結果のフィードバックのところでも触れますが、常日頃から評価者も被評価者の評価にさらされていることを意識し、上司は部下の良かった行動、問題のある行動は、その時々に指摘、記録しておく必要があります。

「2次評価（調整）」

第2次評価者は第1次評価者の直属の上司ということになりますが、小さな企業では事業主という場合もあるでしょう。

この場合は、第2次評価者は全体との調整も行うことになります。

第2次評価者は広い視野から、より客観的に評価ができるはずです。

「自己評価」

評価基準が明らかであれば、自分でも自己評価が可能です。

しかし、小さな企業では自己評価に時間を掛けるような余裕はないはずです。

第1次評価者が、評価に際して本人の評価を確認する程度でよいと考えられます。

「多面評価」

一時期、多面評価や360度評価がもてはやされた時期がありました。上司と部下との評価に留まらず、同僚や関係部署、顧客などからも評価を得る方法ですが、手間が係るだけで、あまり有用な情報は得られないでしょう。

評価者としては、お客様からの声など多くの情報を持っていることは、業務を円滑に進める上でも重要ですが、やはり、自分の目で見た事実に基き評価を実施することが肝要だと考えられます。

5　目標管理制度

　日本では、過去「目標管理」は何度か流行しています。
　この「目標管理」とは、「目標による管理」のことで、自分の仕事について、自分で目標を立て、自分で進捗管理し、やり遂げることにより、仕事の達成感を得るとの手法です。
　この制度の優れている点は、他人（上司）から一方的に指示された仕事を実施するだけでは仕事の達成感が得られず、自己実現度が低くなるのに対し、自己実現度が高い点です。
　しかし、実際に目標管理制度が成功している事例は多くないようで、何度か流行しているところに、その問題が潜んでいるようです。
　評価制度に「目標管理」制度を導入するためには、それなりにシステム化する必要があります。
　次頁の図表はその例示となっています。
　前頁の図表のとおり、目標管理は第8章の2（68頁）で触れた、ＰＤＣＡサイクルで進捗管理が行われます。
　目標管理による仕事の管理を行う場合の問題点として、仕事のやり方に裁量の余地がない、または、殆どない場合です。
　このような場合には、従業員は日々の仕事に追われ、目標は瑣末な事項にならざるを得ません。
　従って、目標管理による仕事の管理は仕事の裁量権が広い管理職階層に導入されることが多くなっています。
　そして、多くの企業では「目標管理制度」は「年俸制」の導入と平行して導入されています。
　なお、目標管理制度では、上司と部下との面接により目標が決まりますので、目標面接と、目標の達成度の評価における面接でも4で触れた「自己評価」は必須になります。

「目標管理の流れ」

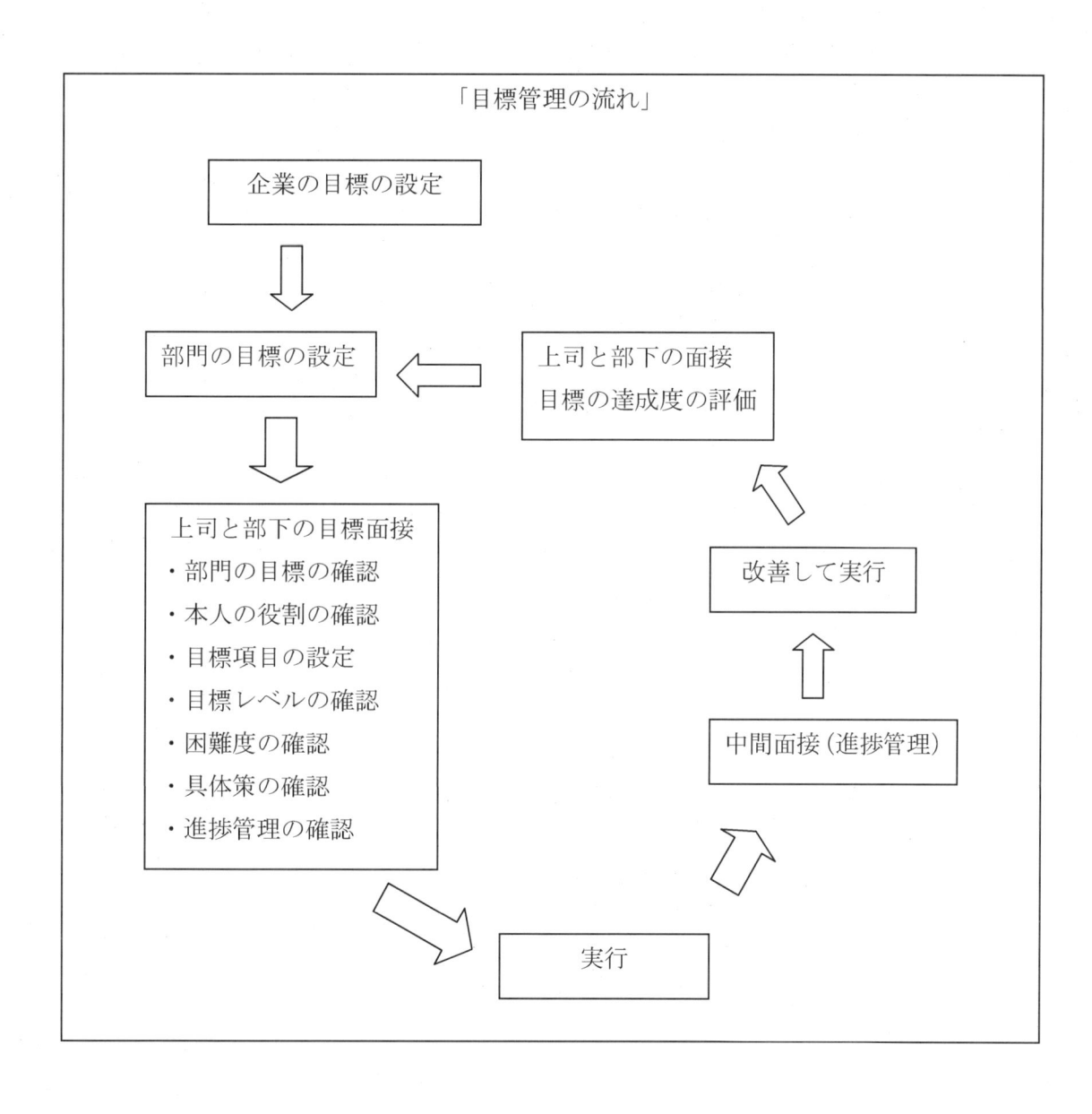

```
企業の目標の設定
    ↓
部門の目標の設定  ←  上司と部下の面接
    ↓                目標の達成度の評価
上司と部下の目標面接              ↑
・部門の目標の確認            改善して実行
・本人の役割の確認                ↑
・目標項目の設定          中間面接（進捗管理）
・目標レベルの確認                ↑
・困難度の確認
・具体策の確認
・進捗管理の確認
    ↓
    実行
```

6　評価基準の公開

　公正な評価を行うためには、評価基準を公開する必要があります。
　また、評価基準が公開されていることにより、従業員もどのような行動が求められているのかを理解することができます。
　また、そのことにより、業務の効果的な推進と、従業員の能力の向上にも役立ちます。
　企業の繁栄は、人材力に負うところが大きいと考えているのであれば、「評価基準」の公開は当然のことです。
　評価基準が漠然としたものでは公開はできません。
　企業の効率的な運営を図るため、分かりやすく、明快な評価基準を作成し、公開する必要があります。

7　評価結果のフィードバック

　評価した結果については、総合判断は本人に伝えるべきでしょう。
　そして、どうしてそのような評価結果となったのかを、具体的な評価事実に従って、高く評価した点と低い評価となった点、さらには、今後の改善点について伝えるべきだと考えられます。
　評価結果を正しく伝えることにより、従業員は自分の処遇や賃金に納得して働くことができます。
　常日頃から評価者も被評価者の評価にさらされていることを意識し、上司は部下の良かった行動、問題のある行動は、その時々に指摘、記録しておく必要があります。
　評価基準があっても、評価者の評価が適切でなければ、結果のフィードバックは不可能です。
　普段から、自分の仕事と部下の仕事振りを評価する習慣づけが必要です。

8　評価の歪み

　評価は公正である必要がありますが、様々な理由により評価結果に歪（ゆが）みが生じることがあります。
　次頁に評価に当たり、評価者が注意しなければならない事項を一覧表にして示しておきます。
　あなたが常日頃、評価を行う際には、一読をしておくことを勧めます。

図表20　評価の歪みを生じさせる原因

原因	解説
ハロー（halo）効果	聖人の後ろにさしている後光のことから、ある評価の項目で著しく優れていると、他の項目でも高く評価してしまうこと。 　逆に、ある項目で著しく劣っていると、他の項目でも低く評価してしまうこと。
仕事以外の行動の評価はしない	仕事に関係ない事項、例えば、個人的な付き合いなどで評価を決めてはいけないこと。
確認できた事実のみで評価する	うわさ、想像、思い込み等被評価者の印象、イメージで評価してはいけないこと。
寛大化傾向	評価が甘くなること。普段からよく仕事振りを見ていないと、正しい評価ができず甘い評価になること。
中心化（分散化）傾向	評価者の性格から人間はみな同じと見ていると、評価が中央により、好き嫌いが激しいと評価は分散化すること。
対比誤差	被評価者のレベルを意識して評価すること。評価者のレベルを評価基準としないこと。
属人的な要素は考慮しない	国籍、信条、年齢、性別、勤続年数、家族構成、学歴など被評価者の個人的事情は評価から排除する必要があること。
1項目ごとに評価する	評価項目ごとに評価することによって、上記のような要素が入らないようにすること。

最後に総報酬の4分野フォーマットを再掲しておきます。

総報酬の4分野

金銭的なもの	非金銭的なもの
【直接的なもの】 基本給 昇給 ボーナス ストックオプション・自社持株 手当	【属人的なもの】 自己実現 やりがい 適性 能力開発のチャンス キャリア形成
【間接的なもの】 保険 休暇 年金・退職金 その他の福利厚生	【集団的なもの】 働きやすさ 社風・企業文化 仕事と生活との調和 職場環境

どうぞ、あなたの企業が素晴らしい企業でありますように。